BIBLIOTHÈQUE ANECDOTIQUE
ET LITTÉRAIRE

UN

PRINCE VERTUEUX

A LA COUR DE LOUIS XV

SÉRIE GRAND IN-8° RAISIN

PORTRAIT DU DAUPHIN, D'APRÈS LE PASTEL DE LATOUR
(Musée du Louvre)

BIBLIOTHÈQUE ANECDOTIQUE
ET LITTÉRAIRE

UN
PRINCE VERTUEUX

A LA COUR DE LOUIS XV

VIE DU DAUPHIN

PÈRE DE LOUIS XVI

PAR

L'ABBÉ PROYARD

NOUVELLE ÉDITION, ILLUSTRÉE DE 16 GRAVURES

PARIS
LIBRAIRIE D'ÉDUCATION A. HATIER
33, QUAI DES GRANDS-AUGUSTINS, 33

VIE

DU DAUPHIN

PÈRE DE LOUIS XVI

LIVRE PREMIER

A France, épuisée par le règne de Louis XIV, ce règne si glorieux, respirait sous le gouvernement pacifique de Louis XV, son arrière-petit-fils. Ce prince avait épousé en 1725 Marie Leczinska, fille de Stanislas, roi de Pologne; princesse que ses vertus personnelles, jointes à celles de son fils, ont souvent fait comparer à la reine Blanche, mère de saint Louis. Dieu avait déjà béni cette alliance par la naissance de trois princesses; mais le trône était encore sans héritier, et la nation paraissait ne goûter qu'à demi les douceurs d'une paix que la perte d'une seule tête pouvait lui ravir. Les moments de la Providence n'étaient pas encore arrivés : le roi et la reine les attendaient avec confiance, et les sollicitaient par leurs prières et leurs bonnes œuvres. Le 8 décembre de l'année 1728, jour de la Conception de la Sainte Vierge, tous deux lui offrirent d'une manière spéciale leurs vœux et ceux des peuples; et dans la ferveur d'une communion [1], ils la conjurèrent de pourvoir à la tranquillité d'une nation qui la reconnaît pour patronne, en lui obtenant du Ciel un prince qui pût la gouverner un jour. Le 4 septembre de l'année suivante, la reine mit au monde le Dauphin, dont j'écrivis la vie. Cette pieuse princesse, ne doutant pas qu'elle ne fût redevable à la Sainte Vierge du bienfait de sa naissance, lui en témoigna sa reconnaissance tous les jours de sa vie.

Le prince fut ondoyé par le cardinal de Rohan, grand aumônier de France. Il est d'usage de baptiser ainsi les Enfants de France sans les cérémonies accoutumées, qu'on supplée lorsqu'ils sont en âge d'en comprendre la signification, et de ratifier eux-mêmes les engagements que leur impose la qualité de chrétiens. Louis XV, qui n'avait pas oublié les soins que la duchesse de Ventadour avait pris de son enfance, voulut qu'elle les continuât à ses enfants. Elle était chargée des jeunes princesses; on lui remit encore le Dauphin.

Le roi avait déjà dépêché vers Stanislas pour lui faire part de cette heureuse nouvelle. La capitale et les provinces en furent aussitôt informées, et des courriers extraordinaires la portèrent à nos ambassadeurs dans les cours étrangères. Louis XV était chéri de ses peuples et respecté de tous ses voisins; la joie qu'il ressentit de la naissance d'un fils fut également celle de toute la France et de l'Europe entière. Il fut aussitôt complimenté par les princes du sang, les ambassadeurs et les différents corps de l'État, auxquels il ne dissimula point que depuis son avènement à la couronne, jamais on ne lui avait fait de compliment qui lui fût si agréable.

On rendit partout à Dieu de solennelles actions de grâces.

1. La reine elle-même fit part à plusieurs personnes de la convention qu'elle avait faite avec le roi de communier à cette intention.

Le roi assista au *Te Deum* qui fut chanté dans l'église de Paris. La capitale donna les fêtes les plus brillantes, et fut imitée par toutes les villes du royaume. Mais le roi, sachant combien ces appareils de magnificence sont peu propres à consoler le malheureux qui est dans la souffrance, répandit d'abondantes aumônes et fit élargir bon nombre de prisonniers, dont il acquitta les dettes. A l'exemple du prince, plusieurs corps, qui n'avaient pas disposé des sommes qu'ils destinaient aux réjouissances, les employèrent à la délivrance des prisonniers. C'est ainsi que la bienfaisance semblait préparer les voies à cet enfant de bénédiction, et consacrer, en quelque sorte, les premiers instants de sa vie.

En mémoire de cet heureux événement, on fit frapper une médaille sur laquelle sont représentés le roi et la reine. La légende porte : *Lud. XV, Rex Christianiss.: Maria, Fr. et Nav. Regina. Louis XV, Roi très Chrétien : Marie, reine de France et de Navarre.* Le revers de la médaille représente la Terre assise sur un globe, tenant le Dauphin entre ses bras. La légende porte : *Vota Orbis : Les Vœux de la Terre.* L'exergue : *Natales Delphini,* IV *Septembris* MDCCXXIX. *Naissance du Dauphin, le 4 septembre* 1729.

Les orateurs et les poètes célébrèrent à l'envi le bonheur de la nation ; et se faisant les interprètes des vœux de leurs concitoyens, plutôt que des inclinations de l'enfant que rien ne pouvait encore manifester, chacun d'eux offrait par avance comme le portrait du prince, celui auquel il lui paraissait beau qu'il ressemblât un jour : ils ne voulaient que feindre agréablement, ils ont dit des vérités ; et toutes les vertus [1] qu'ils ont présagées dans le Dauphin, ce prince les a depuis fidèlement retracées dans sa conduite.

La reine avait déjà fait acquitter un vœu qui avait eu pour objet son heureuse délivrance ; et dès que son état le lui

---

1. Voyez le Recueil des pièces qui parurent à la naissance du Dauphin, 2 vol. in-4°.

avait permis, elle était venue rendre à Dieu ses actions de grâces dans l'église de Paris. Sa reconnaissance cependant ne fut pas encore satisfaite, et peu de temps après, elle fit un voyage de dévotion à Notre-Dame de Chartres, pour consacrer d'une manière spéciale à la Sainte Vierge le jeune prince, qu'elle regardait toujours comme un bienfait de sa protection. Ces actes extérieurs de religion n'étaient point dans la princesse des représentations et de pures cérémonies : de ferventes prières, de saintes communions, et d'abondantes aumônes les accompagnaient toujours, en faisaient tout le prix. Et c'est ainsi qu'une grande reine donnait aux dames chrétiennes l'exemple de cette piété simple et sincère trop peu connue de nos jours, quoique si propre à attirer sur une famille les grâces et les bénédictions du Ciel.

Cependant le prince se fortifiait de jour en jour, et souriait déjà d'un air aimable à ceux qui l'approchaient. On le portait souvent chez le roi et chez la reine, qui lui rendaient eux-mêmes de fréquentes visites.

La tendresse que le roi témoignait au Dauphin fit juger à plusieurs particuliers que déjà il pourrait être pour eux le canal des grâces. Un jour que le roi était allé dans son appartement, il y trouva cette petite pièce de vers, que lui avait présentée un pauvre officier, dont on avait réduit la pension :

> Si le fils du roi notre maître,
> Par son crédit faisait renaître
> En son entier ma pension
> (Chose dont j'aurais grande envie),
> Je chanterais comme Arion :
> Un Dauphin m'a sauvé la vie.

Le roi souscrivit à la requête, et fit rétablir la pension de l'officier. Une pauvre femme, dont le mari était en prison pour dettes, avait imaginé de présenter un placet au

Dauphin pour obtenir son élargissement. L'embarras était
de le lui faire agréer. Elle imagina un moyen assez adroit :
elle borda son placet de fleurs et de guirlandes, et au moment où la duchesse de Ventadour faisait promener le
jeune prince dans le parc de Versailles, elle se mit sur son
passage. L'enfant, qui aperçut le beau placet, n'attendit pas
qu'il lui fût présenté : il fit signe qu'on le lui apportât. Il le

tourna dans tous les sens, et s'en amusa beaucoup pendant
sa promenade. A son retour au château, il le montra au roi,
à qui le stratagème de cette femme parut assez plaisant; il
ordonna qu'on payât les dettes de son mari.

Le Dauphin cependant n'avait encore d'autre part à ces
actes de bienfaisance que d'y donner occasion. Voici la
circonstance où son cœur parut ressentir les premières émo-
tions de la sensibilité : il ne parlait pas encore, lorsqu'un
jour qu'on le menait promener, il aperçut un pauvre qui
demandait l'aumône, en peignant éloquemment sa misère de
la voix et du geste. Personne cependant n'y faisait attention

que l'enfant, qui s'agitait beaucoup, se tournant tantôt vers sa nourrice, tantôt vers le pauvre. On s'arrêta pour découvrir ce qui pouvait lui causer tant d'inquiétude : on aperçut le pauvre qu'il fixait de ses yeux et qu'il montrait de ses petits bras. On lui fit l'aumône ; son air satisfait calma les inquiétudes du Dauphin.

Quand il commença à parler, on remarqua en lui une curiosité qu'on avait quelquefois peine à satisfaire. S'il voyait un ouvrier travailler, il lui demandait le nom de ses outils, le sien et celui de ses enfants, pour qui et pourquoi il travaillait ? Jusque dans les productions de la nature, il voulait qu'on lui rendît compte de tout ; et souvent il faisait des questions capables d'embarrasser ceux qui auraient voulu lui donner une réponse moins simple que celle qu'exige la portée d'un enfant. Une feuille configurée autrement qu'une autre ; un fruit rouge à côté d'un blanc ; un melon qui se traîne par terre, au lieu de pendre à un arbre ; c'était pour lui la matière d'autant de *pourquoi ?* Un jour qu'il sortait de chez lui, porté sur les bras de sa nourrice, il remarqua que le garde du corps qui était en faction à la porte de son appartement avait une croix de Saint-Louis ; il lui fit signe de s'approcher. Il lui prit la croix, qu'il considéra attentivement. Se tournant ensuite vers la duchesse de Ventadour, il lui dit : « Pourquoi donc cela, maman ? » La dame lui ayant fait entendre que c'était une marque de distinction que le roi accordait à ceux qui l'avaient bien servi, il fixa attentivement le garde du corps, lui sourit, et lui présenta sa main à baiser. Depuis ce temps-là, quand il apercevait un chevalier de Saint-Louis, il le montrait à sa gouvernante, en lui disant : « En voilà encore un qui sert bien le roi ».

La Ville de Paris, suivant un ancien privilège, demanda à Louis XV son agrément pour présenter au Dauphin ses premières armes. Le duc de Gêvres, qui en était gouverneur.

se rendit à Versailles à la tête du corps de ville, et présenta au jeune prince une épée, un fusil et deux pistolets, le tout travaillé avec beaucoup de délicatesse, et proportionné à son âge. Le président Turgot, prévôt des marchands, le complimenta. Il présagea dans son discours l'usage qu'il ferait un jour, en faveur de l'État, de ces armes, qui n'étaient encore, ajouta-t-il, qu'un amusement dans ses jeunes mains. En effet, le Dauphin était beaucoup plus frappé de leur brillant, que du compliment flatteur auquel elles donnaient occasion. Il les examina l'une après l'autre; il ne se lassait pas de les admirer. Pendant que le duc de Gêvres lui ceignait sa petite épée : « Ah ! s'écria-t-il, que je suis content de la bonne ville de Paris, je l'aime de tout mon cœur ».

Quoiqu'il fût d'usage de laisser les princes entre les mains des femmes jusqu'à l'âge de sept ans, comme le tempérament et l'esprit avaient prévenu l'âge dans le Dauphin, on jugea aussi à propos de commencer son éducation avant l'époque ordinaire, et dès qu'il eut atteint sa sixième année, le roi lui donna pour gouverneur le comte, depuis duc de Châtillon. Ce seigneur joignait la vertu à la naissance, et avait fait preuve de valeur dans nos armées. On lui nomma pour précepteur l'évêque de Mirepoix, prélat qui n'avait, pour prétendre à cet emploi important, d'autres titres que ceux qui l'avaient fait connaître à la cour, son mérite et son austère probité. Il eut pour sous-gouverneurs les comtes du Muy et de Polastron, et pour sous-précepteur l'abbé de Saint-Cyr. Son lecteur fut l'abbé de Marbœuf.

Quand le Dauphin apprit que le comte de Châtillon était nommé son gouverneur, il lui en témoigna la plus grande satisfaction : « Je suis ravi, lui dit-il, que le roi vous ait fait mon gouverneur, je vous aimerai de tout mon cœur ». Il dit à peu près la même chose à son précepteur. Cependant le moment de la séparation d'avec la duchesse de Ventadour fut cruel. On lui dit qu'il fallait remercier cette dame des soins qu'elle avait pris de son enfance : il courut aussitôt se jeter à son cou. Mais il ne put lui témoigner sa reconnaissance que par l'abondance de ses larmes : langage du cœur toujours plus expressif que celui des lèvres. Quoi qu'on pût faire pour le distraire et l'amuser, il conserva pendant plusieurs jours un fond de tristesse qui se peignait sur son visage, et donnait même des inquiétudes pour sa santé. C'es' à ces traits qu'on commence à reconnaître le bon cœur et l'heureux naturel d'un enfant.

A peine le Dauphin fut-il sorti de sa première enfance, et en âge de discerner le bien d'avec le mal, qu'on découvrit en lui une souveraine horreur pour le vice et pour toute espèce de bassesse. Il n'eût pas souffert qu'on proférât en sa présence une seule parole qui pût blesser la vérité, l'honnêteté ou la réputation d'un absent. Une des princesses ses sœurs, âgée d'environ huit ans, ayant laissé échapper un propos indiscret, il la menaça de renoncer à son amitié, et lui fit une réprimande si vive, qu'elle ne l'a pas oubliée. A cette aversion pour le vice, qui lui était comme naturelle, il joignait un grand respect pour la religion. Tout ce qui y avait quelque rapport paraissait l'intéresser. On commença bientôt à entrevoir quel serait le fond de son caractère : une physionomie prévenante, un air ouvert, annonçait sa franchise. Ordinairement, et le plus souvent qu'on eût voulu, il était disposé à rire et à folâtrer. Une tournure d'esprit fine et agréable lui fournissait toujours quelque expédient heureux pour se soustraire aux reproches. Sans avoir recours au mensonge ni à la ruse, il savait faire agréer une excuse à ceux qui étaient chargés de son éducation. Il laissait apercevoir dans l'occasion la fermeté d'âme et le courage d'un homme fait. Il lui était survenu un abcès à la joue droite. Les médecins ayant jugé nécessaire qu'on en fît l'ouverture, on lui rendit compte de leur avis. Sur-le-champ, il consentit à l'opération, s'y prêta de la meilleure grâce et la soutint avec une constance que tout le monde admira. Le roi, qui était présent, en fut touché jusqu'aux larmes, et l'embrassa tendrement.

De toutes les bonnes qualités qui commençaient à se développer en lui, la sensibilité de son cœur était celle qui se manifestait davantage. Un jour qu'il voyait passer un officier de bonne mine, mais qui n'avait pas l'air des plus aisés, il s'informa qui il était et où il allait. Sur ce qu'on lui apprit que c'était un brave officier qui allait rejoindre son régiment, dans lequel il servait depuis longtemps avec honneur, il le fit appeler, lui donna, sans compter, tout l'argent qu'il avait dans sa bourse, et l'obligea même de recevoir plusieurs petits bijoux qu'il portait avec lui, et qui lui plaisaient beaucoup.

Un autre officier qui avait contracté une incommodité au service du roi, était venu solliciter à la cour une gratification qui le mît en état de se faire guérir. Le Dauphin ayant eu occasion de le voir, fut si touché de son état, qu'il demanda à son gouverneur la permission de lui faire lui-même la gratification qu'il voulait attendre du roi. On le lui permit : il lui donna sur-le-champ, avec une satisfaction incroyable, le double de ce qu'il demandait, en lui disant : « Tenez, Monsieur, vous viendrez, si vous voulez, solliciter votre gratification, quand vous serez guéri ». Son gouverneur ayant remarqué plusieurs fois qu'il donnait avec trop peu de discrétion tout ce qu'il avait, au premier qui lui demandait, fixa à un écu ses libéralités envers les pauvres mendiants. Alors, quand il en rencontrait un dont l'état lui paraissait plus misérable, il glissait adroitement un louis sous l'écu qu'il lui donnait. Il fut un jour si touché de la misère d'une pauvre femme, que n'osant, en présence de son gouverneur, la soulager aussi efficacement qu'il l'eût voulu, il lui dit tout bas de se rendre devant son appartement pour le temps qu'il lui assigna. A l'heure marquée, il ouvrit sa fenêtre, reconnut la femme, et lui jeta quelques louis.

A l'âge d'environ huit ans, on suppléa les cérémonies de son baptême. Il fut nommé Louis par le duc d'Orléans et la duchesse douairière de Bourbon. Cet acte de religion fit sur lui une impression assez avantageuse pour qu'on pût en conclure, malgré la légèreté de l'âge, qu'il avait le cœur fait pour goûter un jour les charmes de la vertu. Les commencements de son éducation, cependant, furent assez orageux; et à travers ses bonnes qualités naissantes, on découvrit en lui le germe de plusieurs autres qui donnaient quelque inquiétude. Si on excepte un petit nombre d'enfants qu'on pourrait appeler malheureusement nés, et un plus petit nombre encore en qui il semblerait qu'Adam n'eût pas péché, il est assez ordinaire de remarquer dans l'enfance ce conflit de bonnes et de mauvaises inclinations, quoique plus ou moins marqué, selon la diversité des caractères Mais les plus grandes âmes, pour l'ordinaire, nourrissent en elles, dès l'âge le plus tendre, je ne sais quel principe d'activité et de force, qui, selon le bon usage ou l'abus qu'elles en font dans la suite, les élève à l'héroïsme de la vertu, ou les précipite dans les excès contraires. Tel était le jeune prince; il était aisé de pressentir qu'il ne serait jamais à demi ce qu'il serait. Il avait le caractère ardent et impétueux; il s'irritait facilement quand on combattait ses goûts, et il était entier dans ses réponses envers ceux qui voulaient le troubler dans la possession de faire ses volontés. Il n'avait pas encore dix ans que son esprit, dans ces occasions surtout, se produisait déjà par ces saillies vigoureuses qui décèlent une âme faite pour penser d'après elle-même. Le cardinal de Fleury assistant un jour à son dîner, entreprit de lui faire une leçon de modération : il fit pour cela l'énumération de tout ce qui l'environnait; et à chaque chose qu'il nommait, il ajoutait : « Cela, Monsieur, est au roi; cela vient du roi; rien de tout cela ne vous appartient ». Le Dauphin écouta fort impatiemment la remontrance, sans pourtant interrompre le cardinal. Quand il eut

fini, voyant qu'il avait tout donné au roi, sans lui rien laisser :
« Eh bien ! reprit-il avec émotion, que tout le reste soit au
roi : au moins mon cœur et ma pensée sont à moi ». Une
réplique d'un si grand sens étonna le roi et toute la cour, et
annonça que l'enfant qui était capable de la faire ne serait
pas un homme ordinaire, et qu'il était de la plus grande importance de ne rien négliger pour plier de bonne heure ses
inclinations au bien.

Du caractère dont était le Dauphin, on peut imaginer que
ce qui offensait son amour-propre le piquait toujours au vif.
Ayant su qu'un de ses valets de chambre avait parlé au dehors
d'une chose qu'il croyait de son honneur de tenir secrète, il
lui en témoigna son indignation ; et l'on eut toutes les peines
du monde à l'engager à lui pardonner. On remarquait encore
en lui de l'éloignement pour les choses sérieuses, et quelquefois même pour les personnes qui voulaient l'y appliquer.
Les leçons de son gouverneur lui plaisaient beaucoup plus
que celles de son précepteur. Examiner un automate qui
représentait un cheval de bataille ; voir faire l'exercice ;
assister aux revues du roi ; monter à cheval ; voir ruiner un
tertre par une batterie de petits canons ; tirer sur du gibier
qu'on lui rassemblait dans un fossé : c'étaient là autant
d'exercices qui le transportaient et l'occupaient tout entier.

Louis XV, pour exercer ses troupes pendant la paix,
ayant ordonné un camp devant Compiègne, profita de la circonstance pour donner à son fils, âgé de dix ans, la première
leçon d'expérience dans l'art militaire. Ce qui se passe entre
deux armées ennemies : attaque, défense, prise de place,
retraite, marche, contremarche, ruse de guerre ; tout,
excepté l'effusion du sang, était imité au naturel par les
troupes du camp partagées en deux corps. Le Dauphin suivit
toutes les opérations avec un intérêt incroyable ; rien n'échap
pait à son attention. Son gouverneur eût voulu, pour la
première fois, se contenter de lui faire faire les grandes

observations; mais il l'obligeait par ses questions à descendre jusque dans les moindres détails. Toute espèce d'occupation tumultueuse était du goût du jeune prince. Mais quand il fallait ensuite passer au sérieux de l'étude, prendre une leçon de géographie, d'histoire ou de langues, on ne saurait imaginer combien il lui en coûtait; et il lui arriva quelquefois de dire net qu'il n'en ferait rien; qu'il ne fallait pas être Dauphin de France pour avoir tant de mal. Cependant on tenait ferme; et il fallait que la tâche qu'on lui avait imposée fût remplie, sous peine de rester en pénitence et de ne point sortir de son appartement. L'expérience qu'il en fit quelquefois l'obligea à marquer dans la suite moins de résistance.

Louis XV prenait quelquefois plaisir à lui faire raconter ses petites peines. Quoique ce prince aimât tendrement ses enfants, il souscrivait toujours aux dispositions de ceux qu'il avait préposés à leur éducation et faits dépositaires de son autorité en cette partie. Il se permettait seulement de solliciter de temps en temps quelques grâces en faveur du Dauphin, mais sans jamais les exiger, et souffrant même qu'on lui représentât quelquefois qu'il ne serait pas à propos qu'on les lui accordât. Les enfants des rois sucent, pour ainsi dire, avec le lait, le sentiment de leur grandeur. Toutes les marques extérieures de respect que leur prodiguent ceux qui les environnent, leur font bientôt apercevoir qu'ils sont au-dessus de tous. Jamais prince ne commença à le sentir plus tôt que le Dauphin. Il était encore sous la conduite de sa gouvernante, qu'il se prévalait de la prééminence de son rang; une des princesses, ses sœurs, étant à table avec lui, se mettait en devoir de se servir la première : « J'aurais cru, Madame, lui dit le petit Dauphin, que quand je suis ici, c'est à moi que les honneurs sont dus »; et en parlant il se fit justice à lui-même. Ce trait lui attira de la part de sa gouvernante le reproche de connaître mieux les droits de sa naissance que ceux de la politesse. Quand il commandait, c'était toujours en maître absolu ; il portait ses prétentions jusqu'à croire que les éléments devaient aussi lui être soumis : un jour que passant par un corridor, il entendait le vent siffler à ses oreilles d'une manière désagréable, il se retourna vers les officiers de sa suite, et leur dit avec vivacité : « Faites donc taire ce vent-là ». Mais ce qui choquait toutes ses idées, c'était de voir qu'au milieu des égards et de la soumission de tous les courtisans qui l'approchaient, quelques particuliers prissent avec lui le ton de maîtres, et prétendissent lui faire la loi, et contredire habituellement ses penchants les plus chers : « M. de Saint-Cyr, disait-il un jour au roi, est un homme qui n'entend point raison. — J'imagine bien, répondit le prince, que votre raison ne doit pas être tout à fait d'intelligence avec la sienne ; mais avec le temps elles pourront se rapprocher et faire la paix ». Jamais prédiction ne se vérifia plus parfaitement.

L'abbé de Saint-Cyr était un de ces hommes rares, faits pour suivre avec succès l'éducation d'un jeune prince. Il joignait à une âme solidement vertueuse, un esprit orné de toutes les connaissances nécessaires ou utiles à son élève. Il était d'un caractère modéré, ferme et uniforme, sachant employer à propos les motifs les plus capables d'exciter l'émulation d'un enfant, et les moyens les plus sûrs pour lui rendre la vertu aimable et le travail agréable. Convaincu que son premier devoir était d'être utile à son élève, il ne négligea rien pour gagner son affection ; mais il était fort éloigné de la mendier en flattant ses goûts, ou en dissimulant ses défauts. Et c'est, sans doute, la règle que suivraient les instituteurs de la jeunesse, surtout ceux des grands, s'ils étaient toujours conduits par la religion, ou même par une prudence mieux entendue sur leurs véritables intérêts. Il est bien rare qu'on prépare sa fortune, en se faisant le fauteur ou le ministre des passions d'un enfant. Mais un maître fidèle aux devoirs sacrés de sa profession est toujours sûr de l'estime de son élève : et, si c'est une âme bien née, il peut compter sur toute sa reconnaissance. C'est ainsi que le Dauphin, après son éducation, admit l'abbé de Saint-Cyr au nombre de ses amis les plus intimes.

Ce qui dégoûte des sciences les esprits les plus propres à s'y distinguer, et rebute surtout les caractères vifs, c'est la sécheresse des premiers éléments ; ils n'aperçoivent pas d'abord le but où l'on veut les conduire, ils s'irritent et désespèrent de jamais y arriver ; mais ce premier obstacle surmonté, on les voit s'avancer à grands pas, et laisser bien loin derrière eux ceux qui courent la même carrière. Quand une fois le Dauphin commença à entendre les auteurs qu'on lui faisait expliquer, la curiosité lui en rendit la lecture agréable. Un degré de connaissances qu'il acquérait le charmait et lui faisait désirer d'en acquérir un nouveau. Quelque jeune qu'il fût, il ne se borna jamais, comme la plupart des enfants, à rendre des mots pour des mots : les choses étaient toujours ce qui l'occupait le plus ; et souvent le désir de voir le dénouement d'une négociation, ou l'issue d'une bataille, l'emportait beaucoup au delà de la tâche qu'on lui avait assignée, et lui faisait oublier de prendre sa récréation. Voici ce qu'écrivait de lui un homme qui ne sut jamais flatter, l'évêque de Mirepoix, son précepteur : « A peine fut-il sorti de l'enfance, qu'on remarqua en lui une conception aisée, une mémoire qui s'emparait de tout, une curiosité savante qui étonnait ses maîtres, des applications promptes et justes de ce qu'il savait déjà. Jusque dans les instants d'ennui, que la sécheresse des premiers éléments lui apportait quelquefois, il laissait échapper des traits qui décelaient ses dispositions ; et l'on pressentait, à son insu, que dans le genre qu'il voudrait, il serait un jour savant, pour ainsi dire, malgré lui. »

Ayant lu dans la vie d'un ancien philosophe, qu'il ne parlait jamais sans nécessité et que pour dire des choses sensées, il lui prit envie de l'imiter ; et sans communiquer son dessein à qui que ce fût, il prit tout à coup un air grave et composé, des manières sérieuses ; et contre son ordinaire, il se mit à l'étude en silence, il étudia avec la plus grande application. Si on lui adressait la parole, il ne répondait que par monosyllabes. Quand son précepteur en lui donnant sa leçon voulait, selon sa coutume, l'égayer par des réflexions amusantes : « Suivons notre objet, lui disait-il, ne faisons pas les enfants ». Si on lui disait quelque chose qui ne fût pas du plus grand sens, il gardait un silence stoïcien, ou il répondait : *Fade propos, paroles inutiles que tout cela ! quand est-ce que les hommes penseront avant de parler !* Le personnage était trop étranger à son caractère, pour qu'il pût jamais se le rendre propre. Il le soutint néanmoins quelque temps, et jusqu'à acquérir assez d'empire sur son imagination pour pouvoir étudier, sans se distraire, deux heures de suite le matin, et autant le soir. Ce qui lui coûtait alors, n'était plus tant l'étude que le passage des amusements et de la récréation à l'étude. Un jour que l'abbé de Saint-Cyr l'avertissait qu'il était temps de prendre sa leçon, « Je suis bien sûr, lui dit-il, qu'on n'a pas assujetti tous les princes à apprendre le latin comme moi ; parlez-moi en conscience, cela n'est-il pas vrai ? — Je ne vous le dissimulerai pas, lui répondit l'abbé, cela n'est que trop vrai ; nos Histoires en font foi, et nous offrent quantité de princes qui se sont rendus méprisables par une grossière ignorance. » Le Dauphin sentit toute l'énergie de cette réponse ; il ne l'oublia jamais, et elle fut dans la suite comme une barrière insurmontable à la vivacité de son caractère. Passer de l'amusement du jeu au sérieux du travail, lui paraissait bien dur ; mais être un prince ignorant, avait quelque chose de si humiliant à ses yeux, que rien ne lui semblait impossible pour en éviter la honte. Quoique ce ne fût encore là que sacrifier une passion à une autre, l'amour du plaisir à l'amour de la gloire, on fut cependant charmé de reconnaître ces dispositions dans le jeune prince, parce qu'on ne doutait pas que la raison éclairée par la religion, ne dût bientôt les épurer et les perfectionner.

En effet, à mesure que le Dauphin avançait en âge, il s'apercevait lui-même de ses défauts ; il en convenait, et il travaillait sincèrement à s'en corriger. Le comte de Châtillon lui parlait un jour de ses vivacités : « Je vous avertis, Monsieur, lui dit-il, que je désavoue par avance toutes les sottises que je pourrai faire à l'avenir : imaginez-vous dans ces moments que c'est le vent qui souffle. » Un jour qu'il se laissait emporter à son humeur, son gouverneur, faisant allusion au propos qu'il lui avait tenu, dit que le vent était bien grand. « Oui, oui, Monsieur, reprit-il avec émotion, et la foudre n'est pas loin. » Le gouverneur, contrefaisant l'homme qui avait peur, se boucha les oreilles. Le prince se mit à rire, vint l'embrasser, et lui dit : « J'avais pourtant bien promis de ne plus me mettre en colère, je vous en fais mes excuses. »

Le Dauphin, fort jeune encore, était très curieux de sa bibliothèque : il n'y voulait que de beaux livres ; et n'étant pas encore en état d'appécier le mérite de l'auteur, il portait son jugement sur celui de l'imprimeur et du relieur. C'est à la délicatesse de son goût que nous sommes redevables de plusieurs belles éditions du Louvre, faites en sa faveur. Il avait surtout une prédilection marquée pour les livres de piété qui étaient à son usage ; il en prenait un soin particulier. Il lui prit un jour envie de faire relier en vert tous ceux qui étaient d'une autre couleur. Il en parla à l'abbé de Saint-Cyr, qui lui dit qu'il le satisferait volontiers, s'il pouvait lui donner quelque raison plausible de ce goût qui ne lui paraissait qu'une fantaisie d'enfant. L'abbé, en disant ces paroles, passa pour un instant dans une chambre voisine. Le Dauphin, piqué de ce qu'on supposait qu'il pût se déterminer sans raison, en chercha une que la vivacité de son esprit lui présenta sur-le-champ. Il l'écrivit promptement sur le premier morceau de papier qu'il trouva sous sa main, et avant que l'abbé de Saint-Cyr fût rentré, il la mit sur son bureau : elle était en latin, et conçue en ces termes : *Naturam sequi ducem ac magistram semper debemus : cum autem natura sit ubiqué viridis, non immerito volo omnes libros meos devotionis esse virides.* Ce qu'on peut rendre ainsi : « Nous devons toujours nous rappocher de la nature et la prendre pour modèle ; or, comme la nature n'offre partout à nos regards que de la verdure, ce n'est pas sans fondement que je demande que tous mes livres de piété soient reliés en vert. » Si le goût était d'un enfant, il faut en convenir, la manière de le justifier était bien d'un homme fait.

Cependant la reine ne cessait de demander à Dieu que le fils qu'il lui avait donné pour être l'appui du trône, devînt aussi celui de la religion ; et comme ceux qui étaient témoins des gémissements de Monique sur les égarements d'Augustin, disaient que le fils de tant de larmes ne pouvait pas périr ; ceux aussi qui connaissaient tout ce que faisait cette pieuse mère pour obtenir de Dieu que le Dauphin fût un prince selon son cœur, eussent pu dire également que le fils de tant de bonnes œuvres ne pouvait manquer de devenir un modèle de vertu. Tout l'argent dont cette princesse pouvait disposer était employé en œuvres de charité ; et comme le Dauphin avait aussi sa cassette, elle en dirigeait l'usage en faisant semblant de le lui abandonner, et tâchait surtout de le former, par ses exemples, à la compassion pour les malheureux. Ayant appris que l'éducation des pauvres enfants de Paris était abandonnée, elle résolut d'y pourvoir autant qu'elle le pourrait ; et pour inspirer au Dauphin les mêmes sentiments, elle lui peignit un jour le malheur de ces pauvres enfants qui, lorsqu'il avait lui-même tout en abondance, manquaient des secours les plus essentiels pour le corps et pour l'âme. Elle lui ajouta qu'elle était disposée à contribuer à leur faire donner une éducation chrétienne. Le Dauphin dit aussitôt qu'il voulait avoir part à cette bonne œuvre; qu'il donnait tout ce qu'il y avait dans sa cassette. C'est ainsi qu'une mère chrétienne sait tirer de ses vertus le double mérite de les pratiquer elle-même et de les inspirer à ses enfants.

Mais rien peut-être ne fut plus avantageux à l'enfance du jeune prince et ne contribua plus efficacement à adoucir et former son caractère, que l'étroite amitié qu'il lia avec Madame Henriette et Madame Adélaïde. Il ne m'est permis de parler ici que de l'aînée de ces deux princesses. Quoiqu'elle fût d'un caractère assez opposé à celui du Dauphin, elle sut gagner toute sa confiance, dont elle usa toujours pour le porter au bien et lui inspirer le goût de la vertu. L'étroite union qui régnait entre eux charmait le roi et la reine. Ils ne se voyaient jamais assez : leurs entretiens étaient toujours trop courts à leur gré : ils eussent passé ensemble des journées entières sans s'ennuyer. Dans un de ces moments où ils s'ouvraient leurs cœurs avec cette aimable franchise que donne une confiance réciproque : « Mon frère, dit la jeune princesse au Dauphin, nous sommes environnés de flatteurs intéressés à nous déguiser la vérité; notre intérêt pourtant est de la connaître; convenons d'une chose : vous m'avertirez de mes défauts, je vous avertirai des vôtres ». La proposition fut acceptée. Il était bien rare que le Dauphin trouvât à reprendre dans la conduite de la princesse; mais cette régularité même qu'il remarquait en elle le disposait de plus en plus à la confiance, et donnait un nouveau poids aux avis qu'elle lui donnait. Longtemps avant qu'il fît sa première communion, elle l'entretenait de la grandeur de cette action, de l'influence qu'elle a sur tout le reste de la vie; et ces leçons d'amitié faisaient sur son cœur les plus heureuses impressions.

Il reçut le sacrement de Confirmation au mois de février 1741. On continua ensuite à lui faire les instructions qui devaient le disposer plus prochainement à sa première communion : il la fit au mois d'avril de la même année à la paroisse du Château. Il n'avait pas encore atteint l'âge de douze ans. Les sentiments de foi et d'amour qu'il fit paraître aux approches et le jour de cette auguste cérémonie, annoncèrent qu'il sentait parfaitement le bienfait du Seigneur qui se communiquait à lui. Il avait dès lors l'âme ferme et constante : sa piété ne ressembla point à celle de la plupart des jeunes gens qui s'affaiblit insensiblement, et paraît quelquefois entièrement éteinte peu d'années après une première communion : elle alla toujours croissant, sans jamais se démentir; et sa persévérance doit sans doute être attribuée à la résolution qu'il forma et suivit toujours fidèlement de faire toute sa vie un saint et fréquent usage du sacrement qu'il recevait pour la première fois.

Personne ne douta plus alors que ses inclinations ne se fixassent dans le bien. Il lui échappait encore de temps en temps quelques fautes, mais elles étaient du nombre de celles que l'on pardonne aisément à la jeunesse, et toujours son cœur les désavouait. Son précepteur lui faisant un jour parcourir la table chronologique des rois ses ancêtres, lui demanda auquel de tous il aimerait le mieux ressembler : « A saint Louis, répondit-il aussitôt, je voudrais bien devenir un saint comme lui! »

La vertu chez un jeune prince a des attraits bien puissants : le Français, naturellement attaché à ses maîtres, semblait éprouver pour le Dauphin un amour de prédilection, qu'il lui témoignait dans toutes les occasions. Le jour qu'il fit sa première entrée dans Paris fut pour lui le plus beau jour de triomphe, et pour les habitants un vrai jour de fête. Curieux de jeter un coup d'œil sur la capitale, après avoir entendu la messe dans la métropole, il monta sur une des tours de cette église, d'où il contempla à loisir la vaste enceinte de la ville. Il partit ensuite pour le château de la Meute, d'où il se rendit l'après-dîner au jardin des Tuileries. Les rues par où il passa étaient bordées d'une foule innombrable de peuple, qui poussait des cris de joie, et qui jetait sur lui les regards de complaisance d'une mère sur son fils unique. On croyait découvrir dans sa physionomie les indices du bonheur de la Nation. On était charmé de l'air de noblesse et de bonté qui était peint sur son visage et l'on jugeait par tout son extérieur que la flatterie n'avait point de part aux éloges qu'on donnait aux qualités de son cœur. Le jeune prince avoua lui-même que cette joie universelle dont il avait été témoin, l'avait flatté beaucoup plus agréablement que le brillant appareil de la cérémonie ; et comme le roi lui demandait ce qui lui avait fait le plus de plaisir dans Paris : « C'est, lui répondit-il, de voir que j'y étais le bienvenu ».

La légèreté de l'âge, jointe aux autres défauts dont nous avons parlé, avait retardé pour un temps le progrès de l'éducation du Dauphin ; mais comme le mal n'avait point son principe dans le cœur, il céda bientôt à la réflexion, et la raison, dirigée par la religion, ne l'eut pas plus tôt éclairé sur ses vrais devoirs, qu'il se porta de lui-même à les remplir. Ses heureuses inclinations ne trouvant plus d'obstacles, se développèrent de la manière la plus sensible, au grand contentement de la famille royale. Chaque jour semblait ajouter quelque chose au précédent. C'est alors que la reine parut au comble de ses vœux ; et, dans un de ces moments où elle goûtait pleinement la douce satisfaction de se voir mère d'un fils vertueux, on lui entendit dire : « Je n'ai qu'un fils ; mais le Ciel qui me l'a donné a pris plaisir à le former sage, vertueux, bienfaisant, tel enfin que j'aurais à peine osé l'espérer ».

« Ses défauts, écrivait le duc de Châtillon, ne m'ont donné d'inquiétude que jusqu'à ce que j'aie reconnu la source d'où ils partaient. Une vivacité bouillante, et le sentiment précoce de sa destinée en sont le principe ; mais le cœur est trop bon pour qu'on ait à craindre des suites. Il me dit bien que je me moque de lui, qu'il saura en rabattre de ce que j'exige : sa mauvaise humeur dure un moment ; il vient l'instant d'après m'offrir la paix en avouant ses torts. »

Ce que le Dauphin corrigea le plus difficilement dans son caractère, ce fut un penchant violent pour la plaisanterie mordante, grand défaut dans un prince : on lui attribue plusieurs allusions ingénieuses, plusieurs bons mots pleins de sel et d'énergie. Sa vivacité naturelle lui avait fait contracter, dès l'enfance, l'habitude de remuer les pieds lorsqu'il se tenait debout. Une dame de la cour, qui avait coutume de lui dire librement sa façon de penser, lui donnait un avis à ce sujet. Le prince, qui avait appris depuis peu que la même dame s'était conduite dans une affaire d'une manière peu conforme aux principes rigoureux de droiture dont elle se piquait, lui répondit en plaisantant : « Je vous avoue, Madame, que plus j'étudie la cour, plus je me persuade qu'il est bon de savoir s'y tenir tantôt sur un pied, tantôt sur l'autre. » La dame, qui ne manquait pas d'esprit, sentit bien où le coup portait ; et le courtisan, qui entend à demi-mot, n'eut pas besoin d'explication.

Une tournure d'esprit délicate et enjouée lui fournissait quelquefois des traits de satire désespérants pour ceux qui en étaient atteints. Il s'éleva un jour à cette occasion une contestation fort vive entre lui et le chevalier de Montaigu. Comme ils ne purent pas s'accommoder, le Dauphin prétendant que le propos qu'il avait tenu n'était qu'une vérité qu'il était permis de dire sans conséquence, et le chevalier de Montaigu soutenant qu'il renfermait une médisance impardonnable, on convint de part et d'autre de prendre pour arbitre du différend l'abbé de Saint-Cyr : il était absent, le Dauphin lui écrivit : « On pourrait peut-être, lui dit-il dans sa lettre, m'accuser de médisance, si je disais que monsieur N. n'entend rien à la guerre ; que monsieur N. remplit sa charge à faire pitié ; que monsieur N. a manqué sa vocation : mais me

faire un cas de conscience d'avoir dit mon sentiment sur la
conduite de monsieur N., c'est pousser trop loin le scrupule.
Au reste, nous vous avons fait l'arbitre de notre procès, vous
pouvez prononcer; votre jugement sera notre règle. »
L'abbé de Saint-Cyr lui répondit qu'il était fâché de ne pouvoir faire pencher la balance de son côté; qu'il aurait pu,
sur son exposé, soupçonner le chevalier de Montaigu d'être
d'une morale trop austère; mais qu'il lui était tombé entre
les mains une pièce qui faisait preuve contre lui en faveur de
son adversaire : il lui indiqua la date de la lettre que nous
venons de citer, et lui ajouta, qu'en sa qualité de juge, il le
condamnait à tous dépens et dommages envers les personnes
lésées, et que pour compenser le droit d'épices, dont il voulait bien lui faire remise, il l'obligeait seulement à réciter le
troisième chapitre [1] de l'Épître de saint Jacques. C'est sur ce
ton de plaisanterie que l'abbé de Saint-Cyr donnait ses
leçons au Dauphin, quand il reconnut qu'il suffisait de lui
montrer le bien pour qu'il s'y portât. Ce ne fut cependant que
par de longs efforts de vertu qu'il vint à bout de réprimer
cette humeur satirique, qui le dominait dans sa jeunesse. Il
en éprouva même encore quelquefois les saillies dans un âge
plus avancé ; mais c'étaient alors des surprises que sa vivacité
naturelle pouvait excuser, et que son bon cœur et sa religion
ne lui pardonnaient jamais. Depuis quelque temps un seigneur et une dame, par des assiduités indiscrètes, procuraient
aux courtisans désœuvrés la double satisfaction de pouvoir
charmer leur ennui en exerçant leur malignité. La dame, sur
ces entrefaites, vint faire sa cour au prince. Dans la conversation elle lui offrit une occasion si favorable de placer un
bon mot relatif aux bruits qui couraient sur son compte, qu'il
n'y résista pas ; mais le trait ne fut pas sitôt parti, qu'on eût
dit qu'il s'en était blessé lui-même ; et plus on s'en divertis-

---

1. Il y est parlé des maux que cause la langue.

sait à la cour, plus il sentait augmenter son regret. « Non, disait-il, je ne me pardonnerai jamais d'avoir si cruellement affligé cette pauvre dame, que j'ai toujours cru dans le fond plus imprudente que coupable. » Ce sentiment du Dauphin était d'autant plus juste, que ce qu'on pourrait imaginer de plus mordant le serait moins que la plaisanterie qui lui était échappée. Mais je croirais offenser sa mémoire en donnant une nouvelle publicité à un trait de satire qu'il a lui-même désavoué par le repentir, et qu'il eût voulu pouvoir ensevelir dans le plus profond oubli.

Les différentes occasions mettaient de jour en jour en évidence la noblesse de ses inclinations. Lorsqu'en 1744 il vit que le roi se disposait à partir pour se mettre à la tête de ses armées (il n'était alors âgé que de quatorze ans), il lui fit mille instances, pour obtenir qu'il lui permît d'aller combattre avec lui les ennemis de l'État. Le roi ne crut pas devoir le lui accorder ; mais pour lui adoucir la peine que lui causait ce refus, il fut obligé de lui promettre qu'ils feraient ensemble la première campagne, et nous verrons qu'il lui tint parole.

Ce fut pendant cette guerre que Louis XV essuya la maladie cruelle qui pensa l'enlever à la France. Le prince Charles, frère de l'empereur, ayant passé le Rhin, et pénétré dans l'Alsace, le roi avait laissé sous les ordres du maréchal de Saxe les troupes qu'il avait jugé nécessaires pour contenir les impériaux du côté de la Flandre ; et lui-même, avec le reste de son armée, avait dirigé sa marche vers la Lorraine. Arrivé à Metz, il fut attaqué d'une maladie dont le danger parut d'abord extrême. La reine, à la première nouvelle de cet accident, était partie pour se rendre auprès de lui. Le Dauphin voulut la suivre, et dès le lendemain il se mit en route. Le roi en fut informé et, craignant autant pour la santé de son fils que pour la sienne, il lui envoya ordre de reprendre le chemin de Versailles. Il était déjà à Verdun, quand il rencontra l'officier chargé de lui notifier les inten-

tions de Sa Majesté. Ce qui l'eût arrêté en toute autre circonstance, ne lui parut point un obstacle en celle-ci ; et
consultant plus son cœur que son gouverneur, il se persuada
qu'il était dans le cas où la tendresse pouvait le dispenser
de l'obéissance ; il se trouvait, d'ailleurs, à très peu de distance
de l'endroit où le roi était malade : il ne put se résoudre à
retourner sans l'avoir vu. Le duc de Châtillon le suivit plutôt
qu'il ne le conduisit. Mais où parut d'une manière bien tou-
chante toute la sensibilité de son cœur, ce fut au moment où
on lui donna le faux avis que le roi était à la dernière extrémité, et sans nulle espérance de guérison. Un jeune prince
de quinze ans, fils moins affectionné, eût pu découvrir dans
le brillant d'une couronne et dans la perspective de l'indé-
pendance, un motif de consolation ; mais le Dauphin ne vit
dans la nouvelle qu'on lui annonçait, que le malheur affreux
de perdre un père ; et c'est dans le premier transport de sa
douleur, que lui échappa cette exclamation si attendrissante,
dont on parla dans toute la France : « Ah ! pauvres peuples,
qu'allez-vous devenir ? Quelle ressource il vous reste ! moi...
un enfant... ô Dieu ! ayez pitié de ce royaume, ayez pitié de
moi. » Le roi était en pleine convalescence quand le Dauphin
arriva à Metz. Il le reçut avec bonté, excusant sa faute par le
motif ; mais comme il régnait des maladies dans le pays, et
qu'il avait eu un léger accès de fièvre en arrivant, il le fit
partir peu de jours après pour Versailles. Il n'usa pas de la
même indulgence envers le duc de Châtillon : ce fut à l'occasion de ce voyage qu'il reçut ordre de se retirer dans ses
terres. On ne peut s'empêcher de prendre part à la disgrâce
de ce seigneur, sans qu'on puisse dire néanmoins qu'elle n'ait
pas été méritée, n'eût-elle eu d'autre fondement que de n'a-
voir pas obligé le Dauphin de retourner à Versailles, lorsqu'il
sut que c'était la volonté du roi : les ordres du prince, quand
ils sont formels, ne doivent point être interprétés, mais exé-
cutés ; à moins qu'on ne se trouve dans la circonstance rare

de ne pouvoir le faire, sans manquer à ce qu'on lui doit, ou à ce qu'on doit à sa propre conscience. Mais il paraît assez probable que le motif principal de la disgrâce du duc, fut qu'ayant cru la maladie du roi désespérée, il avait donné au jeune prince son élève des conseils relatifs à la position où il le croyait ; et cette conjecture est fondée sur ce que disait un jour Louis XV à un seigneur qui tenait note des anecdotes de la cour. Il lui demanda s'il se rappelait ce qui était arrivé il y avait quatre ans à pareil jour. Sur ce que ce seigneur lui répondit qu'il ne se le rappelait pas : « Consultez votre journal, lui dit le roi, vous y verrez la disgrâce du duc de Châtillon. Vraiment, ajouta-t-il, il se croyait déjà maire du palais. » C'est ainsi que ce qui pourrait être envisagé comme un trait de sagesse, devient quelquefois, par l'événement, une imprudence impardonnable. Le Dauphin fut vivement affligé d'une disgrâce qu'il s'imputait à lui-même. Plein de respect cependant pour les volontés du roi, ses regrets ne furent mêlés d'aucunes plaintes : il s'abstint même pendant quelque temps de parler de son gouverneur. La première fois qu'il le fit, ce fut en se promenant dans le parc de Versailles avec l'abbé de Marbœuf : « Je me rappelle, lui dit-il, en lui montrant un banc, qu'un jour que j'étais assis en cet endroit avec M. de Châtillon, il me donna des avis que je n'oublierai jamais ». Il lui resta toujours sincèrement attaché. Il se fit un devoir de le protéger en toute occasion, lui, sa famille, ses amis ; et le roi, loin de s'en offenser, applaudissait à son bon cœur.

Cependant la maladie que Louis XV venait d'essuyer le fit penser à affermir son trône par le mariage du Dauphin. Il jeta les yeux sur Marie-Thérèse, infante d'Espagne. M. de Vauréal, évêque de Rennes, fut chargé de négocier cette alliance auprès de Philippe V, qui s'empressa de la conclure. Mais la princesse parut beaucoup plus flattée de l'exposé fidèle qu'on lui fit du mérite personnel du Dauphin, que de la perspective du premier trône de l'Europe. La surveille du jour où elle devait arriver, le roi s'avança avec le Dauphin à sa rencontre. Ils se joignirent un peu au-dessus d'Étampes, où ils revinrent coucher. Le lendemain on dîna à Sceaux. Le roi et le Dauphin partirent le soir pour Versailles. La future Dauphine s'y rendit le lendemain matin, 25 de février 1745, jour auquel était fixée la célébration du mariage[1].

Marie-Thérèse ne manquait d'aucune des qualités qui

1. L'auteur d'un ouvrage fort rare à l'occasion des fêtes qui se donnèrent au mariage du Dauphin, nous peint sous un nom factice un homme que nous avons connu, et déjà fameux alors. Le portrait qu'il en trace est curieux par la ressemblance qu'il conserva plus de trente ans avec son original. « Les poètes de leur côté, dit-il, travaillaient à célébrer cette fête ; et Coja-Séhid l'un d'eux, se promettait bien d'en faire tous les honneurs. C'était un homme d'un peu plus de quarante ans, de moyenne taille, fort maigre, et dont l'extérieur était assez peu distingué. Il avait le front élevé, les yeux noirs tout de feu et d'une agitation continuelle, la bouche grande et peu gracieuse, le teint brun, la barbe noire et très épaisse, le visage long et sec, les joues creuses et que deux gros os en saillie au-dessous des yeux faisaient paraître encore plus creuses. Son esprit était vif et ardent, dominé par une imagination toujours allumée. Il était incapable de se contenir dans de certaines bornes, et dès lors très souvent la dupe de son imagination. Il se croyait né extraordinairement pour l'ornement de son siècle, pour donner le ton aux poètes, aux historiens, aux orateurs, aux géomètres, aux physiciens, aux philosophes, et même aux théologiens : aussi était-il d'un orgueil insoutenable. Les grands, les princes même l'avaient gâté au point qu'il était impertinent avec eux, impudent avec ses égaux, insolent avec ses inférieurs, et sa vanité lui faisait trouver un grand nombre de ces derniers... Il avait l'âme basse, le cœur mauvais, le caractère fourbe. Il était envieux, critique mordant, mais peu judicieux. Écrivain superficiel, d'un goût médiocre, se faisant valoir par un certain jargon, qu'en dépit des maîtres de l'éloquence, et au préjudice du beau langage, la mode s'efforçait de mettre en crédit. Il était sans amis, et ne méritait pas d'en avoir. Quoique né avec un bien fort honnête, il avait un si grand penchant à l'avarice qu'il sacrifiait tout, lois, devoirs, honneurs, bonne foi, à de légers intérêts. Il s'était fait un grand nom par ses poésies, dont quelques-unes sont, en effet, d'une grande beauté. On le qualifiait *Prince des Poètes*, titre ridicule et qui prouvait seulement la disette d'hommes excellents. Tandis que Coja-Séhid, admiré par quantité de gens, et prôné par des femmes dont quelques-unes prétendaient **au bel** esprit, s'efforçait en vain de tirer de sa lyre indocile des sons dignes de l'auguste mariage qui comblait les vœux du public, les personnes de **la cour** de l'un et de l'autre sexe faisaient des préparatifs dont le succès était **moins** équivoque. »

pouvaient lui attacher le Dauphin. Elle avait de l'élévation dans les sentiments, de la douceur et de l'aménité dans le caractère, une piété solide. Dieu bénit une alliance où deux jeunes époux, sous les auspices de la religion, se consacraient mutuellement les prémices de leur cœur ; et le temps qu'ils vécurent ensemble, ils le passèrent dans l'union la plus intime, sans que le plus léger nuage refroidît d'un seul instant leur tendresse réciproque. Rien, ce semble, ne manquait au bonheur de ces illustres époux ; mais le bonheur ici-bas n'est qu'un fantôme qui échappe quand on le saisit, et que nulle puissance humaine ne saurait fixer à sa suite : le Dauphin ne vécut avec l'infante d'Espagne qu'autant de temps qu'il en fallait pour apprécier tout son mérite, et sentir plus amèrement sa perte. Cette princesse s'était déjà montrée à la nation sous des rapports si intéressants, qu'elle emporta en mourant ses regrets les plus sincères. Elle laissa une princesse qui ne lui survécut que deux ans.

La tendresse que le Dauphin avait pour son épouse n'avait point de bornes : la douleur qu'il ressentit de sa perte fut extrême. Et, quoiqu'il se soumît par religion aux ordres de la Providence, il était aisé de s'apercevoir que la plaie faite à son cœur n'était pas encore fermée. Cependant, comme il était seul héritier du trône, on lui proposa bientôt de nouveaux engagements : l'amour du bien public obtint son consentement, malgré ses répugnances ; et six mois après avoir perdu une épouse qu'il aimait uniquement, il donna sa main à la fille d'un prince qui était assis sur le trône du roi Stanislas, son aïeul. C'est ainsi que les alliances des enfants des princes, au lieu d'être pour eux, comme pour les particuliers, le plus doux exercice de leur liberté, sont souvent de vrais sacrifices commandés par l'intérêt de l'État, sacrifices pourtant dont on ne pense pas même à leur tenir compte. Mais les bienfaits oubliés des hommes sont ceux que le Ciel prend soin de récompenser plus libéralement : Marie-Josèphe de Saxe, que le Dauphin n'épousa que par la seule considération du bien public, fit le bonheur de sa vie par ses vertus.

Cette princesse était fille de Frédéric-Auguste, troisième du nom, roi de Pologne, électeur de Saxe. Elle naquit à Dresde le 4 novembre 1732. Quelques personnes ont cru que sa mère, par un amour de prédilection, avait suivi plus particulièrement son éducation que celle des autres princesses, ses sœurs; mais cette reine était trop judicieuse et trop bonne mère pour ne pas partager également ses faveurs et ses soins entre tous ses enfants. Cette conjecture n'était fondée, sans doute, que sur les progrès rapides que fit la jeune princesse dans les différents genres d'étude auxquels on l'appliqua. Jusqu'à l'âge de sept à huit ans, on ne lui mit en main que des livres de religion; on ne lui donna que des leçons relatives à cet objet. Elle savait dès lors l'histoire de l'Ancien et du Nouveau Testament. Elle était parfaitement instruite sur les règles de la morale. Elle avait sur le dogme toutes les connaissances qui conviennent à une princesse; et ce ne fut que par un certain respect pour l'usage qu'on différa de lui faire faire sa première communion. Sa piété répondait à ses connaissances; et une personne qui a partagé les soins de son éducation et qui l'a suivie en France à son mariage, écrivait qu'elle était née vertueuse, et que depuis qu'elle eut le premier usage de la raison jusqu'à sa mort, on ne s'était point aperçu que sa ferveur se fût ralentie un seul jour. « Sa piété, ajoute-t-elle, fut toujours également vive, sincère et active. » Elle était d'un caractère aimable, mais vif et ardent. Elle avait l'esprit juste; et, sans aimer à disputer, elle tenait assez à son sentiment, qui était en effet presque toujours le meilleur. Quoique plusieurs des princes et princesses, ses frères et sœurs, eussent sur elle l'avantage de l'âge, elle avait le talent de les amener à sa façon de penser, sans même qu'ils s'en aperçussent. Mais ayant l'âme élevée et le cœur bon, jamais elle n'usa que

pour des vues louables, de cette espèce d'empire que lui donnait la supériorité de son esprit et de ses connaissances.
Outre sa langue naturelle, on lui enseigna la latine, la française et l'italienne. !L'histoire, le dessin, la danse et la musique entrèrent aussi dans le plan de son éducation. Elle
était d'une avidité extraordinaire pour apprendre. Lorsque
les maîtres, chargés de lui donner ses différentes leçons,
retardaient de quelques instants : « Voilà, leur disait-elle en
regardant sa montre, tant de minutes perdues ». Ses progrès
répondaient à son ardeur pour l'étude et étonnaient ses
instituteurs. Elle parvint à expliquer, à livre ouvert et avec
la plus grande aisance, les auteurs latins et italiens, poètes
et autres. Le français était, des langues qu'elle savait, celle
qui lui était la moins familière; mais peu de temps après
son arrivée en France, elle l'écrivit et le parla dans sa plus
grande pureté; et, à un petit accent près, qu'elle conserva
toujours dans la prononciation et qui ne déplaisait pas, on
n'eût point soupçonné à l'entendre qu'elle parlât une langue
étrangère.

La princesse était âgée d'environ treize ans, lorsqu'il lui
fut annoncé d'une manière assez singulière, qu'elle devien-
drait Dauphine de France. La curiosité l'avait conduite dans
l'intérieur du monastère des Dames du Saint-Sacrement, à
Varsovie. Étant entrée dans les dortoirs, qu'elle parcourait
à pas précipités, une religieuse qui vivait dans la maison en
grande réputation de sainteté, se trouva sur son passage, la
prit sans façon par la main, et l'arrêta tout court au milieu
d'un dortoir : « Madame, lui dit-elle en la fixant attentivement, connaissez-vous celle qui a l'honneur de vous tenir la
main ? — Je crois, lui répondit la princesse qui l'avait déjà
vue, que vous êtes la mère Saint-Jean. — Oui, lui répliqua
la religieuse; mais je m'appelle aussi Dauphine; et je vous
déclare, souvenez-vous-en un jour, qu'une Dauphine tient la
main d'une autre Dauphine. » Autant le compliment eût paru

flatteur dans une autre circonstance, autant il parut déplacé.
et en quelque sorte impertinent dans l'état actuel des choses;
car, outre que les intérêts de la cour de France étaient absolument opposés à ceux de la maison de Saxe, Louis XV avait
déjà fait la demande de l'infante d'Espagne pour le Dauphin.
Les gazettes avaient annoncé par toute l'Europe la conclusion de cette alliance : les Dames du Saint-Sacrement ne

l'ignoraient point. Aussi la jeune princesse attribua-t-elle
à la faiblesse de l'âge ce que lui disait la religieuse : elle dit
même aux dames de sa suite que la mère Saint-Jean commençait un peu à radoter; et elle ne fit pas plus de cas de
sa prédiction, que n'en fait une personne sensée des pronos-
tics d'un diseur de bonne aventure; en sorte que lorsqu'elle
fut sur le point de se vérifier, elle ne se la rappela nullement.
Mais, quelques jours avant son départ pour la France, la
religieuse lui fit dire qu'elle lui demandait la grâce de ne
pas la regarder comme une radoteuse. La princesse fut
étrangement frappée, en comparant l'événement avec la

prédiction qui lui en avait été faite. Les Dames du Saint-Sacrement rendirent la chose publique à Varsovie; et bientôt on en parla en France, et surtout à la cour. Mais comme la Dauphine n'en avait jamais rien dit, les personnes prudentes avaient toujours traité ces bruits de fables populaires. L'abbé Soldini, son confesseur, était de ce nombre; et pour être en état de les décréditer avec plus d'autorité, il en parla à la Dauphine, et la pria de lui dire ce qui aurait pu y donner occasion. La princesse le surprit beaucoup, en l'assurant que tout ce qu'on lui avait raconté était vrai jusque dans la moindre circonstance. Elle ajouta qu'elle ne croyait point que ce fût à elle à divulguer ce fait; mais que, puisqu'il était bien aise d'en être éclairci, elle ne pouvait se dispenser de rendre ce témoignage à la vérité.

Laissant à chacun, comme la Dauphine, la liberté de penser ce qu'il voudra sur la nature de cette prédiction, il me semble au moins qu'on ne saurait méconnaître dans son accomplissement cette Providence admirable qui préside à tous les événements, qui tourne à son gré le cœur des rois, et donne de temps en temps à l'univers de ces spectacles qui étonnent et déconcertent la politique et la sagesse humaine. Un traité de paix avait assuré à Frédéric la possession de la Pologne, et conservé seulement à Stanislas le titre de roi. Mais quel fond peut-on faire sur un traité par lequel un roi cède sa couronne? C'est un feu qu'on a couvert et qui peut, au premier souffle, se rallumer avec plus de fureur. Louis XV, en prince judicieux et sincèrement ami de la paix, crut qu'il n'y avait pas de moyen plus sûr de la fixer entre les deux puissances, que le mariage du Dauphin avec une princesse de la maison de Saxe; il le fit proposer : le duc de Richelieu fut chargé d'aller faire la demande de la princesse Marie-Josèphe, dont le mérite n'était pas inconnu à la cour de Versailles. La proposition surprit agréablement le roi de Pologne. L'alliance fut conclue, et peu de temps après la princesse partit pour la France. Deux jours avant son arrivée à la cour, le roi et le Dauphin s'avancèrent à sa rencontre : on se joignit près de Brie-Comte-Robert. La princesse descendit la première de voiture, courut se jeter aux genoux du roi, et lui demanda son amitié. Le roi la releva en l'embrassant, et la présenta au Dauphin. Après les compliments de la première entrevue, le roi, le Dauphin et la princesse montèrent dans le même carrosse, et vinrent coucher à Corbeil. On dîna le jour suivant à Choisy. Le roi et le Dauphin en partirent le soir pour Versailles. La princesse s'y rendit le 8 février 1747, jour auquel était fixée la célébration des noces.

Par cette alliance, la maison de Saxe a servi à perpétuer les descendants d'un prince qu'elle avait dépouillé de ses États : nous vîmes habiter en même temps, sous le même toit, deux princesses de Pologne, filles de deux rois rivaux, et dont l'une eût pu dire à l'autre : Votre père a détrôné le mien. Mais où parut bien l'empire de la religion, c'est dans cette union inaltérable qui régna toujours entre la reine et le Dauphin ; c'est surtout dans cette tendre affection que Stanislas témoigna toute sa vie à la fille de celui qui était assis sur son trône. Ce prince avait pour elle les sentiments d'un père pour sa fille : les malheurs qu'elle essuya pendant son séjour en France, devinrent les siens par la part qu'il y prit. Il reçut à sa cour, et il combla de mille marques de bonté, le comte de Lusace son frère, et la princesse Christine sa sœur. J'en trouve les preuves dans une infinité de lettres que lui adressa la Dauphine : « Les bontés que Votre Majesté m'a toujours témoignées, lui dit-elle entre autres choses, me font espérer que vous voudrez bien aussi les accorder, à ma recommandation, au comte de Lusace, qui aura l'honneur de vous faire sa cour et de vous remettre cette lettre... Je voudrais pouvoir exprimer de vive voix à Votre Majesté toute la reconnaissance dont je suis pénétrée pour les bontés dont vous venez de combler ma sœur ; mais je ne puis que la sentir.

Plus heureuse que moi, elle va être à portée de vous faire sa cour ; j'ose encore vous la recommander. La douleur que j'ai de me séparer d'elle ne trouve d'adoucissement que dans les bontés que vous lui témoignez... »

La raison peut bien admirer ces beaux sentiments, mais la religion peut seule en être le principe. Non, il n'y a qu'une religion sainte et divine qui puisse rapprocher ainsi et unir si étroitement des cœurs que les intérêts les plus puissants et les plus sensibles semblaient devoir mettre pour jamais en opposition.

La Dauphine, à la vérité, ne manquait d'aucune des qualités qui peuvent intéresser ; mais les plus rares qualités aux yeux de la prévention ne sont souvent que des défauts : et dans une cour aussi polie, mais moins religieuse que ne l'était celle de France, c'eût été beaucoup pour la jeune princesse que ses empressements n'eussent été payés que par des froideurs ; et tout son mérite ne l'aurait point mise à l'abri de bien des désagréments. Dès son arrivée à Versailles, elle reconnut la disposition des cœurs, et jugea qu'elle n'avait à craindre, de qui que ce fût, ni ressentiment ni indifférence : mais cela ne lui suffisait pas. Pouvant assez compter sur l'amitié du roi, puisqu'elle était à la cour par son choix, elle voulut d'abord gagner l'affection de la reine, le cœur du Dauphin, la confiance de la famille royale, et l'estime de tous. L'entreprise était digne de son cœur et de sa religion ; elle y réussit.

La France et l'Europe entière avaient les yeux fixés sur cette jeune princesse, et la plaignaient de se trouver dans une situation si critique. On se demandait comment elle vivrait avec la reine ; comment elle gagnerait l'affection du Dauphin ? Le peuple politiquait, le courtisan examinait : mais Dieu agissait ; sa sagesse dirigeait la princesse, qui parut toujours la moins embarrassée de tous. Nous nous contenterons de citer ici quelques traits pris entre une infinité d'autres, qui tous étaient bien propres à lui concilier les cœurs, et à donner de sa personne l'idée la plus avantageuse. Quand le Dauphin, la première nuit de ses noces, entra dans son appartement, à la vue de plusieurs meubles qui avaient été à l'usage de sa première épouse, tous les sentiments de sa douleur se réveillèrent ; quelques efforts qu'il fît, il ne fut pas maître de retenir ses larmes ; la Dauphine les vit couler. Toute autre, en pareille circonstance, eût cru s'être tirée avec adresse, en feignant de ne pas les apercevoir : mais elle entra dans les sentiments du Dauphin ; elle prit part à sa douleur, et mêlant ses larmes aux siennes : « Donnez, Monsieur, lui dit-elle, un libre cours à vos larmes, et ne craignez point que je m'en offense ; elles m'annoncent, au contraire, ce que j'ai droit d'espérer moi-même, si je suis assez heureuse pour mériter votre estime. » Le troisième jour après son mariage, elle devait, suivant l'étiquette, porter en bracelet le portrait du roi son père. Quoiqu'on se fût déjà fait de part et d'autre des protestations bien sincères d'oublier pour toujours les démêlés des deux cours, on sent assez qu'il devait en coûter à la fille de Stanislas, de voir porter comme en triomphe dans le palais de Versailles le portrait de Frédéric. Une partie de la journée s'était déjà passée, sans que personne eût osé fixer ce bracelet, qui avait quelque chose de plus brillant que ceux des jours précédents. La reine fut la première qui en parla : « Voilà donc, ma fille, lui dit-elle, le portrait du roi votre père? — Oui, maman, répondit la Dauphine en lui présentant son bras, voyez qu'il est ressemblant » : c'était celui de Stanislas. Ce trait fut admiré et applaudi de toute la cour. La reine sentit tout ce qu'il valait : elle en témoigna sa satisfaction à la jeune princesse, qui lui devenait plus chère de jour en jour.

Cependant le Dauphin n'avait pas encore perdu le souvenir de sa première épouse ; il en parlait toujours avec complaisance ; la Dauphine, de son côté, paraissait pleine de vénération pour sa mémoire : elle engageait elle-même le Dauphin à l'entretenir de ses rares qualités, et lui protestait en toute occasion, que tous ses soins se porteraient à connaître ses vertus, et toute son ambition à lui ressembler. Des procédés si généreux ne pouvaient manquer de faire la plus vive impression sur le Dauphin. Il sentait croître de jour en jour son attachement pour sa nouvelle épouse, et pouvait à peine en croire son cœur. Mais rien ne lui fit mieux connaître le trésor qu'il possédait en sa personne, et combien elle était digne de toute sa tendresse, que la maladie qu'il essuya en 1752. C'était une petite vérole, qui s'annonça par des symptômes effrayants. La Dauphine s'étant rappelée qu'un jour il lui avait dit qu'il redoutait cette maladie, parce que souvent elle ne laisse pas au malade le temps de se reconnaître, elle forma le dessein de lui en laisser ignorer la nature, et elle y réussit. Elle imagina de composer et de faire imprimer, exprès pour lui, une *Gazette de France* dans laquelle, sans avancer cependant rien de faux, elle parlait de sa maladie en termes généraux, et propres à éloigner de son esprit tout soupçon que ce pût être la petite vérole. Elle passait la journée entière auprès de lui, et ne sortait de sa chambre que fort avant dans la nuit, lorsqu'on l'obligeait d'aller prendre quelque repos. C'était peu pour sa tendresse de lui présenter elle-même tout ce qu'il prenait, de chercher à l'égayer par ses propos, elle avait la plus grande attention à lui procurer une situation commode dans son lit ; elle se livrait avec un air de satisfaction aux offices les plus rebutants, et dont je craindrais que le détail n'offensât la délicatesse du lecteur ; en sorte qu'un célèbre médecin, qu'on avait mandé par extraordinaire, et qui ne connaissait point la Cour, frappé de tout ce qu'il voyait faire à la princesse, la prit pour une garde-malade. « Voilà, dit-il en la montrant à quelqu'un, une petite femme qui est impayable pour ses attentions, son air aisé et son assiduité à servir M. le Dauphin : comment l'appelez-vous? »

Sur ce qu'on lui répondit que c'était Mme la Dauphine, il se reprocha beaucoup de ne lui avoir pas donné, dans les occasions, les marques de respect qui lui étaient dues. « Oh bien, s'écria-t-il ensuite, que je voie encore nos petites dames de Paris faire les précieuses, et craindre d'entrer dans la chambre de leurs maris quand ils sont malades, comme je les enverrai à cette école ! » Un jour qu'on représentait à la princesse le danger auquel elle exposait elle-même sa santé, en se ménageant si peu, et en respirant habituellement l'air d'une maladie contagieuse, elle fit cette belle réponse : « Eh ! qu'importe que je meure, pourvu qu'il vive ! La France ne manquera jamais de Dauphine, si je puis lui conserver son Dauphin. »

Ce prince sentit tout le prix des attentions de sa vertueuse épouse ; et pendant sa convalescence, il ne se lassait pas d'en parler. « Non, disait-il quelquefois, ce n'est qu'à ses soins et à ses prières que je suis redevable de la vie. Vous m'avez fait prendre le change sur la nature de ma maladie, lui disait-il un jour en riant, cela n'est pas bien : avez-vous eu soin d'en tenir note dans votre examen de conscience ? Oh ! vraiment, lui répondit la Dauphine, j'aurais bien de la peine à m'exciter à la contrition de la faute que vous m'imputez ; car il me semble bien qu'en pareille occasion j'y retomberais tout de nouveau. »

« à l'heure marquée il ouvrit sa fenêtre, reconnut la femme..... p. 17,

LIVRE DEUXIÈME

Tout semblait inviter le Dauphin à se produire sur
le théâtre de la Cour : son rang, son âge et son esprit pouvaient lui répondre qu'il y paraîtrait d'une
manière distinguée. L'appât était séduisant ; mais
le prince était prudent, il sut s'en défendre. Il ne s'en tint pas
là : persuadé que l'héritier du trône, sans aspirer à la réputation précoce d'homme instruit, ne doit songer qu'à la mériter
par l'étude de ses devoirs, il résolut de consacrer ses travaux
et ses veilles à s'instruire de toutes les connaissances nécessaires ou utiles au gouvernement des peuples, et il s'appliqua à donner le change aux courtisans sur l'étendue de ses
vues et le genre de ses occupations. Il y réussit parfaitement.
Pendant son enfance on ne parlait que de son esprit ; mais
après son éducation, il sembla rester dans l'inertie, on n'en
fit plus mention. Ceux qui parlaient le plus avantageusement
du Dauphin, disaient de lui : « C'est un bon prince. » On
relevait quelquefois les qualités de son cœur, mais on gardait le silence sur celles de son esprit. Comme les intrigues

de cour, le jeu, la table, et tous ces amusements frivoles qui occupent l'oisiveté de la plupart des grands, ne prenaient aucun de ses moments, bien des gens ne pouvaient imaginer à quoi il passait le temps, et rien n'était plus ordinaire que d'entendre faire cette question : *Qu'est-ce donc que fait le Dauphin ?* A cela, les uns répondaient d'un air de pitié : *Hélas ! on n'en sait rien.* D'autres, d'un ton affirmatif et en gens mieux instruits, disaient : *Il passe le temps à apprendre la musique ; on l'entend souvent chanter avec la Dauphine.* Le prince, au lieu de se montrer, pour faire tomber ces bruits impertinents, se cachait avec un nouveau soin, comme s'il eût été bien aise de les accréditer. Mieux instruit que personne des affaires, il se comportait en public comme s'il n'y eût pris aucune part : ses conversations ne roulaient jamais que sur des objets indifférents et de nulle conséquence. Il avait, il est vrai, le talent d'orner les choses les plus communes de toutes les grâces du discours. Mais ceux qui avaient la simplicité de croire que les matières qu'il traitait en leur présence, étaient ses affaires sérieuses, devaient naturellement le mettre au rang des diseurs de riens. « Avouez, Madame, disait-il un jour à une personne d'esprit qui assistait souvent à ses repas, que pour un bon esprit, nos propos sont bien fades, et nos conversations bien décharnées. Mais que faire ? il faut bien nous montrer à l'unisson : comment donner notre confiance à des hommes, dont les uns sont continuellement sur la défensive avec nous, et les autres ne nous écoutent que pour tirer des conséquences ridicules à l'occasion d'une parole qui nous sera échappée sans dessein? »

Quelque désir cependant qu'eût le Dauphin de laisser ignorer les qualités de son esprit, elles jetaient par elles-mêmes un si brillant éclat, qu'il eût eu peine à y réussir, si l'envie ne l'eût secondé : mais il avait trop de vertu, pour que bien des gens ne profitassent pas des moindres apparences désavantageuses qui pouvaient prêter à leur malignité.

La nouvelle philosophie, surtout, ne lui donna jamais que des lumières très bornées; et bien convaincue que son règne finirait où commencerait celui de ce prince, on eût dit qu'elle voulait préparer par avance une sorte de consolation à son impiété, en s'efforçant d'obscurcir la gloire de celui qui devait lui porter le dernier coup. Le Dauphin était parfaitement instruit de cette disposition de la secte à son égard, et il en riait. Un jour qu'un seigneur de sa confiance, après avoir passé quelque temps à Paris, venait lui faire sa cour : « Eh bien, lui dit-il en plaisantant, que disent nos grands génies et nos philosophes de Paris, qu'ils ont bien de l'esprit, et que le Dauphin en a une bien petite dose? » Il aimait la vérité; on lui avoua qu'il devinait juste. « Vraiment, reprit-il, il y aurait là de quoi me donner de l'amour-propre : j'ai toujours cru qu'un Dauphin devait éloigner de lui jusqu'au soupçon de prétendre au suffrage de ces beaux esprits; je croirais presque avoir réussi. »

Quand ce prince eut fini son éducation, à cette époque périlleuse où tant de jeunes gens se laissent follement éprendre des charmes d'une liberté dont la jouissance même les conduit au repentir; c'est alors qu'on le vit s'attacher plus fortement à la pratique de la vertu, et faire ses délices d'une vie sérieuse et occupée. Il compara, sans se flatter, ses connaissances avec l'étendue des devoirs d'un prince destiné à régner : cette comparaison l'effraya, et lui fit sentir, comme il le disait un jour à l'évêque de Senlis, la nécessité *de reprendre son éducation en sous-œuvre*. Cette parole, qui fut rendue publique, induisit bien des gens en erreur; et au lieu d'y reconnaître les vues étendues d'un jeune prince qui avait assez bien profité de ses premières études, pour en sentir l'insuffisance et la nécessité de s'y perfectionner, on jugea qu'il les avait entièrement négligées, ou qu'il n'en avait tiré qu'un médiocre avantage : la conclusion n'était pas juste. Il n'était encore qu'un enfant, que l'idée seule de l'ignorance l'effrayait, et toute sa vie il la regarda comme un vice capital dans un prince. « Il est rare, dit-il, qu'un roi forme, de sang-froid, le projet de mettre ses sujets en esclavage : l'humanité s'y oppose, son intérêt propre l'en détourne ; mais l'ignorance y conduit : de là tous les maux. » D'après ce principe, et pour mieux assurer l'exécution du plan qu'il s'était tracé, il associa à son travail l'abbé de Saint-Cyr, dont il connaissait les lumières, et qui eut alors plus de peine à modérer son ardeur pour l'étude, qu'il n'en avait eu à l'exciter dans son enfance.

Il reprit d'abord l'étude des Belles-Lettres. Cicéron et Horace étaient, parmi les Latins, ses auteurs favoris. Il lut les discours et les ouvrages philosophiques du premier. Il fit des notes sur son Traité des offices, et il les écrivit de sa main sur la marge d'un exemplaire de l'édition de l'abbé d'Olivet. Ce livre est dans la bibliothèque de Louis XVI. Horace lui était si familier, qu'il le savait presque par cœur. « Quelque pièce de ce poète qu'on lui commençât, me disait le respectable prélat, précepteur des princes ses fils, il était prêt à la continuer. » Il savait apprécier les beautés de la langue latine, il en sentait toute la délicatesse à la simple lecture. M. le Beau, professeur d'éloquence au Collège royal, lui présenta un jour un discours qu'il avait composé à l'occasion de la paix : il voulut le lire avec lui ; les plus beaux morceaux ne lui échappèrent pas. Il fit remarquer à l'auteur qu'un certain verbe dont il avait fait usage était moins énergique et moins propre qu'un autre qu'il lui cita : l'académicien sentit et avoua aussitôt que la réflexion du prince était juste, et substitua le mot indiqué.

Sa facilité pour les langues était si grande, qu'ayant entrepris d'apprendre l'anglais sans le secours d'aucun maître, il parvint en fort peu de temps à le savoir parfaitement. Il prenait plaisir à traduire les endroits les plus intéressants des meilleurs ouvrages écrits en cette langue. Ce qui suit est de

Spectateur anglais : « Je ne connais pas de plus grand mal sous le soleil que l'abus de l'esprit ; et cependant il n'y a pas de mal plus commun. Il est répandu dans les deux sexes et dans tous les états... Il n'y a rien de plus monstrueux dans la nature qu'un méchant homme qui possède de grands talents.

« J'ai souvent réfléchi sur cette étrange humeur des femmes, qui sont toujours frappées de ce qui a de l'apparence et n'est que superficiel... Je me rappelle une jeune dame que deux rivaux importuns recherchaient en mariage avec un égal empressement. L'un et l'autre, pendant plusieurs mois, firent tout ce qu'ils purent pour se faire valoir par leurs manières officieuses et par l'enjouement de leurs conversations. Cependant, comme la rivalité subsistait toujours, et que la dame n'était point encore déterminée sur son choix, l'un de ces jeunes gens s'avisa d'ajouter un galon de plus à ses habits de livrée ; ce qui fit un si bon effet, qu'elle l'épousa la semaine d'après.

« La conversation des femmes contribue beaucoup à entretenir en elles cette faiblesse de se laisser prendre par les dehors et les apparences. Parle-t-on de nouveaux mariés, elles demandent d'abord s'ils ont un carrosse à six chevaux, de la vaisselle d'argent, etc. Prononcez le nom d'une absente, il y a dix contre un à parier que vous apprendrez quelque chose de sa robe et de sa coiffure. Le bal leur est d'un grand secours pour les conversations. Une parure de pierres précieuses, une jupe, une veste, un chapeau avec un bouton de diamant, sont des sujets toujours prêts pour elles. Elles ne considèrent dans les personnes que leur habillement, sans jamais porter leurs regards sur ces ornements de l'âme qui les rendent illustres par elles-mêmes et utiles aux autres.

« Amélie, quoique femme de grande qualité, fait ses délices de la vie retirée de la campagne, où elle passe la plus grande partie de son temps. Son mari qui est en même temps son ami le plus intime, et son compagnon dans la solitude, n'a jamais cessé de l'aimer depuis qu'il l'a connue. Ils ont beaucoup de bon sens, une vertu achevée... Leur famille est si bien réglée, qu'elle semble être une petite république. On y partage son temps entre les devoirs de la piété, les occupations, les repas et les amusements... Ils sont aimés de leurs enfants, adorés de leurs domestiques : ils sont les délices de tous ceux qui les connaissent.

« Combien est différente la vie de Fulvie ! Elle regarde son mari comme son intendant. L'attention sur l'économie, et sur tout ce qui se passe dans la maison, lui paraît de petites vertus bourgeoises, indignes d'une femme de qualité. Elle croit perdre son temps, quand elle est dans sa famille. Elle s'imagine n'être pas au monde, quand elle n'est pas à des cours, à des spectacles, à des assemblées. Elle ne se trouve jamais bien dans un endroit, quand elle pense qu'ailleurs il y a plus de monde. Manquer à la première représentation d'un opéra, lui ferait plus de peine que de perdre un de ses enfants. Elle a pitié des personnes les plus estimables de son sexe, qui mènent une vie décente, modeste et retirée : elle dit qu'elles n'ont ni esprit ni politesse. Quelle mortification ne serait-ce point pour Fulvie, si elle savait que plus elle se montre, plus elle paraît ridicule, et qu'elle devient plus méprisable à mesure qu'on la voit davantage ! »

Ce prince lisait volontiers Pope. Voici comment il rend sa comparaison d'Homère avec Virgile : « Homère fut le plus grand génie, et Virgile le meilleur artiste. Dans l'un nous admirons plus l'auteur, et dans l'autre l'ouvrage. Homère nous transporte et nous entraîne avec empire et impétuosité ; Virgile nous attire avec une majesté séduisante. Homère répand avec une généreuse profusion ; Virgile distribue avec une magnificence réglée. Homère, semblable au Nil, verse ses richesses avec une espèce de débordement ; Virgile est semblable à une rivière qui, renfermée dans ses limites, coule avec constance et modération. Quand je considère leurs batailles, ces deux poètes me paraissent ressembler aux héros qu'ils ont célébrés. Homère, comme Achille, ne connaît ni limites ni résistance : il renverse tout ce qui s'oppose à lui ; et plus sa témérité augmente, plus il paraît brillant. Virgile, hardi, mais avec tranquillité, comme Énée, paraît sans trouble au milieu même de l'action ; il arrange tout ce qui est autour de lui, et il est encore tranquille après la victoire. Quand nous considérons leurs divinités, Homère, semblable à son Jupiter, ébranle l'Olympe, fait briller les éclairs, et met tout le ciel en feu ; Virgile ressemble au même dieu, lorsqu'il tient ses conseils avec les dieux inférieurs, qu'il forme des plans pour les empires, et qu'il met l'ordre et la règle dans tout ce qu'il a créé. »

Le soin que prit le Dauphin de cultiver cette langue était conforme à ce qu'il dit dans un de ses écrits : « Il convient qu'un prince sache la langue des peuples avec lesquels il doit traiter le plus souvent, et sur les matières les plus importantes. » Il joignait à cette grande facilité pour les langues une mémoire heureuse, dont il faisait surtout usage pour apprendre les plus beaux morceaux, et quelquefois des pièces et des discours entiers des meilleurs auteurs anciens et modernes. Le chancelier d'Aguesseau étant venu lui faire sa cour : « Monsieur le chancelier, lui dit-il, me réciteriez-vous bien le discours que vous avez prononcé en telle occasion ? » Tout ce que ce savant chef de la magistrature put s'en rappeler, c'est qu'il était de tous ceux qu'il avait faits celui dont il était le plus content. « Eh bien, lui dit le Dauphin, je suis charmé que mon jugement s'accorde avec le vôtre ; j'ai trouvé cette pièce si belle, que je l'ai apprise par cœur, et je crois me la rappeler assez bien pour vous la déclamer. » Ce qu'il fit sur-le-champ, mais en mettant dans son action tant d'âme et de feu, que le chancelier en fut attendri jusqu'aux larmes ; et il disait depuis que jamais ses productions ne lui avaient paru si énergiques que dans la bouche du Dauphin. Ce prince retenait aussi sûrement qu'il apprenait avec aisance ; six mois après qu'on lui avait parlé d'une affaire, il se la rappelait dans toutes ses circonstances, comme si on l'en eût entretenu le jour même. Il demandait à l'évêque de Mirepoix son sentiment sur l'endroit d'un ouvrage qui avait paru depuis longtemps ; l'évêque lui répondit qu'il n'en avait point d'idée : « Vous n'avez donc pas lu l'ouvrage ? lui dit le Dauphin. — Je l'ai lu dans le temps, reprit le prélat, mais je ne l'ai pas appris par cœur. — Ni moi non plus, répliqua le Dauphin, mais je vous dirais bien encore tout ce qu'il contient » ; et en même temps il en fit l'analyse avec autant de netteté et de précision que s'il n'eût fait que de le lire.

Tant d'heureuses dispositions, jointes à un travail suivi, lui ornèrent l'esprit des plus belles connaissances. Après avoir étudié, il composa lui-même. A l'âge de dix-sept ans il s'exerça sur divers sujets d'éloquence ; et ses premiers essais en ce genre furent si heureux, qu'on les eût regardés plutôt comme les chefs-d'œuvre d'un maître de l'art, que comme les productions d'un jeune prince. « Il écrivait, dit le cardinal de Luynes, avec toute la pureté d'un grammairien ; et en même temps avec cette noblesse de style assortie à la sublimité de son rang : j'ai vu des morceaux de sa composition dignes des plus grands orateurs. » Quand il était plein de son sujet, il le traitait avec une aisance merveilleuse ; les tours et les expressions les plus heureuses ne lui coûtaient rien. L'officier chargé de sa bibliothèque m'assura qu'il avait souvent écrit, sous sa dictée, des pièces qui avaient toute la perfection de style dont elles étaient susceptibles. Nous aurons occasion de citer dans la suite quelques morceaux de composition, qui ont été imprimés tels qu'il les avait dictés, et qui portent l'empreinte du bon goût. La lettre suivante, qu'il écrivit à l'abbé de Saint-Cyr, annonce une critique fine et judicieuse :

« Le porteur de ma lettre, cher abbé, vous donnera des nouvelles de ma santé. Quant à mes occupations, j'ai fort bien profité de l'avis que vous m'aviez donné de n'en prendre qu'à mon aise. J'ai beaucoup lu, et j'espère, Dieu merci, n'avoir guère profité de mes lectures. J'ai, surtout, lu force discours académiques, dont quelques-uns m'auraient assez plu pour le sujet ; mais on voit régner partout dans ces nouveautés un style à prétention, qui révolte et passe souvent de beaucoup les bornes communes du ridicule ; n'en attendez point d'analyse. Voici en général ce qui m'en est resté : L'un couche sur le papier quelques centaines de propositions, de quatre mots chacune, avec un point au bout, et prétend avoir donné un discours. Un autre, non content de parler en syllogismes, a soin de m'en avertir, en disant : *C'est ainsi que je procède : voici comme je démontre ;* et ses démonstrations et ses processions ne finissent point et mènent toujours fort loin de la région du bon sens. J'en vois qui, hérissés de philosophie, ne parlent que par *raison directe* ou *inverse*, par *quantités* et *quotités*, par *produits*, par *sommes* et par *masse*.

« Le style oriental est du goût de la plupart ; mais on est surpris, en lisant, de voir leurs phrases colossales n'accoucher que d'idées puériles ou sans vigueur. Il s'en trouve qui, possesseurs d'un certain nombre de tours de phrases qui ne sont qu'à eux, les distribuent, le compas à la main, pour l'ornement de leurs discours. Plusieurs, persuadés sans doute qu'il est beau de se faire étudier et qu'un homme d'esprit ne s'énonce point, comme un autre, pour se faire entendre, ne nous parlent que sur le ton énigmatique de Nostradamus. Je vous condamne à lire une pièce que j'ai lue moi-même d'un bout à l'autre, sans pouvoir deviner le but de l'auteur : il m'est seulement resté un violent soupçon qu'il a voulu comparer les anciens écrivains avec les modernes ; je suis curieux de savoir si vous penserez comme moi là-dessus. Savez-vous le trait d'un prédicateur, dont l'évêque [1] ne doute nullement, et qui mérite au moins d'être vrai? Las de prêcher sans auditoire, le nouveau Cottin s'avisa, par le sage conseil d'un bedeau de paroisse, de substituer les mots de *bienfaisance* et d'*humanité* à celui de *charité*, qui régnait auparavant dans son sermon sur l'amour du prochain; ce qui lui mérita sur-le-champ une de ces réputations qui font tourner la tête. au point qu'il demandait fort sérieusement si les termes : *chrétiens, mes frères*, etc., commençant à vieillir, il ne serait pas à propos d'y substituer celui de *Français;* ce qui nous rapprocherait des anciens orateurs, qui, quand ils parlaient en public, disaient : *Athéniens, Romains*. A cela, certain goguenard s'écrie que le projet de réforme est digne d'immortaliser son auteur; mais il ajoute que comme des prédicateurs ne sont pas censés parler à tout le peuple, comme les orateurs dans l'aréopage ou dans le sénat, il vaudrait mieux encore particulariser, et dire, par exemple, *sulpiciens,* quand on parlerait aux paroissiens de Saint-Sulpice ; *jacobins*, dans l'église de Saint-Jacques; ainsi du reste, et l'on s'en tint à cet avis moyen. Qu'en pensez-vous, l'abbé? Pour moi, je vous conseille d'être le premier, s'il est possible, qui le mettiez à profit; et vous pouvez compter que Bourdaloue ni Massillon ne mériteront plus de vous être comparés. Mais, à propos de sermons, ne manquez pas de venir me débiter les vôtres : j'éprouve à chaque instant le besoin que j'en ai. Surtout ne mangez point l'ordre : au 24, je vous l'intime de nouveau, et suis, avec les sentiments que vous m'inspirez.

« Louis Dauphin. »

L'abbé de Saint-Cyr, qui ne laissait échapper aucune occasion de donner au jeune prince quelque leçon utile, lui fit cette réponse :

1. M. l'évêque de Verdun.

« Monseigneur, votre lettre m'annonce assez que vous profitez de mon avis, et j'en suis très flatté : il faut vous délasser, parce que je vous prépare de la besogne. Vous ne vous exprimez pas tout à fait juste, quand vous dites que vous n'avez point profité de vos lectures, votre lettre vous trahit; mais cela s'entend. Je vois que vous connaissez parfaitement ce que valent ces littérateurs à la mode; et vous sentez mieux que moi, sans doute, que le tort qu'ils peuvent faire dans la république des lettres n'approche point de celui qu'ils font tous les jours à la religion et aux mœurs. Et c'est là, Monseigneur, le point qui intéresse spécialement un grand prince.

« Semblables aux charlatans qui attroupent le peuple par leurs quolibets pour débiter leur orviétan, ces hommes audacieux, à la faveur de leur langage nouveau, fixent l'attention de la multitude, qu'ils séduisent d'autant plus sûrement, qu'ils prennent toujours les intérêts de la licence, contre l'autorité qui la réprime. A les entendre, ils sont les hommes du monde les plus désintéressés, les plus généreux : ils ne plaident que la cause commune du genre humain contre les tyrans qui l'oppriment. Ils le disent, et le bon public les en croit sur leur parole. Mais suivez-les, vous aurez bientôt découvert leurs manœuvres : vous verrez que ces hommes, nés pour la plupart dans l'obscurité, vivent dans une sorte d'opulence. N'avez-vous jamais observé, Monseigneur, que, quand ils prêchent la bienfaisance, ils ne manquent pas d'insinuer qu'elle n'est jamais plus louable que lorsqu'elle a pour objet un homme de lettres, un savant, un philosophe sans fortune? Voyez, quand ils font l'éloge d'un homme en place, comme ils rehaussent le prix de sa magnificence envers les gens de lettres! Il est plus grand, à les en croire, par ce seul endroit, que par tous les services qu'il a rendus à la patrie. C'est en flattant ainsi à tout propos la folle vanité des riches, qu'ils provoquent leur générosité et qu'ils se ménagent véritablement, par la bienfaisance d'autrui, une fortune qu'ils n'altèrent pas beaucoup par la leur. Mais qui ne voit que la bienfaisance des riches, que cette secte famélique intercepte de toute part, se répandrait bien plus utilement pour l'humanité sur le pauvre qui gémit dans la misère? Pour moi, je suis de bonne composition; il me semble que si j'étais en place, je dirais volontiers à ces hommes remuants : Escrimez-vous tant qu'il vous plaira sur le langage; mais sur la vie, respectez la religion, les mœurs et l'autorité. Je me dispose, Monseigneur, à vous tenir parole; et quand je saurai sur quoi il faut que je vous sermonne, je ne manquerai pas de me conformer à vos intentions. Sans être un Bourdaloue ni un Massillon, on peut dire des vérités; et on les dit toujours avec confiance, Monseigneur, quand c'est à vous qu'on a l'avantage de les adresser... »

Cependant l'abbé de Saint-Cyr, qui craignait que l'attrait du Dauphin pour la littérature ne dégénérât en passion et ne lui inspirât de l'éloignement pour les études plus essentielles à un prince, lui en parla avec sa liberté ordinaire, et lui fit un jour, relativement à la rhétorique, une espèce de reproche, semblable à celui que Philippe faisait à son fils Alexandre au sujet de la danse : il lui demanda s'il n'avait pas honte d'en connaître si bien les règles. Il lui représenta qu'il était temps de se porter à de plus grandes choses; que le grand art d'un prince de son rang n'était pas tant de savoir bien parler que de savoir gouverner avec sagesse. Quoique jeune encore, le Dauphin sentit parfaitement combien l'avis était sensé; et faisant céder le goût au devoir, il résolut de faire désormais son unique occupation du soin de préparer le bonheur des peuples : c'est vers ce but qu'il dirigea toutes ses études.

Il s'occupa d'abord de la philosophie. Il en savait déjà ce

que sait un écolier au sortir de ses classes : il étudia dans
les sources. Il lut les anciens et les modernes, qu'il compara. Il fit des notes sur Platon. La réputation avec laquelle
l'abbé Nollet donnait ses leçons dans l'Université de Paris
lui fit désirer de l'entendre ; et ce célèbre physicien fit plusieurs voyages à Versailles pour exécuter devant lui ses
expériences. Les mathématiques lui plurent beaucoup; il y
fit de grand progrès en peu de temps. Il possédait parfaitement le génie et l'architecture; il mesurait des yeux la
largeur d'un fossé, la hauteur d'une muraille, toutes les
dimensions d'un bâtiment. Il se plaisait à conférer avec les
plus habiles ingénieurs; il examinait avec eux le plan d'une
citadelle, les fortifications d'une place frontière ; il les entretenait avec une égale facilité sur les différentes parties de leur
art. « Au premier coup d'œil, disait un ancien officier très
versé dans le génie, M. le Dauphin jugeait une place ; il en
indiquait sur-le-champ le fort et le faible; il nous exposait
comment il en formerait le siège, et les moyens qu'il voudrait employer pour le soutenir. Il entendait assez les fortica-
tions, pour s'apercevoir de certaines fautes qui échappent
quelquefois aux plus grands maîtres, et pour faire voir comment on eût pu les éviter, et ce qu'on pourrait faire pour les
réparer. Quelquefois, il prenait plaisir à tracer le plan d'une
forteresse ou d'une maison royale, et partout on reconnaissait son goût. Ce fut lui qui distribua, quelques mois avant sa
mort, le camp que le roi avait ordonné devant Compiègne.
Les personnes à portée d'observer ses inclinations n'étaient
pas sans une certaine appréhension qu'il ne donnât dans le
faste ruineux des bâtiments, lorsqu'un jour il leur fit connaître, d'une manière non équivoque, que l'amour des
peuples aurait toujours un empire absolu sur ses goûts particuliers. Il montrait à l'évêque de Verdun le plan d'une
maison royale qu'il avait tracé avec beaucoup de soin. Le
préfet loua l'économie de la distribution, l'élégance des déco-

rations, la noblesse de l'ensemble. Quand il eut fini ses observations : « Vous me paraissez avoir du goût, lui dit le prince; je crois cependant que vous n'avez pas aperçu ce qu'il y a de mieux dans mon château. » L'évêque l'examina encore, et ne trouvant matière à aucune nouvelle observation, il pria le prince de vouloir bien lui indiquer ce qu'il n'apercevait pas lui-même. « C'est, lui répondit-il en riant, que ce beau château ne sera jamais bâti qu'en crayon, et qu'il ne coûtera rien au peuple. »

Le Dauphin examina aussi les productions de ces hommes que notre siècle qualifie du nom de philosophes. « Autrefois, disait-il à l'abbé de Sailly, le nom de *philosophe* inspirait de la vénération : aujourd'hui, dire à quelqu'un, *vous êtes un philosophe*, c'est une injure atroce, et pour laquelle il pourrait vous faire des affaires en justice. Je les ai étudiés, écrivait-il en une autre occasion ; j'ai passé de leurs principes à leurs conséquences, et j'ai reconnu, dans les uns, des hommes libertins et corrompus, intéressés à décrier une morale qui les condamne, à éteindre des feux qui les effraient, à jeter des doutes sur un avenir qui les inquiète : dans les autres, des esprits superbes, qui, emportés par la vanité de vouloir penser en neuf, ont imaginé de raisonner par système sur la divinité, ses attributs et ses mystères, comme il est permis de le faire sur ses ouvrages. » Ce ne fut pas assez pour ce prince d'avoir, si je puis ainsi parler, reconnu ces ennemis de Dieu et de l'État, il voulut encore les combattre lui-même ; il réfuta ceux de leurs ouvrages qui faisaient le plus de bruit par la célébrité de l'auteur ou l'impiété de ses assertions ; et il le fit d'une manière simple, précise et lumineuse, se contentant presque partout de les opposer eux-mêmes à eux-mêmes, en rapprochant leurs principes de leurs conséquences. L'erreur et le mensonge ne soutiennent point ce parallèle. « Suivant les principes de nos nouveaux philosophes, dit ce prince dans un de ces écrits, le trône ne porte plus l'empreinte de la divinité : ils décident qu'il fut l'ouvrage de la violence, et que ce que la force eut le droit d'élever, la force a le droit de l'abattre et de le détruire ;... que le peuple ne peut jamais céder l'autorité, qu'il ne peut que la prêter, toujours en droit de la communiquer et de s'en ressaisir, selon que le lui conseille l'intérêt personnel, son unique maître.

« Ce que les passions se contenteraient d'insinuer, nos philosophes l'enseignent : que tout est permis au prince quand il peut tout ; et qu'il a rempli ses devoirs, quand il a contenté ses désirs : car enfin, si cette loi de l'intérêt, c'est-à-dire du caprice des passions humaines, venait à être généralement adoptée, au point de faire oublier la loi de Dieu, alors toutes les idées du juste et de l'injuste, de la vertu et du vice, du bien et du mal moral, seraient effacées et anéanties dans l'esprit des hommes ; les trônes deviendraient chancelants, les sujets seraient indociles et factieux, les maîtres sans bienfaisance et sans humanité. Les peuples seraient donc toujours dans la révolte ou dans l'oppression. » Pouvait-on mieux saisir les conséquences de ces monstrueux systèmes ?

Mais il importe peu à ces hommes audacieux d'être réfutés, fût-ce par un grand prince, ils n'en deviennent que plus vains. « Qu'importe à un de nos philosophes, disait le Dauphin à l'évêque de Verdun, qu'on brûle son livre au pied du grand escalier, si on le laisse tranquillement dans son cabinet en préparer un plus méchant encore ? » C'est d'après cette considération qu'il sollicita du roi une déclaration contre ces écrivains, et qu'en toute occasion il pressa les personnes en place [1] d'user contre eux de toute la sévérité

1. **Un de nos premiers magistrats (M. Séguier**, réquisitoire du 7 septembre 1775) entrait bien dans les vues du Dauphin, lorsqu'invitant le clergé et la magistrature à mettre une sainte ligue contre ces écrivains audacieux, il disait au milieu des chambres assemblées, avec cette éloquence qui lui était propre : « Le moment est arrivé où le clergé et la magistrature doivent se réunir, et par un heureux accord écarter les atteintes que des mains impies voudraient porter au trône et à l'autel. Les magistrats, en veillant

des lois. Il fit plus encore : ce fut lui qui leur mit en tête
l'adversaire [1] le plus incommode qu'ils aient eu dans ce siècle,
et qui l'encouragea à dévoiler, en toute rencontre, le poison
de leurs écrits. En un mot, il fit contre cette secte impie tout
ce que pouvait faire un Dauphin, et il laissa voir ce qu'il eût
fait s'il eût été roi.

L'étude des lois occupa beaucoup ce prince. L'abbé de
Saint-Cyr, qui était fort instruit dans cette partie, fut son
premier guide. Il lut les ouvrages les plus estimés, qui traitent
du droit public et des lois du royaume. Il en fit, selon sa
coutume, des extraits, auxquels il ajouta ses propres
réflexions. Il distribua tout avec ordre dans deux traités qu'il
écrivit de sa main, et qui contiennent chacun plusieurs livres.
Il parle des Parlements, des fonctions des conseillers d'État,
des règles que doivent suivre les magistrats dans l'administration de la justice. Personne ne connut mieux que lui la
considération et l'étendue d'autorité qu'un prince sage doit
accorder à ces tribunaux respectables, chargés de rendre en

à la tranquillité publique, et en rendant la justice aux citoyens, feront en
même temps respecter nos saintes Écritures, nos dogmes sacrés, nos divins
mystères ; et les successeurs des apôtres, qui sont dépositaires de la doctrine
et juges de la foi, en annonçant la parole de Dieu et en instruisant les
fidèles, feront respecter l'autorité des lois, entretiendront les peuples dans
la soumission qu'ils doivent à leurs souverains, et leur apprendront à regarder
les oracles de la justice comme une portion de la justice divine elle-même
qui veut qu'on obéisse aux puissances que le Ciel a établies sur la terre.

« Cette précieuse harmonie bannira bientôt du milieu d'un peuple religieux
et soumis cette foule d'écrits licencieux, de brochures scandaleuses, de libelles
impies, qui attaquent également, et la majesté divine, et la majesté royale.
Les écrivains du siècle, que rien n'a pu contenir jusqu'à ce jour, redouteront
cette union tant désirée du sacerdoce et de l'empire ; ils craindront également
et les censures ecclésiastiques, et les regards vengeurs des ministres de la loi.
On ne les verra plus tourner en dérision les allégories sacrées employées
dans les saintes Écritures ; ils ne se feront plus un jeu de répandre à pleines
mains ce ridicule que la gaieté française saisit avec avidité, qu'ils prodiguent
à défaut de raisons, et qui finira par détruire l'antique croyance de nos
pères, dont la simplicité était bien préférable à la légèreté de nos principes
et de nos mœurs... »

1. L'auteur de l'*Année littéraire*.

son nom la justice qu'il doit à ses sujets. Il avait à cet égard les vrais principes, ceux que suit son auguste fils : principes d'après lesquels la magistrature jugera, le sacerdoce enseignera, et le peuple jouira. Il aimait à consulter le chancelier d'Aguesseau et M. d'Aubert, premier président du parlement de Flandre : il eut avec eux de fréquentes conférences.

Il prit sur le droit civil et criminel toutes les connaissances qui peuvent convenir à un prince, en qui devait résider un jour la plénitude du pouvoir législatif. Ce fut toujours avec une véritable indignation qu'il entendit parler des chicanes et des rapines de ces officiers subalternes, qui, s'attribuant les premiers droits sur les biens qui sont en litige, rendent la justice onéreuse aux particuliers, et leur font redouter de gagner un procès. Le roi, étant un jour entré dans son appartement, voyait sur sa table plusieurs livres qui traitaient de la jurisprudence criminelle : « Il y a apparence, lui dit-il en riant, que vous voulez vous faire recevoir avocat à la Tournelle. — Sans prétendre au titre, répondit le Dauphin, je ne serais pas fâché d'avoir quelque chose des connaissances d'un avocat ; et la vie d'un homme est un bien qui lui est si propre et si précieux, qu'on ne saurait trop approfondir les titres qui peuvent autoriser à l'en dépouiller. » Il ne dédaignait pas de suivre certaines causes qui se plaidaient au Palais : celle de M. du Lau, curé de Saint-Sulpice, l'intéressa d'une manière si particulière, que lorsqu'il apprit qu'elle avait été jugée en sa faveur, il lui écrivit en ces termes : « J'aurais peine à vous exprimer, Monsieur, la joie que j'ai ressentie du succès de votre affaire, et plus encore de la manière dont la paroisse y a applaudi. Jouissez de votre triomphe, il n'est point celui de l'orgueil, mais de la vertu qui sait toujours recouvrer ses droits, quand elle est véritable. Elle doit aussi vous être un sûr garant de mes sentiments. »

Le Dauphin fit pendant plusieurs années une étude sérieuse

de l'histoire, qu'il appelait *la leçon des princes et l'école de la politique.* « L'histoire, disait-il un jour à l'abbé de Marbœuf, est la ressource des peuples contre les erreurs des princes. Elle donne aux enfants les leçons qu'on n'osait faire au père; elle craint moins un roi dans le tombeau, qu'un paysan dans sa chaumière. » M. le Beau lui ayant présenté deux volumes de son *Histoire du Bas-Empire*, il les montra à l'abbé de Saint-Cyr, et lui dit en riant : « L'abbé, avis aux princes. — Vous avez raison, Monseigneur, lui répondit l'abbé; et c'est un avis sur lequel on peut compter : le prince le plus puissant ne le serait point assez pour corrompre l'histoire : en gagnant un historien, il n'aurait fait que lui fermer un œil, mais elle en a cent. — Oui, reprit le prince, les historiens sont des échos fidèlement indiscrets, qui ne manquent jamais de répéter au siècle futur ce qu'ils ont entendu dans le leur. »

On eût dit, à entendre raisonner le Dauphin sur l'histoire, qu'il avait fait son unique étude de cette partie. Il savait l'histoire sacrée et profane, l'histoire ancienne et moderne, celle des peuples étrangers, et celle de la nation. Le soin qu'il avait d'étudier l'historien avant l'histoire, rendait sa critique sage et judicieuse. Le duc de Nivernais et le président Hénault eurent avec lui plusieurs entretiens d'où ils sortaient toujours pénétrés d'admiration. On était surtout étonné de la sagesse avec laquelle il savait apprécier les faits contestés, et les présenter sous le point de vue le plus vraisemblable. « M. le Dauphin, disait le président Hénault, m'a quelquefois instruit en me consultant; et j'avoue qu'en une occasion il m'a mis en défaut. » Il aimait surtout à consulter le savant père Berthier, qu'il appelait son Dictionnaire historique. Un jour, après une séance fort longue sur quantité de points de critique épineux : « N'est-il pas vrai, lui dit le prince, que je vous ai bien feuilleté? — Pour vous avouer ma pensée, Monseigneur, lui répondit le religieux, je crois que

je serais bientôt usé si l'on me feuilletait comme vous l'avez
fait aujourd'hui. »

Outre la science des faits, le Dauphin avait trouvé dans
l'étude qu'il avait faite de l'histoire, ce qu'il y avait cherché
plus particulièrement, sa propre instruction. Tout autre prince
eût borné là ses vues, et nous l'eussions admiré : mais le
dauphin voyait en tout plus loin que le commun des hommes.
Il conçut, relativement à l'histoire, un projet qui a échappé à
toute l'antiquité, et dont le simple exposé suffirait pour faire
connaître la justesse et l'étendue de son génie. En considérant
tout ce qu'il lui avait coûté de temps et de recherches pour
parcourir les différentes branches de l'histoire, et surtout
pour en extraire les conséquences de pratique qu'il voulait
adapter au plan de gouvernement qu'il méditait, il se représenta un jeune prince, auquel des circonstances d'âge, de
temps ou de goût ne permettaient pas de se livrer comme lui
à ce genre d'étude; de là il conclut qu'il ne pourrait laisser
rien de plus utile à ses successeurs qu'un monument historique
qui leur assurerait tout le fruit de ses recherches et de ses
réflexions, en leur épargnant le travail. Cet ouvrage, selon
qu'il le concevait, doit être une savante école de politique, et
le livre propre des rois et des ministres. Le principal but qu'on
s'y propose est de faire connaître à un prince l'origine et
l'étendue de son autorité, sans lui laisser ignorer l'usage
qu'il en doit faire pour le bonheur des peuples, et la gloire
de celui de qui seul il la tient. Pour cet effet, il veut qu'on
parcoure d'abord l'histoire de la nation; que l'on considère les différents règnes dans leur ensemble plutôt que
dans les détails. Pour rendre l'ouvrage le moins volumineux
qu'il est possible, on n'entre point dans les disputes des
savants; on ne s'occupe que du fond, et l'on compte pour
peu les circonstances qui n'y changent rien. On entre dans
le conseil du prince, on y appelle ses ministres; on examine
si c'est à eux ou à lui, ou à tous ensemble qu'on doit attri-

5

buer le bonheur ou la misère des peuples. Le bonheur a
langui dans un règne : on en cherche la cause. La guerre s'est
allumée dans le temps où l'on eût eu le plus besoin de la
paix ; quelle en a été l'occasion, l'ambition du prince, ou les
intérêts particuliers d'un ministre? L'issue de cette guerre a
été funeste : est-ce au découragement des troupes, à l'inex-
périence du général ou à quelque intrigue de cour qu'on doit
l'attribuer? Tel prince se fit aimer de ses peuples, lors même
qu'ils étaient dans la misère ; tel autre en fut détesté au milieu
de l'abondance ; celui-ci contint tous les ordres de l'État
dans le devoir et en fut respecté ; celui-là leur laissa usurper
une partie de son autorité, et en fut méprisé : d'où viennent
ces différences? En un mot, à quelles causes doit-on rapporter
la prospérité, qui en tel temps a élevé la nation, et les revers
qui en tel autre l'ont humiliée?

De l'histoire de France, on passe à celle des peuples
étrangers, et d'abord à celle des peuples qui, par leur voisi-
nage, doivent avoir plus d'intérêts à concilier avec la nation.
On examine surtout leur génie, leur caractère, leurs prétentions. On passe enfin à l'histoire des différents peuples, qu'on
parcourt d'une manière plus générale, et toujours en suivant
la même marche et les mêmes vues de politique. Ce plan hono-
rera sans doute son auteur dans les siècles futurs, et nos
neveux béniront avec attendrissement la mémoire d'un prince
qui s'occupait de leur bonheur, en traçant des leçons de
sagesse et de modération à ceux de ses descendants qui doivent les gouverner. Les différentes occupations auxquelles
se livrait le Dauphin, ne lui permettant pas de composer lui-
même cet ouvrage, l'exécution en fut confiée à M. Moreau.

Après avoir étudié les hommes dans l'histoire, le Dauphin
s'appliqua encore à connaître d'une manière plus particulière
ceux au milieu desquels il avait à vivre. Cette connaissance
lui parut essentielle à un prince. « Connaître les hommes,
dit-il dans un de ses écrits, est la véritable science des

rois. » Et dans un autre endroit : « Le plus grand art des rois est celui de connaître les hommes, d'apprécier leurs talents, et de les placer dans les emplois qui leur conviennent. » Pour arriver plus sûrement à la fin qu'il se proposait, il se garda bien de se précipiter dans le tourbillon. En vrai sage, il se tint à l'écart, assez près pour tout reconnaître, assez loin pour n'être aperçu de personne. Du fond de son cabinet, seul avec la Dauphine et quelques amis choisis, il contemplait à loisir ce choc continuel des passions qui se rassemblent tumultuairement autour du prince, pour se disputer les faveurs qui tombent de sa main et qui leur servent d'aliment. Il suivait, dans leurs plus sombres détours, ces manœuvres de l'ambition, ces rivalités, ces intrigues d'intérêts qui se croisent : rien ne lui échappait. Ayant, si je puis ainsi parler, la clef du système général, il savait à quel parti tel ou tel appartenait : il n'était pas surpris que celui-là fût le patron de la philosophie moderne; que cet autre opinât dans le conseil en faveur d'une autre secte. Le fruit qu'il tirait de ces observations était d'examiner comment un prince judicieux et sans faiblesse pourrait, sinon fixer absolument ces agitations, au moins les calmer assez pour qu'elles ne nuisissent pas au bien général. « Il faut surtout, disait-il, que les hommes en place, et dignes d'y être, soient affranchis du soin de faire face à leurs envieux; et c'est au prince à pourvoir à ce qu'ils ne soient point réduits à la condition de ce peuple malheureux, qui ne pouvait servir sa patrie que d'une main, ayant à combattre ses ennemis de l'autre. »

Un quart d'heure de conversation suffisait ordinairement à ce prince pour connaître un particulier. Il lui faisait quelques questions comme au hasard; et ses réponses, qu'il comparait ensuite, lui donnaient le tableau de son âme, sans qu'il se doutât qu'il eût été étudié. Quoiqu'il fût si habile dans l'art d'analyser les caractères, il se plaignait cependant quelquefois de ne pouvoir parvenir à la connaissance des hommes qu'à force de travail, et en les étudiant chacun en particulier. « Plus j'acquiers de connaissances, disait-il un jour à M. d'Aubert, plus je sens qu'il manque aux princes, élevés comme moi au sein de la grandeur, une multitude d'idées communes et familières aux particuliers, surtout de celles qui aident à discerner les caractères et le mérite des hommes. Les princes me paraissent à cet égard dans le cas d'une personne qui, ayant besoin de devenir très éloquente, n'aurait cependant pour s'exprimer qu'un tiers ou la moitié des lettres de l'alphabet. » Le magistrat lui répondit que les princes avaient au moins l'avantage de pouvoir s'approprier l'expérience d'autrui. « C'est ce que j'ai tenté, lui dit le Dauphin; je me suis livré à plusieurs personnes de ce pays-ci; mais je m'en suis repenti. Vous pouvez m'en croire, ajouta-t-il en riant, puisque vous me voyez donner toute ma confiance à un Flamand. » Voici ce qu'il écrivait à un homme qu'il consultait volontiers, pour l'engager à lui communiquer ses lumières sur la connaissance du cœur humain : « Que votre première lettre soit sur les moyens de connaître à fond les hommes, l'aptitude de leur esprit, la droiture ou la duplicité de leur cœur, les motifs qui les dirigent, l'intérêt qui les anime, l'étendue de leurs lumières, leur degré de sagacité, et singulièrement l'étendue de leurs connaissances, sur des matières sur lesquelles je ne suis nullement ou que médiocrement instruit. Car cet article me paraît la magie noire, ainsi que de juger des sentiments du cœur. Traitez toutes ces matières méthodiquement, intelligiblement et avec étendue. Qu'aucun des moyens pour parvenir à cette fin ne vous échappe : conduisez vous-même mon esprit dans tous ceux que j'aurais besoin de connaître; introduisez-le dans les cœurs les plus tortueux, employez s'il le faut des cahiers entiers. Si, par-dessus tout cela, vous m'apprenez à éviter les jugements téméraires, je dirai que vous avez rempli toute justice. » Ne pourrait-on pas conclure de cette lettre qu'il était en état de donner lui-même des leçons sur la matière dont il demande à être instruit? « Je vous estime heureux, disait-il un jour à l'abbé de Marbœuf, vous voyez souvent des hommes. — Il me semble, Monseigneur, répondit l'abbé, que vous en voyez bien autant que moi. — Vous vous trompez, reprit le Dauphin; ceux qui sont pour vous des hommes ne sont plus devant nous que des personnages de tapisserie, des automates que nous ne faisons remuer que par ressorts. » Le courtisan, plus ouvert en apparence, est, selon lui, le plus dissimulé de tous. Il cherche dans les inclinations du prince les vertus qu'il peut montrer et les services qu'il doit cacher. « Les courtisans, dit-il dans un de ses écrits, conduits par l'ambition, ne se montrent au prince que du côté favorable, pour tâcher, par une vertu affectée, de gagner son estime, et de se faire croire capables d'être mis en place. Ces hommes, dit-il dans un autre endroit, cherchent à se concilier les bonnes grâces des princes par la flatterie et par une complaisance outrée pour toutes leurs volontés. Dès qu'ils voient une passion s'élever dans leur cœur, au lieu de les avertir d'être en garde contre elle, ils cherchent à la fomenter, afin de conserver leur crédit, en s'en faisant les ministres. Craignant toujours de leur déplaire, jamais ils ne leur disent des vérités dures qui les blessent. Rien pourtant de plus nécessaire aux rois, que de connaître la vérité. »

Ces belles maximes n'étaient point oisives dans le Dauphin. Il ne négligeait aucun des moyens de connaître la vérité. Il l'accueillait quand elle se présentait; il l'invitait lorsqu'elle n'osait se produire. Le président d'Aubert, en lui parlant pour la première fois, paraissait un peu embarrassé : « Eh quoi! lui dit-il du ton le plus capable de le rassurer, vous vous troublez! est-ce que je vous intimiderais? » Il le prit par la main et le fit asseoir dans un fauteuil à côté de lui, en ajoutant : « Songez que je ne prends ici avec vous que la qualité d'ami. » Par ce libre accès qu'il donnait aux gens de bien, souvent il savait ce que tout le monde ignorait à la Cour. Il est des vérités qu'on dit rarement aux princes; telles sont celles qui choquent ouvertement leurs inclinations. Une personne de la Cour ne craignit point de donner un jour au Dauphin un avis de cette nature. Ce prince, trop parfait pour se croire sans défaut, le reçut avec reconnaissance, et ne s'en vengea que par des bienfaits.

La prudence, vertu utile à tous les hommes, est essentielle à un dauphin. Héritier de la couronne et le second du royaume, il est aussi le premier des sujets, et sa conduite doit être en tout la plus soumise et la plus respectueuse envers la personne du prince. Les passions de ceux qui l'environnent lui rendent encore la circonspection plus nécessaire. Il est rare qu'il ne se trouve pas dans les palais des rois de ces hommes qui, sous une fausse apparence de zèle, s'efforcent d'établir leur crédit aux dépens de celui des enfants de la maison dont ils se constituent les observateurs et les juges, toujours prêts à interpréter malignement les intentions les plus droites : vrais ennemis du bonheur des princes, en qui ils altèrent cette confiance et cette cordialité réciproques qui doivent régner entre le père et le fils, le frère et le frère, et qui font le plus doux charme de la vie. Le Dauphin connaissait tout le prix de la prudence et il savait en faire usage. « La dissimulation et la défiance, disait-il, sont des vices odieux : la prudence porte des fruits plus utiles et plus assurés; elle est la vertu propre des grands princes. » Sa conduite répondait à ces principes. Un des plus grands seigneurs de la Cour l'avait prié de parler au roi sur une affaire fort délicate et de la plus grande importance : il s'en défendit d'abord, le seigneur insista; le Dauphin l'écouta avec bonté, et se contenta de lui dire en souriant : « Je vois bien, Monsieur, que vous n'avez jamais été Dauphin ».

Il n'allait jamais au Conseil sans avoir mûrement réfléchi sur les matières qui devaient s'y traiter ; et il avait l'esprit trop juste et trop pénétrant pour qu'aucunes considérations étrangères pussent jamais lui faire prendre le change sur le fond des choses. Son avis était souvent conforme à celui de Louis XV ; et l'on sait que ce prince joignait à l'expérience d'un long règne un discernement exquis. Le premier jour qu'il fut admis au conseil des dépêches (il avait alors vingt-un ans), M. de Moras, contrôleur général, commença le rapport d'une affaire très compliquée concernant les domaines du roi, mais il ne put, pendant cette séance, qu'établir ses principes. Le Dauphin lui dit en sortant : « Le Bret jette beaucoup de lumière sur cette matière : il me semble, d'après vos principes, que vos conclusions différeront peu des siennes ». Elles devaient, en effet, être les mêmes. M. de Moras, qui ne croyait pas le prince si instruit, fut tellement frappé de ce trait qu'il le racontait encore plusieurs années après.

Ce fut particulièrement dans le Conseil d'État qu'on fut à portée de reconnaître l'étendue de ses connaissances sur tout ce qui concerne l'administration publique. Il était âgé de vingt-huit ans quand il y fut admis. Éclairé dans ses vues, juste dans ses principes, prudent dans ses moyens, il ne hasardait point un avis qu'il ne l'eût auparavant comparé avec les règles invariables de la religion, du bien des peuples et de la constitution monarchique. Toujours en garde contre ses propres lumières, il ne prenait jamais le ton décisif : après avoir exposé son sentiment avec modération, si celui d'un autre était jugé meilleur, il en faisait le sacrifice sans opiniâtreté, pour se réunir à la pluralité des suffrages. On ne le vit jamais se prévaloir de la supériorité de son rang sur les ministres. Il les regardait comme ses égaux dans le Conseil, et souvent il les écoutait comme ses maîtres. Il s'était fait une loi d'éviter avec le plus grand soin tout ce qui eût pu altérer le moins du monde ce concert qui doit régner entre les personnes chargées du noble emploi de concourir avec le monarque à rendre les peuples heureux. Voici le témoignage que lui rendait un ministre qui avait séance avec lui dans le Conseil d'État: « Monsieur le Dauphin exposait son sentiment avec beaucoup de modération, surtout quand il n'était pas conforme à celui du roi; quelquefois même il n'opinait que par son silence. La religion, les mœurs publiques, le maintien des lois et des privilèges des différents ordres de l'État, le bonheur des peuples, la gloire de la nation, et l'autorité du roi, étaient les points cardinaux qu'il ne perdait pas de vue. Jamais on ne s'est repenti d'avoir suivi un avis qui avait été le sien. »

Mais ce prince ne fit jamais paraître plus de sagesse et de prudence dans le Conseil, que dans cette circonstance malheureuse où il fut obligé d'y présider en la place du roi : circonstance digne d'un éternel oubli, et que je ne rappellerais pas ici, si elle n'était déjà consignée dans des monuments publics, et si le plus scélérat des hommes n'avait servi à mettre de plus en plus en évidence les bonnes qualités du prince dont j'écris la vie. Le 5 janvier 1557, sur les six heures du soir, Louis XV, accompagné du Dauphin, se disposait à partir pour Trianon, où ils devaient souper avec la famille royale. Au moment où il allait monter en carrosse, le nommé Robert Damiens, qui s'était posté dans un petit enfoncement, sous un escalier, à portée de l'endroit où devait s'avancer la voiture, sortit de sa retraite, s'ouvrit un passage à travers les gardes, heurta en passant le Dauphin, et pénétrant jusqu'au roi, le frappa au côté droit d'un instrument en forme de canif. Tout cela se fit si promptement, qu'aucun de ceux qui auraient dû arrêter ce malheureux ne l'aperçut : il faut observer qu'on n'était éclairé que par des flambeaux. Le roi lui-même ne le vit pas quand il porta le coup. Il dit seulement : « On m'a donné un furieux coup de poing »; mais ayant passé la main

Attentat de Damiens.

sous sa veste, il la retira teinte de sang, et s'écria : « Je suis blessé. » Au même instant il se retourna, aperçut Damiens qui avait le chapeau sur la tête : « C'est cet homme qui m'a frappé, qu'on l'arrête, et qu'on ne lui fasse point de mal. » On s'en saisit, et il fut conduit à la salle des gardes du corps. Dès qu'il fut arrêté, il répéta deux ou trois fois : « Qu'on prenne garde à M. le Dauphin... ; que M. le Dauphin ne sorte point de la journée. » Et dans le procès de ce malheureux, que le Parlement fit imprimer, on lit une lettre [1] par laquelle il donne avis au roi que la vie du Dauphin n'est pas plus en sûreté que la sienne.

On aurait peine à imaginer le saisissement dont fut frappé

1. « SIRE, je suis bien fâché d'avoir eu le malheur de vous approcher ; mais si vous ne prenez pas le parti de votre peuple, avant qu'il soit quelques années d'ici, vous et monsieur le Dauphin et quelques autres périront. Il serait bien fâcheux qu'un aussi bon prince, par sa trop grande bonté qu'il a pour les ecclésiastiques, dont il accorde toute sa confiance, ne soit pas sûr de sa vie ; et si vous n'avez pas la bonté d'y remédier, sous peu de temps il arrivera de très grands malheurs, votre royaume n'étant pas en sûreté. Par malheur pour vous que vos sujets vous ont donné leurs démissions, l'affaire ne provenant que de leur part. Et si vous n'avez pas la bonté pour votre peuple d'ordonner qu'on leur donne les Sacrements à l'article de la mort, les ayant refusés depuis votre lit de justice, dont le châtelet a fait vendre les meubles du prêtre qui s'est sauvé, je vous réitère que votre vie n'est pas en sûreté, sur l'avis qui est très vrai, que je prends la liberté de vous informer par l'officier porteur de la présente auquel j'ai mis toute ma confiance. Après le crime cruel que je viens de commettre contre votre personne sacrée, l'aveu sincère que je prends la liberté de vous faire me fait espérer la clémence des bontés de Votre Majesté.

« Signé : DAMIENS. »

« J'oublie avoir l'honneur de représenter à Votre Majesté que, malgré les ordres que vous avez donnés, en disant que l'on ne me fasse point de mal, cela n'a point empêché que monseigneur le garde des sceaux a fait chauffer deux pinces dans la salle des gardes, me tenant lui-même, et a ordonné à deux gardes de me brûler les jambes, ce qui fut exécuté, en leur promettant récompense, en disant à ces deux gardes d'aller chercher deux fagots, et de les mettre dans le feu, afin de m'y faire jeter dedans, et que sans monsieur le clerc, qui a empêché leur projet, je n'aurais pas pu avoir l'honneur de vous instruire de ce que dessus.

« Signé : DAMIENS. »

ce prince, au moment où le roi dit qu'il était blessé. Il le suivit dans son appartement, et tandis qu'on s'empressait de lui procurer les secours de la religion et de la médecine, et qu'on ignorait encore ce qu'on avait à craindre ou à espérer, on vit le Dauphin s'abandonner à toute la sensibilité de son cœur, et dans un état de désolation qui partageait entre lui et le roi l'alarme et l'affliction des assistants. Il ne parut sortir de son accablement que quand les médecins, après la visite de la plaie, lui eurent assuré qu'elle n'était pas mortelle. Mais, en prince religieux, qui ne connaissait point les êtres chimériques de bonheur et de hasard, il attribua la conservation d'une tête qui était si chère à cette Providence suprême qui veille au salut des rois. Dans le premier transport de sa reconnaissance, il oublia l'avis qu'on venait de lui donner à lui-même de prendre garde à sa personne, et, sortant presque seul, il alla droit à la chapelle se prosterner aux pieds du Saint-Sacrement, et rendre grâce à Dieu de ce qu'il n'avait pas permis qu'un si monstrueux attentat fût consommé.

Après cet acte de religion, remarquable par la circonstance, il rentra dans l'appartement du roi, et s'approcha de son lit. Ce prince le prit par la main, et en la serrant, il lui remit la clef d'une cassette pour qu'il allât en retirer quelques papiers de conséquence. Il lui ordonna ensuite d'assembler le Conseil, et d'y présider en sa place. Les ministres, consternés d'un événement si étrange, étaient incertains et irrésolus dans leurs avis. Le Dauphin, qui venait de se recueillir devant Dieu, paraissait seul avoir toute sa présence d'esprit : il les rassura ; et dans une affaire si délicate, et qui mettait en défaut toutes les règles de la politique, il procéda avec une profondeur de sagesse et de prudence qui étonna tous les membres du Conseil ; et l'un d'eux, en sortant, s'écria : « Quelle tête ! chacune de ses paroles est un trait de lumière. »

A la première nouvelle de l'attentat commis contre le roi, les principaux officiers du Parlement, c'est-à-dire de

la grande chambre, parce que les autres avaient alors donné
leurs démissions, vinrent lui exprimer les sentiments de leur
compagnie sur un événement qui consternait toute la nation.
Ce prince les envoya prendre les ordres du Dauphin. Intro-
duits à son audience, ils lui exposèrent l'accablement où ce
coup avait jeté tout le corps de la magistrature, et le suppliè-
rent qu'il lui plût ordonner que le parricide, qui était sous la
juridiction de la prévôté de l'hôtel, fût remis entre les mains
du Parlement, et qu'il fût permis à tous ceux qui avaient
donné leurs démissions d'assister à l'instruction du procès.

Le Dauphin loua le Parlement du zèle avec lequel il se
portait à venger le crime commis contre la personne du roi.
Quant aux demandes que lui faisait la compagnie, il répondit
à la première : « Que le criminel était en mains sûres et
intègres »; à la seconde : « Que les magistrats qui avaient
donné leurs démissions ne pouvaient pas exercer des charges
dont ils s'étaient privés, que les leur rendre pour instruire
ce procès était une affaire trop importante pour n'en pas
laisser la décision au roi seul. Au reste, ajouta-t-il, Sa
Majesté n'étant, Dieu merci, en aucun danger, sera bientôt
en état de prendre connaissance de tout par elle-même. »
La crainte de s'éloigner des intentions du roi, et de lui
témoigner son affection par un zèle précipité, l'engagea à
n'user qu'avec la plus grande réserve du plein pouvoir dont
il était revêtu; et l'événement justifia la sagesse de sa conduite, car le roi n'accorda au Parlement que la première de
ses demandes.

Voici comment ce prince parlait de ce monstrueux attentat à l'évêque de Verdun : « Vous me pardonnerez aisément,
je crois, de n'avoir point répondu à votre lettre de bonne
année; j'avais de trop cruels sujets d'occupation pour y penser, et je crois que l'impression de cet abominable événement n'aura guère été moins forte sur vous que sur moi :
car les sentiments d'un aussi bon sujet que vous approchent

un peu de ceux d'un fils. Pour moi, il m'est impossible de vous détailler tout ce qui s'est passé dans mon âme. Je n'ai senti d'abord que la douleur et le désespoir de perdre un père qui me témoignait une tendresse qui redoublait encore les déchirements de mon cœur. A peine ai-je été rassuré sur sa vie, que l'image de l'attentat commis a étouffé en moi tout sentiment de joie. Je l'ai vu, et ne puis le croire : j'étais présent, et quand j'y pense, je me crois dans l'horreur d'un songe, il me semble que je vis dans un autre siècle. De quelques malheurs que les dissensions présentes m'offrissent le tableau, celui-là ne s'était jamais présenté à mon imagination. » On reconnaît également la religion, la tendresse filiale et la prudence du Dauphin dans toute la conduite de cette affaire.

En se formant à une vertu, ce prince ne négligeait pas celles d'un autre genre. Il est peu de sciences qu'il ait approfondies comme celle de la guerre. Il l'étudia dès son enfance par inclination, et depuis par raison; il eut l'avantage de faire avec Louis XV la glorieuse campagne de 1745. Tout respirait encore la joie qu'avaient répandue dans les cœurs les fêtes qu'on venait de donner à l'occasion de son mariage, lorsque le roi fit ordonner des prières publiques pour demander à Dieu le succès de ses armes, et se disposa de passer en Flandre pour se mettre à la tête de ses troupes. On ne devait pas s'attendre qu'un jeune prince, dans de pareilles circonstances, pensât à s'éloigner d'une épouse qui possédait et méritait toute sa tendresse, pour aller s'exposer aux hasards des combats; mais la première passion des grandes âmes fut toujours de voler où l'honneur et le devoir les appellent : il ne balança point à rappeler au roi la promesse qu'il lui avait faite l'année précédente, et il le conjura de ne pas lui refuser de faire avec lui cette campagne. Louis XV, ravi de trouver en son fils de si généreuses dispositions, souscrivit à sa demande. On disposa tout pour le départ; et

le vendredi 7 mai, tous deux en habits militaires, montèrent
dans la même voiture pour se rendre au camp devant Tournai, où ils arrivèrent le lendemain. Dès qu'ils parurent, ce ne
fut de toutes parts qu'acclamations et cris de joie. Il avait les
traits du visage agréablement formés, le teint de la plus grande
fraîcheur, des yeux pleins d'esprit. Une noble simplicité dans
tout son extérieur semblait annoncer en lui l'union d'un bon
cœur à une grande âme. Il n'eut besoin que de se montrer
pour gagner l'affection du soldat. Sa présence et celle du roi
inspirèrent à toute l'armée une ardeur incroyable : on ne
demandait plus qu'à combattre.

Le maréchal de Saxe, après plusieurs marches feintes,
pour couvrir son dessein à l'ennemi, avait jugé à propos d'ouvrir la campagne par le siège de Tournai, place importante
de la Flandre autrichienne. Il poussait vivement ses travaux,
lorsque l'armée combinée des Autrichiens, Anglais, Hollandais et Hanovriens, s'avança pour l'obliger à lever le siège,
ou pour lui livrer bataille.

Près de Tournai, sur les bords de l'Escaut, s'offre une
plaine assez découverte, au milieu de laquelle est le village
de Fontenoy : c'est l'endroit que le maréchal avait destiné
pour le champ de bataille, en cas d'une action générale. Le
roi, à son arrivée au camp, alla avec le Dauphin reconnaître
le terrain, et de l'avis des officiers généraux, il arrêta que
l'armée s'y posterait pour attendre l'ennemi. Le mardi 11,
de grand matin, le duc de Cumberland, campé dans les
environs, s'avança en ordre de bataille. A cette nouvelle, le
roi et le Dauphin passèrent l'Escaut au pont de Calonne, et
parurent à la tête de l'armée auprès de Fontenoy. Quand
ils eurent reconnu l'ennemi, le maréchal de Saxe leur con-
seilla de repasser la rivière ; mais tous deux refusèrent de se
rendre à son avis, et se placèrent assez près du feu, pour qu'on
pût dire qu'ils partageaient le péril de l'action, et assez loin
pour éviter le reproche de s'exposer trop témérairement.

Vers les cinq heures, les armées se trouvèrent en présence. La droite de la nôtre s'étendait vers le village d'Antoin ; la gauche vers le bois de Barry ; le centre était à Fontenoy. L'armée ennemie se présentait en trois corps. Le comte de Konigseck commandait l'aile droite, le prince de Waldeck la gauche, le duc de Cumberland occupait le corps de bataille. Sur les six heures les ennemis tirèrent un coup de canon, qui fut comme le signal de l'action. L'artillerie étant également bien servie de part et d'autre, on se canonna longtemps avec un égal succès, ou, pour mieux dire, avec une perte égale : chaque décharge éclaircissait les rangs, et jonchait la terre de morts.

Enfin l'armée ennemie s'ébranla, et s'avançant dans la plus belle ordonnance, elle fit mine de vouloir attaquer nos trois corps en même temps ; mais se repliant tout à coup sur elle-même, elle vint fondre sur le centre de bataille. L'attaque fut terrible : on s'y attendait, la défense fut vigoureuse. Notre artillerie, placée à propos, sillonnait l'armée ennemie ; les soldats de part et d'autre tiraient à bout portant. Toutes les décharges des nôtres étaient suivies des cris de : *Vivent le roi et Monseigneur le Dauphin !* Quoiqu'on perdît beaucoup de monde des deux côtés, on combattait avec le plus grand sang-froid. On vit des officiers anglais et français se saluer avec civilité et se défendre de l'honneur de tirer les premiers. Cependant l'affaire n'avançait point : le duc de Cumberland fit changer son ordre de bataille ; et du centre, il se porta vers notre gauche. Les décharges de mousqueterie recommencèrent alors, et continuèrent longtemps dans un ordre presque invariable. Nos troupes avaient perdu du terrain et se trouvaient à trois cents pas au-dessous de Fontenoy. Cette position, par l'événement, devint funeste à l'ennemi, qui était tout à la fois exposé au feu des redoutes du bois de Barry, et à celui de l'artillerie de Fontenoy. Mais le duc de Cumberland, en capitaine qui savait prendre son parti, fit

Bataille de Fontenoy.

faire volte-face aux dernières lignes de son armée, qui forma par ce moyen un carré long, dont l'un des côtés devait continuer de presser notre aile gauche, et l'autre envelopper les redoutes du bois de Barry, et faire tête au poste de Fontenoy. Cette disposition réussit aux ennemis au delà de leurs espérances. Leur unique bataillon faisait face de toutes parts : ils avaient un plus grand nombre de coups à tirer, et tous les coups portaient : leurs lignes étaient serrées et en bon ordre, les nôtres étaient rompues en plusieurs endroits.

Cependant le maréchal de Saxe, tantôt à pied, tantôt à cheval, quelquefois en litière, car il était malade, se portait où le péril était plus grand. Partout il voyait notre armée faire des prodiges de valeur, mais qui ne servaient qu'à augmenter ses pertes. Si quelquefois le soldat cédait pour un instant aux efforts de cette colonne redoutable qu'il avait en tête, il revenait à la charge, sans jamais se rebuter, quoique toujours sans succès.

Déjà l'ennemi, comptant sur la victoire, jetait des cris d'allégresse, qui l'annonçaient au loin; et les Tournésiens, qui, du haut de leurs murailles étaient spectateurs du combat, se préparaient à rendre complète la défaite des Français. La garnison tenta une sortie; mais des miliciens et des troupes de nouvelle levée, qu'on avait laissées à la garde de la tranchée, firent si bien leur devoir, que l'ennemi fut repoussé avec perte.

Ce fut dans cet instant critique qu'on se détermina à faire un nouvel effort, et par une triple attaque, à charger l'ennemi de front et par les flancs. Ce mouvement fit espérer que les choses changeraient de face. Et les troupes se montrant aussi pleines d'ardeur que si elles n'eussent encore point combattu, la charge recommença. Jamais deux armées rivales, poussées par le désir de la vengeance, ne s'entrechoquèrent avec plus de furie. C'est en cette occasion que la maison du roi, qui n'avait pas encore donné, se couvrit de gloire. Tous les régiments, français et étrangers, cavalerie et infanterie, se précipitèrent sur l'ennemi avec une égale impétuosité. La colonne ennemie fit face aux trois attaques, et les soutint avec intrépidité. On la foudroyait par des charges vives et continuelles ; elle répondait par un feu également meurtrier : le carnage fut effroyable de part et d'autre. L'ennemi cachait ses pertes ; les nôtres étaient sensibles. On vit les régiments du roi, de la couronne et d'Aubeterre se retrancher derrière des monceaux de cadavres. L'armée des Confédérés faisait ferme, et soutenait ses premiers succès par de nouveaux avantages : nos lignes écrasées, plutôt qu'enfoncées, paraissent en désordre en plusieurs endroits. Cependant on ne voulait point céder : plusieurs détachements, ne prenant conseil que de leur valeur, allèrent, tête baissée, heurter ce bataillon formidable ; rien ne fut capable de l'entamer.

Le maréchal de Saxe, qui ne s'inquiétait pas sans raison, fit dire au roi et au Dauphin qu'il était temps qu'ils songeassent à mettre leurs personnes en sûreté, en repassant l'Escaut : son avis ne fut point suivi. Peu de temps après, on parla de retraite, et plusieurs braves officiers la jugeaient nécessaire au salut de l'armée. On avait réservé quatre pièces de canon pour la favoriser en cas d'accident : on pensait à en faire usage. Le duc de Richelieu[1] crut devoir s'y opposer : « Point de retraite, s'écria-t-il, le roi ne veut pas, et entend que ces canons servent à la victoire ». En effet, on les braque sur l'armée ennemie, qui n'était qu'à quelques pas : on en fait précipitamment plusieurs décharges. La certitude d'être foudroyé l'instant d'après fait craindre au soldat d'occuper la place de celui qui vient d'être renversé. Cette colonne, jus-

---

1. M. de Voltaire, dans le seul trait que j'aie hasardé sur son autorité, m'a induit en erreur. Des personnes dignes de foi, et qui étaient présentes, m'ont assuré que M. le duc de Richelieu, tout le temps qu'avait duré l'action, était resté auprès du roi, et que les paroles que M. de Voltaire attribue à ce seigneur sont du comte de Saxe.

qu'alors impénétrable, laisse enfin apercevoir un défaut; on
le cherchait depuis longtemps : la maison du roi le saisit et
s'y insinue, les gendarmes et les carabiniers élargissent le
passage, les autres régiments suivent. Animés par ce succès,
les corps chargés des autres attaques se précipitent sur les
lignes qu'ils ont en tête, et les rompent en plusieurs endroits.
Ce fut alors qu'on en vint aux armes blanches. La mêlée fut
sanglante; mais le soldat français ayant son adversaire en
face, la partie ne fut plus égale. Bientôt le désordre et la
confusion s'étant communiqués jusqu'aux derniers rangs de
l'armée ennemie, d'un excès de confiance elle passa au découragement. Les troupes anglaises furent celles qui firent
le mieux leur devoir en cette occasion; mais il fallut céder à
la force. Tout plia, tout se débanda. Le soldat, irrité d'une
résistance si opiniâtre, ne faisait point de quartier, et mas-
sacrait sans pitié tout ce qui tombait sous sa main. Ceux qui
échappaient au fer du fantassin, étaient écrasés par la cavalerie. Les chevaux, ensanglantés jusqu'au poitrail, avaient
peine à se débarrasser des tas de cadavres dont la plaine était
jonchée. Ce qui est bien remarquable, c'est que cette déroute
générale d'une armée, peu d'heures avant si formidable, fut
l'ouvrage d'un instant. Le Français, étonné de ne rencontrer
partout que des Français, respire enfin, et sent tout le prix
d'une victoire si longtemps disputée.

Chacun raisonna comme il était affecté sur la cause du
gain de la bataille. Les uns l'attribuèrent à la présence du
roi et du Dauphin; d'autres à l'habileté du maréchal de Saxe;
ceux-ci à la charge vigoureuse de la maison du roi; ceux-là
à l'avis qui fut donné d'employer l'artillerie; d'autres, enfin,
à la valeur opiniâtre de nos troupes, que rien ne put décourager. Peut-être pourrait-on dire que tous avaient raison, et
qu'il ne fallait rien moins que le concours de toutes ces circonstances, pour nous assurer la victoire. Tous les régiments
perdirent du monde. Quelques-uns se firent écraser, et ne

sauvèrent que leur nom. Plusieurs officiers se signalèrent en cette journée par des traits de valeur qui eussent honoré les héros de l'ancienne Rome. Mais les détails ne sont point de mon sujet, qui ne me permet que de donner une idée générale d'une action à laquelle assista le Dauphin.

Ce prince, en cette occasion, annonça à toute la France qu'il était l'héritier des nobles sentiments comme du sceptre des Bourbons. Si on pouvait lui faire quelque reproche, ce serait d'avoir trop bravé le danger, et voulu s'exposer moins en Dauphin qu'en soldat. Mais l'âge de seize ans est plutôt celui de la bouillante valeur que de la parfaite prudence. Dès le commencement de l'action un boulet de canon renversa et couvrit de terre, à quatre pas de lui, M. d'Arbaud, qui fut depuis colonel. Louis XV avait chargé un officier de faire ramasser par les valets de l'armée les boulets qui faisaient voler la poussière au bas de l'éminence où il s'était posté. S'étant aperçu qu'il en était tombé un aux pieds du Dauphin, il lui cria en riant : « Monsieur le Dauphin, renvoyez-le aux ennemis, je ne veux rien avoir à eux » ; mais l'action l'occupait tout entier : il ne répondit rien au roi ; il ne fit pas même attention à un autre coup, qui renversa derrière lui un des domestiques du comte d'Argenson. Il vit avec le plus grand intérêt le régiment qui portait son nom se distinguer entre les autres sous les ordres du comte de la Vauguyon, qu'il estima dès lors pour sa bravoure, et plus encore depuis, quand il sut qu'il honorait le mérite guerrier par la vertu.

Dès les premières décharges des ennemis, la campagne avait paru couverte de fuyards, qui semblaient annoncer que tout était perdu : le Dauphin voulut les arrêter, et par prières et par menaces, il s'efforça de leur inspirer des sentiments plus généreux. Mais ceux à qui il parlait n'étaient point des soldats, c'étaient les goujats de l'armée que la peur avait saisis, et qui ne tenaient à leurs régiments que par l'uniforme qu'ils déshonoraient. Au fort de l'action, il demanda au roi qu'il lui permît de s'avancer à la tête de sa maison contre cet épais bataillon, dont la résistance avait déjà coûté tant de sang à l'armée française. Le roi rejeta sa demande : jamais refus ne l'attrista davantage. Sur ce qu'un seigneur de sa suite, pour l'en consoler, lui représenta que sa vie était trop précieuse à l'État, pour que le roi pût consentir à ce qu'il l'exposât au hasard d'une mêlée : « Ma vie! reprit-il en soupirant. Ah! ce n'est point la mienne, c'est celle d'un général qui est précieuse en un jour de bataille. » Un instant après, s'apercevant que les choses allaient de mal en pis, et qu'en certains endroits nos troupes étaient poussées jusque sur les bords de l'Escaut, il oublia les ordres du roi; et se laissant emporter par son ardeur, il tire l'épée, s'échappe du milieu de ceux qui l'environnent, et croyant déjà voir les troupes ranimées par sa présence, il leur crie d'un ton de voix plein de feu : *Marchons, Français! où est donc l'honneur de la nation?* « J'ai eu l'avantage, dit le marquis de Contades, de voir M. le Dauphin montrer non seulement le sang-froid du plus grand courage, mais des traits d'une habileté peu commune. Il a voulu charger lui-même à la tête des grenadiers à cheval, cette troupe pour ainsi dire invincible. Il fallut un ordre du roi pour qu'il ne joignît pas l'ennemi, et il s'en tint toujours trop à portée. Il encourageait les soldats qui allaient au combat; il consolait les blessés qui passaient sans cesse sous ses yeux. Cette bonté paternelle s'étendait jusqu'au dernier des soldats, et sa charité toujours agissante s'occupa, après cette sanglante journée, à recueillir les restes languissants des victimes de la gloire, et à leur procurer, par les ordres les plus précis, tous les secours imaginables. » Le baron d'Espagnac, qui était présent à l'action, rend le même témoignage à sa valeur, dans son histoire du comte de Saxe. « M. le Dauphin, dit-il, courait l'épée à la main, à la tête de la maison du roi; on eut bien de la peine à l'arrêter. » On ne lui laissa pas cependant le temps de rejoindre l'ennemi, et on le ramena auprès du roi, qui le fit rester à ses côtés jusqu'à la fin de l'action. Mais dès que le champ de bataille fut libre, ce prince, afin de lui inspirer l'horreur qu'il eut toujours lui-même pour les guerres les plus justes, le lui fit parcourir. Il vit là au naturel ce qu'il n'avait jamais vu que dans l'histoire : l'humanité dégradée par la main des hommes, une vaste plaine abreuvée de sang humain, des membres épars et séparés de leurs troncs, des monceaux de cadavres, des milliers de mourants qui faisaient de vains efforts pour se dégager d'un tas de morts. Il racontait lui-même qu'il en avait vu qui, oubliant qu'ils étaient ennemis, se bandaient mutuellement les plaies qu'ils venaient de se faire. D'autres, luttant avec la mort, se roulaient dans leur sang et mordaient la poussière ; quelques-uns levaient la tête et rappelaient un reste de vie, pour crier : *Vivent le roi et Monseigneur le Dauphin!* Plusieurs, tout occupés du salut de leur âme, conjuraient le Dieu des batailles d'être pour eux en ce moment le Dieu des miséricordes. De quelque côté qu'il prêtait l'oreille, il n'entendait que des cris plaintifs et des gémissements lamentables.

A cet affreux spectacle, qui n'est pas pour un jeune prince un spectacle inutile, il s'attendrit ; le roi, qui s'en aperçut, lui dit : « Voyez, mon fils, qu'il en coûte à un bon cœur de remporter des victoires ! » Le prince ne lui répondit qu'en essuyant ses larmes. Ce fut dans le même moment que Louis XV, sans y penser, et en suivant son penchant naturel, lui donna une autre leçon bien digne d'un prince chrétien ; on vint lui demander comment il voulait qu'on traitât les blessés du parti ennemi ? « Comme les nôtres, répondit-il, ils ne sont plus nos ennemis. » Le Dauphin écrivit du champ de bataille à la reine et à la Dauphine. « J'ai été témoin, dit-il dans sa lettre à la Dauphine, de la bravoure du soldat, qui a combattu comme un lion. » Et dans une autre, qu'il lui écrivit quelques jours après, il lui raconte d'une manière plus détaillée comment le roi conduisit cette affaire.

« Dimanche, à une heure après midi, le roi apprit que les ennemis n'étaient qu'à une lieue de nous. Aussitôt il fit passer l'Escaut à son armée. Après qu'il eut dîné, il la joignit sur les cinq heures du soir... Il y trouva une ardeur incroyable ; il s'avança à la tête du camp, dans un endroit d'où on découvrait une partie des ennemis. Il y eut le soir quelques coups de fusil tirés entre les hussards ennemis et nos grassins, qui ont fait ces jours-ci des merveilles.

« Sur les neuf heures, le roi repassa l'Escaut sur un pont qu'on avait fait à une demi-lieue de Tournai, du côté de la citadelle, et s'en vint coucher dans une méchante maison d'un village appelé Calonne, où tout le monde coucha sur la paille, excepté lui et moi.

« Le lendemain lundi, le roi se leva à trois heures et demie et dîna à huit. Il ne monta à cheval qu'à midi, pour aller examiner la situation des ennemis. Il trouva que leur camp paraissait davantage. Nos postes avancés tiraillaient quelques coups de fusil, sans que pour cela les armées s'ébranlassent. Comme le roi s'en revenait sur les trois heures après midi, il rencontra des fourrageurs qui avaient jeté leurs trousses, et qui retournaient à toute bride au camp, disant qu'il y avait une alerte. Le roi revint sur ses pas... Il vit en effet que les ennemis faisaient marcher leur gauche vers le village d'Antoin. On ne pouvait encore s'imaginer qu'ils en vinssent à une attaque, parce que, disait-on, ils flairaient trop longtemps la médecine, pour avoir envie de l'avaler. Ainsi ce soir-là il n'y eut rien, on ne fit que s'arranger pour le lendemain.

« Le roi se leva avant quatre heures du matin ; il monta à cheval, passa l'Escaut, et s'arrêta un peu en deçà d'une chapelle appelée Notre-Dame des Bois. Ensuite, il s'avança sur une petite hauteur, d'où il découvrit parfaitement l'armée ennemie comme la nôtre... A neuf ou dix heures, il demanda à déjeuner. Comme on allait lui en apporter, les ennemis

commencèrent l'attaque du poste de Fontenoy, d'où M. de la
Vauguyon, à la tête de la brigade de Dauphin, les repoussa
vigoureusement, si bien qu'ils n'osèrent plus y remordre...
Le roi fut obligé de quitter sa petite hauteur, parce que le
canon des ennemis y donnait en plein. Il ne put jamais faire
revenir au combat des fuyards dont une grande partie étaient
des valets qui donnaient l'épouvante au reste. Pendant cette
retraite, qui lui perçait le cœur de douleur, son visage ne
changea pas, et il donna ses ordres avec une tranquillité que
tout le monde admira... Quand les ennemis eurent aban-
donné le champ de bataille, le roi y vint et y fut reçu avec
des cris de joie incroyables. Il ordonna qu'on prît soin des
blessés, amis ou ennemis. On a donné à cette affaire le nom
de *bataille de Fontenoy*. Le soir, sur les neuf ou dix
heures, le roi apprit que les ennemis s'étaient retirés en
mauvais ordre, qu'il y avait beaucoup d'aigreur entre les
Anglais et les Hollandais, et qu'à leur appel il leur avait
manqué quinze mille hommes, au lieu que nous n'en avons
perdu que deux mille. Ainsi vous voyez que le roi a remporté
une victoire complète. Le pauvre duc de Grammont fut tué
d'un boulet qui lui cassa la cuisse. Adieu, ma chère femme,
je vous aime plus que moi-même. »

Après cette fameuse journée, on pressa le siège de Tournai. Le Dauphin en suivit toutes les opérations : partout il
animait le soldat par sa présence. Dans une revue qu'il fit du
régiment Dauphin Infanterie, il nomma chevaliers de Saint-
Louis plusieurs officiers qui s'étaient distingués entre les
autres à la journée de Fontenoy, et il répéta à la tête de ce
régiment ce qu'il avait dit quelques jours avant, en allant
visiter la tranchée : « Je sais, Messieurs, ce que vous savez
faire. Il n'est pas possible que la place tienne longtemps
devant des troupes si courageuses ». En effet, peu après il y
fit son entrée avec le roi, le jour de l'octave de la Fête-Dieu ;
et les Autrichiens, qui avaient déjà reconnu sa valeur, furent

encore édifiés de sa religion. Pendant la procession du Saint-Sacrement, à laquelle il assista, les habitants de la ville, admirant son recueillement et sa piété, se disaient les uns aux autres [1] « qu'on ne devait point s'étonner que le Ciel se fût déclaré pour une armée qui avait à sa tête un prince si religieux ».

La garnison s'était retirée dans la citadelle; cette place tint encore quelques jours, et fut obligée de capituler. De là Louis XV et le Dauphin s'avancèrent à la tête de l'armée victorieuse vers la ville de Gand : on y arriva la nuit. Le comte de Lowendal se jeta le premier à l'eau, passa le fossé, fit appliquer les échelles de toutes parts. En un instant les murailles furent escaladées, et les remparts bordés de Français, qui allèrent ouvrir les portes au reste de l'armée. Elle entra dans la place sans coup férir; et tout cela s'exécuta avec tant d'ordre, de promptitude et de silence, que, comme le dit agréablement un écrivain, les bourgeois, qui s'étaient endormis Autrichiens, furent tout surpris de se réveiller Français. Bruges ouvrit ses portes au vainqueur. Oudenarde se défendit vigoureusement, et fut emportée. Dendermonde ne tint pas longtemps. Enfin l'armée parut sous les murs d'Ostende, ville fameuse par le siège qu'elle soutint pendant trois ans contre une armée commandée par un des plus habiles capitaines de son siècle, Spinola. Cette place est défendue d'un côté par la mer, de l'autre par des forts et des bastions, au pied desquels sont des fossés larges et profonds, que le commandant tient à sec, ou qu'il inonde à son gré. Elle renfermait une bonne garnison. Sa défense fut vigoureuse; mais il n'est point d'obstacles insurmontables pour une armée française qui combat sous les yeux de son roi et de son Dauphin. Ostende ne soutint que dix jours de tranchée. Nieuport et plusieurs autres places moins importantes

---

1. Un bourgeois de la ville de Tournai, qui avait entendu ces paroles, me les a rapportées.

subirent la loi du vainqueur. Louis XV ayant terminé cette campagne, et pourvu à la sûreté de ses conquêtes, revint en France avec le Dauphin : ils arrivèrent à Paris dans le courant de septembre.

A l'ouverture de la campagne suivante, le Dauphin, qui désirait passionnément d'accompagner le roi dans les nouvelles expéditions qu'il méditait, lui en demanda la permission; mais il la lui refusa constamment, conseillé, dit-on, par quelques personnes en place, qui craignaient que la vertu du jeune prince n'éclairât de trop près leurs opérations, et déterminé, comme on l'a cru, par la crainte assez bien fondée que son ardeur ne le précipitât dans quelque fàcheux accident. Mais depuis la journée de Fontenoy, jamais il ne témoigna plus de désir de se signaler contre les ennemis du nom français, qu'au moment où il apprit la défaite de Creveld. Il était alors à Versailles; le roi était allé à Saint-Hubert. Le maréchal de Belle-Isle, à qui le courrier avait remis les papiers, les envoya au roi, et vint sur-le-champ rendre compte au Dauphin des particularités de cette malheureuse journée. Le découragement des troupes fut ce qui le toucha le plus. Sans perdre un instant, il écrit au **roi** pour lui demander la permission d'aller se mettre à la tête de l'armée battue. Il emploie dans sa lettre les motifs les plus pressants pour le persuader. Il prévient les difficultés qu'on pourrait opposer à sa résolution : il proteste qu'il ne fera rien que de l'avis des officiers généraux : « Non, dit-il en finissant, je suis sûr qu'il n'y a point de Français dont le courage ne soit ranimé, et qui ne devienne invincible à la vue de votre fils unique qui le mènera au combat. » Le roi lui fit cette réponse : « Votre lettre mon fils, m'a touché jusqu'aux larmes; il ne faut pas se laisser accabler par les malheurs. C'est aux grands maux qu'il faut de grands remèdes : ceci n'est qu'une échauffourée. Je suis ravi de reconnaître en vous les sentiments de nos pères; mais il n'est pas encore

temps que je vous sépare de moi. Je plains bien le pauvre
maréchal de Belle-Isle, son fils nous manquera. Je serai à
Versailles à une heure. »

Le Dauphin, outre le courage qu'on remarquait en lui, et
une connaissance exacte de toutes les parties de l'art militaire, avait encore, dans un degré supérieur, ce qu'on peut

appeler l'esprit de commandement, et, ce qui n'est pas le
moindre mérite d'un général, le talent merveilleux de s'affec-
tionner les troupes. Ce qui faisait dire au maréchal de Bro-
glie : « Il n'a manqué à M. le Dauphin que l'occasion pour se
montrer un des plus grands héros de sa race. » Au dernier
camp de Compiègne, portant déjà depuis longtemps dans
son sein le germe de la maladie dont il mourut, on le vit diriger les travaux comme le plus habile ingénieur; commander
les évolutions avec la dignité d'un roi, le ton, l'aisance et la
précision du général le plus expérimenté. On remarqua surtout qu'il était actif, se trouvant le premier à toutes les
opérations, généreux jusqu'à anticiper sur ses revenus pour

gratifier le soldat, affable, disant dans l'occasion un mot à un officier, faisant à l'autre un signe gracieux, donnant à tous quelque marque d'attention. Il sortit un jour en uniforme, après son dîner, pour aller visiter le quartier des dragons Dauphin, qui était fort éloigné de la ville. Les officiers, qui n'étaient pas avertis, étaient alors absents; mais quelques soldats, l'ayant reconnu à son uniforme et à son cordon bleu, se mirent à crier : « Voilà notre colonel ». Tous à l'instant se rassemblèrent autour de lui, jetant leurs casques en l'air, et poussant mille cris de joie. Comme ils n'avaient pas de siège à lui présenter, ils lui offrirent une botte de paille, sur laquelle il ne fit point de difficulté de s'asseoir. Les officiers, avertis de son arrivée, se rendirent auprès de lui avec un empressement qu'il est aisé d'imaginer. Il s'entretint familièrement avec eux, et leur demanda la grâce de quelques dragons qui étaient aux arrêts, « ne voulant pas, dit-il, qu'il y eût aucun malheureux dans un jour qui lui causait tant de joie ». Un ancien officier général disait à cette occasion qu'il se regarderait comme un personnage dans l'État, s'il était simple dragon dans le régiment du Dauphin.

Quelque temps avant le départ de Compiègne, après avoir commandé un exercice : « Mes enfants, dit-il aux soldats, je suis d'autant plus content de vous, que vous avez très bien fait, quoique je vous aie moi-même fort mal commandé. » Le prince de Condé lui disait, en revenant du camp, qu'il avait été charmé de la manière dont il avait paru à la tête de son régiment, et de l'air martial qu'avaient tous ses dragons : « N'est-ce pas bien dommage, lui dit le Dauphin en riant, que je ne me sois pas trouvé avec ces braves gens dans des occasions plus brillantes? » Il voulut un jour souper sous la tente au milieu des officiers : le repas fut à la vérité mieux servi qu'il ne l'est ordinairement dans un camp; mais ce qui en fit le principal assaisonnement, ce fut la bonne humeur du prince, les propos obligeants qu'il adressait aux convives, sachant si bien faire distinction de rang et de mérite, que tous étaient satisfaits, et se croyaient placés dans son estime au degré qui leur était dû. La Dauphine, curieuse de voir une armée rangée en bataille, se rendit un jour au camp. A son arrivée, le Dauphin alla à sa rencontre, lui donna le bras; et s'avançant vers les troupes : « Approchez, mes enfants, leur dit-il, voilà ma femme ». Paroles bien éloquentes dans la bouche d'un dauphin! A peine furent-elles prononcées, que tout le camp retentit des cris réitérés de : *Vivent Monseigneur le Dauphin et Madame la Dauphine!* Les soldats des derniers rangs, qui avaient crié sans savoir pourquoi, recommençaient quand ils apprenaient de leurs camarades la manière militaire dont le Dauphin venait de leur présenter la Dauphine.

Quoique ce prince fût guerrier par inclination, on pouvait cependant compter que s'il fût monté sur le trône, il eût été pacifique par amour pour les peuples, et qu'il eût préféré le plaisir de faire le bonheur de ses sujets à la gloire d'humilier ses voisins. « Les plus grands conquérants, dit-il dans un de ses écrits, sont fort au-dessous des rois pacifiques, justes et humains : il est bien plus beau d'être les délices du monde que d'en être la terreur. Un prince, ajoute-t-il, qui entreprend une guerre uniquement pour sa gloire personnelle, est également en horreur et à Dieu et aux hommes; mais un roi digne de l'être l'évite sans la craindre et la soutient avec courage quand elle est inévitable : il se montre dans l'occasion prodigue de son sang, et toujours avare de celui de ses sujets. »

Dans un de ses écrits, où il traite particulièrement de ce qui concerne les offices militaires : « Il y a, dit-il, plusieurs sortes de crimes qu'on peut commettre dans les offices militaires : 1° la trahison; 2° révéler aux ennemis le secret d'une entreprise; 3° déserter aux ennemis; 4° violer la discipline militaire en points essentiels. Tous ces crimes emportent peine de mort. La lâcheté et la poltronnerie, quoique moins criminelles, peuvent être sujettes à la même punition, les conséquences en étant quelquefois aussi funestes que celles de la trahison. Quelques États ont poussé la rigueur jusqu'à punir les mauvais succès; mais c'est une barbarie inutile, et aussi dangereuse qu'elle est contre le droit des gens. Enfin le dernier crime, qu'à bien juste titre des capitaines payent de leur tête, c'est de détourner à leur profit, par avarice, la paye et la nourriture du soldat. »

La journée de Fontenoy, mieux que tous les préceptes qu'on eût pu lui donner, avait fait sentir au Dauphin ce que c'était que d'être roi; et plus la nation lui avait paru en cette occasion affectionnée au service de ses maîtres et docile à leur voix, plus il se croyait obligé d'apprendre à ne lui commander qu'avec sagesse. Depuis ce moment, la perspective du trône, qui présente une idée si flatteuse aux yeux du vulgaire, qui ne sait point en apprécier les charges, eut pour lui quelque chose d'effrayant : une couronne lui parut un fardeau accablant; et lorsqu'il parlait, ou même qu'il écrivait sur ce qu'il se proposait de faire si Dieu l'appelait au gouvernement des peuples, il avait coutume de dire : *Si j'ai le malheur de monter sur le trône!* C'est d'après ces dispositions, qui avaient toujours fait la règle de sa conduite, qu'au lit de la mort, il disait à son confesseur : « Je n'ai jamais été ébloui par l'éclat du trône auquel ma naissance m'appelait, parce que je ne l'ai jamais envisagé que du côté des devoirs redoutables qui l'accompagnent, et des périls qui l'environnent. » Ces sentiments ne partaient point d'une âme pusillanime : ce prince, au lieu de se décourager à la vue d'une couronne qu'il redoutait, se prépara par un travail qui ne finit qu'avec sa vie à en soutenir tout le poids, s'il plaisait à la Providence de l'en charger un jour.

Il s'appliqua d'une manière particulière à connaître les

droits comme les obligations attachés à l'autorité souveraine, et cette connaissance lui paraissait essentielle dans un prince. « Ne point connaître, dit-il, l'origine, l'étendue et les bornes de son autorité, c'est pour un prince ne connaître ni la nature ni les propriétés de son être. » Les rois, selon lui, tiennent leur autorité de Dieu seul, dont ils sont comme les lieutenants sur la terre. « Tout vient de Dieu, dit-il, tout doit retourner à Dieu... C'est Dieu qui a mis dans le cœur des hommes les premières idées d'un Être suprème, et les premiers principes de la justice, de la droiture et de la bonté, pour les diriger dans leurs actions. C'est lui-même qui, en distribuant aux sociétés les régions diverses qu'elles habitent, leur donne des chefs qui les gouvernent... N'admirez-vous pas la bonté par excellence qui réside en Dieu; son amour pour le bien, sa haine pour le vice; sa bonté qui nous aime avec tant de tendresse, qui nous attend avec tant de patience; sa justice qui punit aussi sévèrement qu'elle récompense avec usure; son amour qui ne s'occupe qu'à faire notre bonheur? N'admirez-vous pas la sagesse et la sublimité de ses lois, la paix que leur observation fait régner dans l'âme, le trouble et le désordre que leur violement ne manque pas d'y produire

« Mais peut-on réfléchir sur ces grandes vérités, sans se convaincre que la puissance des rois n'est établie que pour exercer en particulier celle de Dieu; pour récompenser et pour punir; pour effrayer par les châtiments, attirer par les bienfaits, faire naître une noble émulation; maintenir le bon droit, le défendre contre la violence; terminer les dissensions et les querelles, entretenir l'union entre tous les membres de l'État; alléger, autant qu'il est possible, le joug de l'autorité; tourner au profit des peuples les trésors dont on est dépositaire; s'occuper tout entier de ce qui peut fait leur bonheur, leur sacrifier son temps, son plaisir, sa vie et sa gloire même : voilà les traits de ressemblance que l'autorité des rois doit avoir avec celle de Dieu... Quel bonheur pour

7

les peuples, quand les princes cherchent en Dieu même les règles de la conduite qu'ils doivent tenir pour les gouverner! quand ils interrogent en quelque sorte la bonté, la justice et la sagesse de l'Être suprême, pour apprendre de lui la manière de conduire les hommes, et les moyens de les rendre heureux! »

« Tout bon gouvernement, dit-il encore, doit avoir pour base la justice et la raison. » C'est-à-dire, comme il l'explique lui-même fort au long, que les droits de Dieu, du souverain et des peuples, doivent y être respectés selon les règles de la droite raison; que Dieu doit y être servi par le souverain et par les peuples; le souverain respecté de ses peuples, et les peuples protégés par le souverain. Quant à l'autorité, n'en donnant aucune au plus puissant monarque pour faire le mal, il veut qu'il l'ait pleine et entière pour faire le bien; et cette autorité lui étant nécessaire pour assurer le repos de l'État et le bonheur des peuples, elle est, selon lui, de l'essence des souverains. « Un prince, dit-il, n'existe dans le monde politique qu'à raison de son autorité. La faiblesse dans un roi, dit-il ailleurs, lui rend toutes ses vertus inutiles. » Il suffirait, pour se convaincre de la justesse de ces principes, d'ouvrir nos histoires : on y voit partout que les États n'ont jamais été plus agités de troubles et les peuples plus malheureux que sous les gouvernements faibles. Et, presque toujours, le prince le moins jaloux de son autorité est celui qui en prépare à ses peuples l'usage le plus rigoureux, pour le jour où il sentira la nécessité de recouvrer ses droits.

Cette autorité suprême que le Dauphin reconnaît dans un souverain n'a sans doute aucun de ces caractères odieux que lui prête la philosophie moderne. Elle prévient les abus plutôt qu'elle ne les punit. Elle n'est ni despotique ni tyrannique, mais bienfaisante et modérée. L'empire qu'elle exerce est tout à l'avantage de la société, dont elle contient tous les membres dans cette heureuse harmonie qui fait le bonheur

et la force des empires. C'est toujours sur le modèle le plus
parfait que ce prince veut qu'un souverain se règle dans
l'exercice du pouvoir suprême. « Un monarque, image de la
divinité sur la terre, doit la prendre pour modèle dans l'usage
de sa puissance. Elle encourage les hommes à la vertu par
l'attrait des récompenses ; elle les détourne du vice par la
crainte des châtiments ; elle dirige tout selon l'ordre admirable qu'elle a établi dans l'univers. Immuable comme elle,
le monarque doit respecter lui-même les lois qui sont éma-
nées de sa puissance ; et s'il n'a pas de juge ici-bas, il ne doit
jamais oublier qu'il en est un dans le Ciel, qui juge également
et les rois et les peuples. »

L'autorité paternelle lui paraît encore une image natu
relle de celle qu'un souverain doit exercer sur ses peuples.
« Le monarque, dit-il, doit se regarder comme le chef d'une
nombreuse famille. Il doit aimer ses peuples, non comme un
maître aime ses esclaves, mais comme un père aime ses
propres enfants ; il leur doit le même soin, la même protection, la même application à les rendre heureux. Il doit avoir
le même désir d'entretenir et d'augmenter leur respect et leur
amour pour la religion. Il doit être jaloux de leur réputation
et de leur gloire. » Le principal objet de l'attention d'un roi,
dit-il ailleurs, « est le soulagement de ses peuples, et sa plus
grande gloire est de les rendre heureux ». Voici comment il
termine un traité, dans lequel il rédige, par extraits, les sentiments des auteurs les plus estimés qui traitent des droits et
des devoirs de la royauté : « Je ne puis finir cet ouvrage
sans faire ressouvenir les rois eux-mêmes de la dépendance
où ils sont du Roi des rois. Plus il sont élevés et puissants,
plus le juste Juge leur demandera un compte exact du pouvoir qu'il leur a confié. L'éclat de la couronne et l'élévation
du trône enivrent souvent les âmes les mieux nées... Que les
exemples frappants de vengeance que le Ciel exerce contre
les conquérants, la terreur du monde, et les tyrans de leurs

propres sujets, soient toujours présents à leurs yeux; qu'ils songent qu'ils ne commandent que pour faire la félicité, la gloire et le repós de leurs peuples; que tout autre motif de leurs démarches est un crime aux yeux du souverain Maître, et que c'est dans la balance redoutable que leurs actions seront pesées, pour recevoir une récompense d'autant plus abondante, ou des châtiments d'autant plus terribles, que c'est pour cette seule fin qu'ils ont été élevés au-dessus des autres mortels. »

Après avoir discuté les différentes matières qui concernent l'administration publique, le Dauphin s'appliqua à les rapprocher avec ordre, pour former son plan de gouvernement. Il travaillait à cet ouvrage[1] quand la mort nous l'a enlevé. Il le divise en trois parties. Voici le titre des matières: PREMIÈRE PARTIE... Religion, conseils, ministres, justice, tribunaux, procès. — SECONDE PARTIE... Finances, perception des deniers, nécessité des impôts, guerres, subsides, paix, marine, cour, récompenses, libéralités, avarice, amas. — TROISIÈME PARTIE... Police, commerce, abondance, privilèges, sévérité, indulgence, représentations, amis, favoris, plaisirs, liberté, société.

Voici comment le Dauphin communiqua un jour ses vues de gouvernement au président d'Aubert, en les réduisant à une seule maxime générale : « La gloire et le bonheur d'un roi consistent, selon moi, à savoir allier la sagesse, la force et la bonté, pour s'assurer la soumission, l'estime et la reconnaissance de la nation, afin que de tous ces sentiments réunis se forment entre lui et elle cet amour mutuel et cette confusion d'intérêts qui constituent la vraie puissance, et qui assurent la durée des empires, auxquels l'esprit de conquête et la terreur des armes ne donnent qu'un éclat passager, acheté au prix du sang, de l'aisance et de la tranquillité des

---

1. Voyez l'ouvrage intitulé : *Les Devoirs des Princes*, composé par M. Moreau, d'après le plan et les vues du Dauphin.

sujets, suivi par conséquent de l'affaiblissement de l'État, dont l'âme et le nerf au dedans, ainsi que la considération au dehors, dépendent de la population, de l'abondance et de l'harmonie intérieure. » Voilà des principes clairs et lumineux : l'Évangile et la droite raison n'en ont jamais reconnu d'autres. Qu'une secte impie et séditieuse s'efforce de les travestir ; que, sous le spécieux prétexte d'éclairer les hommes, elle les invite à la révolte contre toute autorité légitime ; qu'elle aille même jusqu'à décrier ouvertement la forme de gouvernement, de l'aveu des plus grands politiques, la plus parfaite de toutes ; c'est de quoi le Dauphin ne fut jamais surpris, suivant cette maxime qu'il citait souvent : « Qui ne craint pas son Dieu ne respectera point son roi, qui n'en est que la faible image ».

Ce prince, suivant le plan qu'il s'était formé de s'occuper uniquement du soin de rendre les peuples heureux, étudia sérieusement la partie des finances. Il connaissait l'état des différentes provinces, leurs richesses réelles, et celles qui proviennent de l'industrie des habitants : ce qui le mettait à portée de juger en quelle proportion chacune d'elles pouvait, sans s'épuiser, contribuer aux besoins de l'État. Pour procéder plus sûrement dans une matière si importante, il chargeait différentes personnes également instruites et désintéressées de lui remettre des mémoires, qu'il comparait entre eux et avec ses propres lumières. Peut-être avait-il trouvé ce qu'on cherche depuis si longtemps, ce système moins dispendieux pour la perception des impôts, et suivant lequel chacun contribuerait aux charges de l'État, en raison de ses facultés. Mais dans la crainte de compromettre quelques-unes des personnes qui l'avaient servi si fidèlement, il eut l'attention, pendant sa dernière maladie, de faire jeter au feu les différents mémoires qu'on lui avait remis, tant sur cette matière que sur les autres parties de l'administration publique. Quand il sentit que sa fin approchait, il appela l'officier qui était chargé de son cabinet d'étude à Versailles. Il lui confia les clefs de deux secrétaires, lui donna la note des papiers qu'il y trouverait, et lui désigna ceux qu'il devait brûler. Il porta l'attention jusqu'à lui recommander de s'enfermer dans son cabinet, afin que personne ne fût témoin de son opération. L'officier, muni de ces instructions, partit en poste de Fontainebleau pour se rendre à Versailles : il trouva tout dans l'ordre qui lui avait été indiqué. Il eut à brûler une si prodigieuse quantité de papiers, écrits tant de la main du prince que de mains étrangères, qu'il lui fallut plusieurs heures pour s'acquitter de sa commission. De retour à Fontainebleau, il alla rendre compte au Dauphin de la manière dont il avait exécuté ses ordres. Le prince le fit repartir sur-le-champ, pour aller jeter au feu quelques autres pièces auxquelles il n'avait pas pensé d'abord.

Comme les voyages de la Cour ne l'empêchaient point de suivre son plan d'étude et de s'occuper des affaires les plus importantes, il avait aussi à Fontainebleau quantité de papiers qu'il fit brûler. « Il me fit appeler, dit la Dauphine; il me confia ses clefs, et me dit de chercher tous les papiers qui étaient dans son bureau et dans son secrétaire : je les lui présentai; il les prit, me les rendit l'un après l'autre, me dit en riant ce qu'ils contenaient, et m'ordonna de les brûler. » Quoique sa prudence nous ait ravi un grand nombre de pièces précieuses sans doute, ce qui nous est parvenu de ses écrits est plus que suffisant pour nous faire connaître l'étendue et la sagesse de ses vues en matière de gouvernement. Il est partout d'un style si expressif et si lumineux, que souvent il dit en quatre mots ce qui ferait pour un autre la matière d'un discours. « Toute imposition sur les peuples, dit-il, est injuste lorsque le bien général de la société ne l'exige pas. » Persuadé qu'un prince, après avoir cherché les moyens de percevoir les revenus de l'État de la manière la moins onéreuse au peuple, doit encore donner tous ses soins à ce qu'ils soient administrés par des mains sages et intègres, il ne fait pas difficulté de dire : « Un État doit périr nécessairement, lorsque ses revenus ne sont pas administrés avec la plus exacte et la plus prudente économie » ; et, comme s'il eût pu craindre la tentation de dissiper en dépenses superflues les deniers arrosés de la sueur du laboureur et de l'artisan : « Le monarque, dit-il encore, n'est que l'économe des revenus de l'État » : maximes que personne n'ignore, mais qui ravissent dans la bouche d'un prince destiné au trône.

En parlant du crime de péculat, dont peuvent se rendre coupables ceux qui ont part au maniement des finances : « Nos rois, dit-il, ont fait avec justice les ordonnances les plus sévères contre ceux qui malversent dans le maniement des finances. François Ier ordonne que le péculat sera puni par *confiscation de corps et de biens*. Il y eut de grandes contestations sur le sens de cette expression : les uns entendant simplement la mort civile, et les autres peines de la vie. Je suis de ce dernier sentiment; car on voit que les Romains, d'après lesquels la plupart de nos lois ont été faites, n'ayant d'abord décerné qu'une restitution du quadruple, ont été forcés par les cas multipliés de punir de mort le péculat; et notre histoire fournit des exemples d'une pareille rigueur.

« Ce crime se contracte, et lorsqu'on dérobe l'argent du prince et lorsqu'on en fait commerce; lorsqu'on fait des gains illicites et dommageables au public dans la fourniture des munitions de guerre, dans les constructions des édifices publics et autres pareilles entreprises...

« Les rois doivent être infiniment réservés à accorder à des particuliers des exemptions de tailles et de subsides qui diminuent le revenu de l'État, et font retom' er sur le pauvre peuple tout le poids dont la faveur soulage un petit nombre. Il y a déjà, par toutes sortes de charges et d'emplois, un si grand nombre d'exempts, que l'augmenter serait véritablement une injustice odieuse : les exemptions sont souvent plus contraires à l'humanité que les impôts mêmes. »

L'agriculture parut au Dauphin un objet digne de toute son attention. Il protégea, en plusieurs occasions, ces sociétés qui ont travaillé avec tant de succès à perfectionner cet art, la source des vraies richesses d'un État. Il reçut leurs mémoires, et les lut avec plaisir. Il appelle les laboureurs *une classe d'hommes utile et précieuse à la société.* « Il faut, dit-il, que les laboureurs, sans être riches, soient dans un état d'aisance, et ne craignent point, en rentrant des champs au logis, de trouver les huissiers à leur porte : prétendre s'enrichir en les dépouillant, c'est tuer la poule qui pond des œufs d'or. » Comme on lui représentait que ses revenus étaient trop bornés, et qu'à son âge le Dauphin, fils de Louis XIV, avait cinquante mille francs par mois pour sa cassette : « Il ne me serait pas difficile, répondit-il, d'obtenir du roi la même somme ; mais comme je ne la recevrais que pour la donner, j'aime mieux que le pauvre laboureur en profite, et qu'elle soit retranchée sur ses tailles. »

Il avait coutume de dire qu'il était plus jaloux d'être aimé des paysans que des courtisans. Quelquefois, pendant les voyages du roi, il prenait plaisir à se faire raconter ce que disaient de lui les habitants des campagnes. On lui rapportait un jour qu'un laboureur picard, après s'être expliqué fort cavalièrement sur le compte de quelques seigneurs de la Cour, avait ajouté qu'il aimerait toujours Monsieur le Dauphin, parce qu'à la chasse il n'entrait point dans les terres encore couvertes de leurs moissons : « N'admirez-vous pas ces bonnes gens? dit alors le Dauphin à l'abbé de Saint-Cyr ; ils nous aiment parce que nous ne leur faisons point de mal, et des courtisans rassasiés de nos bienfaits n'ont pour nous que de l'indifférence ». Aucun laboureur en effet n'eut jamais à se plaindre que ce prince eût causé le moindre dommage dans son champ. Un jour qu'il chassait avec le roi dans les environs de Compiègne, son cocher voulait traverser une pièce de terre dont la moisson n'était pas encore levée ; s'en étant aperçu, il lui cria de rentrer dans le chemin ; le cocher lui observa qu'il n'arriverait pas à temps au rendez-vous : « Soit, répliqua le prince, j'aimerais mieux manquer dix rendez-vous de chasse que d'occasionner pour cinq sous de dommage dans le champ d'un pauvre paysan ». Belle leçon pour ces seigneurs qui se croient tout permis dans leurs terres, parce qu'ils y peuvent tout impunément, et que leurs vassaux, dans la crainte de plus grands maux encore, n'osent demander justice de ceux dont il les font gémir.

Le Dauphin avait sur le commerce toutes les connaissances nécessaires pour opiner prudemment dans le Conseil sur les moyens de le faire fleurir. Il savait quelles marchandises il était plus avantageux à l'État de recevoir et de faire passer en commerce. Il disait sur quelle mer telle marchandise s'embarquait, à quel port telle autre abordait. Ayant un jour donné audience à un officier de marine, après l'avoir entendu sur sa demande, il l'entretint de la mer et de tout ce qui concernait sa profession d'une manière si intéressante, que l'officier dit tout haut au sortir de son audience : « Je ne crois pas qu'il y ait d'homme en France qui entende mieux la marine que Monsieur le Dauphin ». Ses principes sur le commerce, comme sur toute autre matière, furent toujours conformes à ceux qu'il s'était formés sur la justice, la religion et les mœurs. Il n'entendit parler qu'avec horreur de cette maxime que la politique de la philosophie moderne ne rougissait pas d'établir : « Qu'un prince doit laisser la liberté de la presse et fermer les yeux sur tous les ouvrages qui paraissent dans ses États, pour ou contre la religion et les mœurs, parce que la librairie forme une branche de commerce » ; et c'est à cette occasion qu'il répondait un jour à la reine : « Maman, je pense comme vous, et je dis : Malheur à l'État qui aurait besoin pour subsister de tolérer ce commerce d'iniquité ou tout autre semblable : c'est un malade réduit à n'avoir que du poison pour remède. »

Il envisageait la licence des mœurs comme un principe destructeur des États les mieux affermis; et si la Providence l'eût placé sur le trône, il se serait cru obligé de faire usage de tous les moyens que le pouvoir suprême lui eût mis en main, pour ramener la nation à l'innocence des mœurs antiques. Son exemple, mieux qu'un édit, eût eu force de loi sur un peuple qui s'en fait toujours une de copier les mœurs de ses souverains. Suivant ce principe, qu'il adopte partout, « qu'un roi doit se regarder dans ses États comme un père de famille au milieu de ses enfants », il met au rang de ses obligations les plus étroites de veiller sur les mœurs de ses sujets. « Le monarque, dit-il dans un de ses écrits, doit apporter les soins d'un père à régler les mœurs de ses sujets. Je n'ai jamais douté, disait-il encore, que la morale d'Épicure, à laquelle on attribue la décadence de l'empire romain, ne doive entraîner la ruine de toutes les nations chez lesquelles elle s'introduira. »

Après avoir considéré le monarque comme le père de ses sujets pour l'obligation de régler leurs mœurs, il veut qu'il se regarde lui-même, pour le devoir de régler les siennes, non comme un grand prince, en qui la flatterie ne manque jamais d'excuser les faiblesses les plus condamnables, mais comme un prince chrétien, qui n'est pas moins comptable à Dieu de sa conduite que le reste des hommes. « Un roi, dit-il, ne doit point avoir de favoris. » Il ne laissa jamais ignorer ce qu'il pensait de ces femmes sans pudeur qui ne rougissent point de chercher à se faire un nom par la voie de l'infamie; il regardait ces âmes basses et artificieuses comme les plus grands ennemis de la gloire des princes, et le mépris qu'il avait pour elles allait jusqu'à l'indignation. Je supprime plusieurs anecdotes populaires relatives à ce sujet, et qu'il est permis de révoquer en doute; mais elles ont eu au moins pour fondement les inclinations et les sentiments décidés du

Dauphin; et l'on ne saurait douter que le titre de *Restaurateur des mœurs*, que le vœu des gens de bien a déjà décerné à Louis XVI, son auguste fils, n'eût été un de ceux qui l'eussent le plus agréablement flatté.

Persuadé cependant, comme il le disait un jour à l'évêque de Verdun, « qu'il était plus facile de former les mœurs d'une nation que de les réformer », l'éducation de la jeunesse lui paraissait un des objets les plus dignes de fixer l'attention d'un sage gouvernement. « Il n'est point de naturel si heureux, dit ce prince dans un de ses écrits, qui ne puisse se corrompre par le vice de l'éducation, comme il n'en est point de si ingrat qu'on ne puisse améliorer par une application constante et des soins assidus... Dans toute société, une partie des hommes conduit l'autre; ceux qui ont eu l'esprit cultivé par les lettres se trouvent naturellement à la tête de ceux qui n'ont point eu le même avantage, et leur communiquent nécessairement leurs vices ou leurs vertus. Rien peut-être n'influe plus directement sur les mœurs d'une nation que l'éducation publique; les plus beaux jours de Lacédémone furent ceux où elle éleva sa jeunesse avec des soins plus particuliers; Rome ne fut plus semblable à elle-même, quand sa jeunesse commença à se corrompre. »

L'éducation de la jeunesse l'intéressait encore par cette affection qu'on éprouve naturellement pour cet âge, celui de la candeur et de l'ingénuité. Il aimait les jeunes gens, mais de cet amour sage qui ne perd point de vue leurs véritables intérêts. Un des pages de la Dauphine, dont il estimait le père, marquait de la légèreté et de l'inconstance dans sa conduite; il le fit appeler, il lui rappela plusieurs époques où l'on avait été content de lui, et ajouta : « Il faut que je vous guérisse aujourd'hui d'une erreur. N'est-il pas vrai que vous vous étiez imaginé qu'on pouvait servir Dieu par quartiers? Détrompez-vous, le service de Dieu est un service de pages, il est de tout temps et de toute saison. Servez Dieu comme vous servez

Madame la Dauphine : vous sentez que si vous prétendiez ne l'accompagner que par fantaisie, elle ne s'accommoderait point de votre service ». Si quelque seigneur présentait au Dauphin un de ses fils étudiant dans un collège, il ne manquait jamais d'exhorter le jeune homme à se distinguer par son application au travail et par son amour pour la vertu. On le vit quelquefois assister à des exercices d'écoliers, et honorer de ses applaudissements leurs triomphes littéraires. Un de ses valets de chambre (car il ne dédaignait pas de s'entretenir avec eux) lui parlait de son fils qu'il faisait étudier à Paris, et lui disait qu'il s'était arrangé avec ses maîtres afin qu'il ne fût jamais puni. « Sans doute, lui dit le Dauphin, que vous avez aussi pris vos arrangements avec votre fils pour qu'il évite de tomber dans les fautes qui mériteraient punition? » L'officier persistant à dire que, quelque chose que pût faire son fils, il ne consentirait jamais à ce qu'on le punît, le prince le plaisanta beaucoup; et quand il vit ses autres valets de chambre, il leur parla du système d'éducation de leur camarade, leur recommanda de lui en faire compliment. Ayant appris qu'un page à qui il voulait du bien avait perdu au jeu une somme de vingt-cinq louis, il le fit appeler pour lui témoigner son mécontentement. « Je ne croyais pas, lui dit-il, que vous eussiez la bourse si bien garnie; cependant, perdre vingt-cinq louis, c'est jouer gros jeu pour un page. » Comme ce prince conservait toujours quelque chose de l'air de bonté qui lui était naturel, lors même qu'il était obligé de faire un reproche, le jeune homme ne sentit pas qu'il lui en faisait un et lui répondit qu'il avait quelquefois perdu des sommes plus considérables encore. « Oh! vraiment, lui dit le Dauphin, je me trompais donc bien sur votre compte, car je vous croyais de la conduite; mais l'aveu que vous me faites me donne tout lieu de craindre que vous n'augmentiez un jour le nombre des mauvais sujets. » Des écoliers de l'Université, s'étant trouvés sur son passage dans le bois de Boulogne, le saluèrent par leurs cris accoutumés; le prince les remercia par un signe de tête le plus gracieux. Les écoliers, qui désiraient quelque chose de plus qu'un salut, s'approchent, environnent la voiture et le prient de leur faire donner quelques congés : « Comment, mes enfants, leur dit-il, il est congé aujourd'hui, puisque vous êtes ici, et vous voudriez qu'il le fût encore demain! Sûrement vous ne faites point attention que la multiplicité des congés est préjudiciable aux études, et que le roi a besoin de savants. » Ce peu de paroles, qu'il prononça avec l'air et le ton de bonté qui lui étaient ordinaires, éleva le courage de ces jeunes gens; ils redoublèrent leurs acclamations, et de retour à Paris, ils racontèrent avec une espèce d'enthousiasme à leurs condisciples comment le Dauphin leur avait fait connaître l'estime qu'il faisait des sciences et des savants.

Toutes les vues de ce prince tendaient à rendre les peuples heureux. Un officier attaché à son service me racontait que souvent il entrait avec lui dans les moindres détails relatifs à la subsistance du bas peuple. Il s'informait de ce que pouvait gagner la classe des ouvriers qui gagnent le moins, il calculait les petites dépenses nécessaires pour leur nourriture et celle de la famille qu'il leur supposait. Le prix du pain, des légumes et des denrées les plus communes n'échappait point à ses recherches. Un jour qu'il s'informait de l'état du pauvre peuple, sur ce qu'on répondit qu'en général il n'y avait point pour lui de misère : « Il faut, reprit-il, que la Providence y veille; car, suivant mon calcul, il devrait y en avoir. » Toutes les calamités publiques lui devenaient personnelles; il souffrait avec le peuple, quand il le voyait réduit à une de ces disettes que ni la puissance ni la sagesse du monarque le plus humain ne sauraient détourner. Une guerre sanglante ou dispendieuse l'affligeait sensiblement; une nouvelle imposition, devenue nécessaire pour la soutenir, le faisait gémir; en un mot, chaque charge de l'État en était

une pour son cœur. Le duc de la Vauguyon, à l'occasion
d'une fête qui s'était donnée à Versailles pour la naissance
d'un prince, disait qu'il ne comprenait pas comment Assué-
rus avait pu tenir à la fatigue des festins qu'il donna pendant
cent quatre-vingts jours aux grands de son royaume. « Et
moi, dit le Dauphin, je ne sais comment il a pu subvenir à la
dépense ; et je présume que ce festin de six mois à sa cour
aura été expié par un jeûne solennel dans ses provinces. »
Il faudrait, disait-il dans une autre occasion à l'ambassadeur
d'Espagne, « pour qu'un prince goûtât une joie bien pure
au milieu d'un festin, qu'il pût y convier toute la nation, ou
que du moins il pût se dire en se mettant à table : *Aucun
de mes sujets n'ira aujourd'hui se coucher sans souper* ».
Le Dauphin ne connut jamais ces dépenses de fantaisie ou
de pure somptuosité que le peuple, quelquefois bon juge,
qualifie de folles dépenses ; et il se fit une loi, qu'il n'enfrei-
gnit jamais, de n'en occasionner à l'État aucune de cette
nature. Plusieurs même ont cru que, portant ses vues de
bien public jusqu'après sa mort, il n'avait demandé d'être
enterré à Sens que pour épargner à la nation les frais d'une
pompe funèbre depuis Fontainebleau jusqu'à Saint-Denis.
Mais c'était peu pour lui de n'être point à charge à l'État, il
était du petit nombre de ces âmes sensibles qui ne goûtent
point de véritable satisfaction tant qu'elles connaissent des
malheureux. Il contribuait au soulagement des peuples aux
dépens de ses plaisirs et de ses amusements les plus légi-
times, on pourrait même dire de ses besoins. Quand il fut
guéri de sa petite vérole, le roi lui assigna une somme assez
considérable, afin qu'il se procurât les petits agréments
capables d'adoucir les ennuis d'une convalescence qui devait
être longue ; il ne voulut point la recevoir, et il dit à la personne qui vint lui faire part de cette disposition du roi en sa
faveur : « Je puis me passer de cette somme, et le pauvre
peuple en a besoin ». Après s'être appliqué pendant plusieurs

années à connaître l'état actuel de nos provinces, il crut
qu'il lui serait également utile et agréable de vérifier sur les
lieux la fidélité des rapports qui lui avaient été faits; il
témoigna au roi le désir qu'il avait de voyager en France. Le
roi y consentit, en louant le motif qui l'y engageait, et il fixa
le terme de son départ. Le Dauphin, avant qu'on ordonnât
les préparatifs, eut l'attention de demander à combien pourraient monter les frais indispensables de ce voyage; on lui
en remit un état. Quand il le vit : « Oh! en vérité, s'écria-
t-il, toute ma personne ne vaut pas au pauvre peuple ce que
lui coûterait ce voyage; je ne veux plus y penser ». En 1750,
il fit passer à l'évêque de Chartres des secours abondants
pour les habitants d'un canton du pays chartrain qu'un violent ouragan avait ravagé. Quelques années auparavant, il
avait contribué efficacement à réparer les pertes immenses
qu'un incendie avait occasionnées dans deux faubourgs de la
même ville. En 1751, la naissance du duc de Bourgogne, le
premier de ses fils, le mit dans le cas de manifester ses libéralités, qui étaient souvent secrètes : et afin que les pauvres
prissent part à la joie que causait à tous la nationale naissance
d'un nouvel appui du trône, il leur fit distribuer d'abondantes aumônes. Ayant appris que la ville de Paris destinait
une somme considérable aux fêtes qu'elle préparait, il représenta au roi qu'il verrait avec peine *tant d'argent s'en aller
en fumée;* qu'il lui paraîtrait plus glorieux et plus utile à
l'État que cette somme fût employée en faveur des pauvres.
Louis XV, entrant dans ses vues, fit connaître aux habitants
de la capitale qu'ils ne pouvaient rien faire qui fût plus conforme à ses propres désirs, et qui flattât plus agréablement le
Dauphin, que de consacrer au soulagement des malheureux
la somme qn'ils destinaient aux réjouissances publiques.
La Ville applaudit à ces dispositions, les fêtes furent moins
brillantes : on paya la dot de six cent pauvres filles, et
l'exemple de la capitale fut suivi par plusieurs villes de nos

provinces. En 1752, la disette s'étant fait sentir dans les environs d'Angers, il fit parvenir à l'évêque une quantité considérable de riz, pour être distribuée aux pauvres de son diocèse.

Nos provinces les plus reculées ressentirent dans le besoin les effets de la bienfaisance du Dauphin. La noblesse indigente, comme le pauvre peuple, pouvait s'adresser à lui avec confiance. Ce qu'il ne pouvait pas faire lui-même, il le faisait, ou par ses représentations auprès du roi, ou bien en faisant contribuer la reine, la Dauphine et les princesses ses sœurs, et quelquefois en puisant dans la bourse de ses amis. Il témoignait sa reconnaissance à ceux qui pourvoyaient aux nécessités du pauvre peuple, comme s'ils l'eussent fait à sa décharge. Plus d'une fois des personnes aisées et charitables qui, dans des temps de misère publique, s'étaient distinguées par leur zèle à soulager les malheureux, furent surprises d'en recevoir des remerciements de la part de ce bon prince. L'abbé de Saint-Cyr fut plusieurs fois porteur de semblables compliments. On parlait un jour, en présence du Dauphin, d'une banqueroute considérable, et des risques que couraient les particuliers en plaçant leur argent. Les uns disaient qu'il fallait qu'ils exigeassent plusieurs cautions; d'autres, qu'ils ne devaient point placer toute leur fortune d'un côté. « Tout cela, reprit le prince, ne vaut pas le secret de Mme la comtesse de Toulouse : elle place à fonds perdus; et pour plus de sûreté, elle met hypothèque sur l'humanité tout entière, qui, de l'hiver dernier lui est redevable de la vie de plusieurs milliers de malheureux en danger de périr de misère si elle ne fût venue à leur secours. » L'état d'épuisement où se trouvait la France en 1759 ayant engagé le roi Stanislas à se surcharger lui-même pour soulager la misère commune, il lui écrivit en ces termes :

« Monsieur mon frère, et très cher grand-père, la France

reçoit tous les jours de nouvelles marques de l'affection que
vous lui portez. Vous venez de lui en donner encore une bien
sensible dans cette triste circonstance. Je ne puis exprimer à
Votre Majesté combien j'en ai été touché : puisse tout le
monde suivre en tout vos exemples et vos leçons! C'est le
souhait le plus avantageux qu'on puisse former pour l'humanité : pour moi, en particulier, vous savez ce que j'en
pense... »

Dans une circonstance où toutes ses ressources étant
épuisées, il lui restait encore un nombre de malheureux à
secourir, il ne crut pas qu'il fût indigne d'un Dauphin de
faire, par motif de charité, ce que la passion du jeu justifie
tous les jours aux yeux des grands : il eut recours à l'em-
prunt, et ne prenant conseil que de son grand cœur, il en fit
un dont le remboursement devait lui coûter des privations de
plusieurs années. S'étant rappelé au lit de la mort qu'il ne
l'avait pas encore acquitté, il pria le roi de le faire à sa
décharge. Voici ce qu'il lui marqua dans une lettre qui renferme ses dernières dispositions · « Ayant été redevable à
M. de Montmartel d'une somme très considérable, dont j'ai
déjà acquitté la plus grande partie, je vous prie d'ordonner
que le reste lui sera payé : je n'en ai pas d'état, ayant négligé
de garder les reçus; mais M. de Montmartel est d'une probité
assez reconnue, pour qu'on puisse s'en rapporter à lui ». Il
paraît que cette somme était *très considérable,* comme dit le
prince, puisque, la plus grande partie acquittée, il en restait
encore cent mille écus, dont Louis XV ordonna le paiement.
La France était comme le théâtre privilégié de ses bienfaits, mais elle n'en était pas le seul : ce bon prince portait
tous les hommes dans son cœur; et bien autrement ami de
l'humanité que ceux qui en ont continuellement le nom sur
les lèvres, il l'allait chercher au delà même des mers, pour
lui faire éprouver ses bienfaits. Sa charité embrassait jus-

qu'aux régions infidèles, et plus d'une fois il seconda par ses libéralités le zèle de ces hommes apostoliques qui travaillent à étendre dans les Indes le culte du vrai Dieu. Étonné de tout le bien qu'il lui voyait faire, un seigneur de sa suite lui disait un jour que tous ses pas étaient marqués par des bienfaits, et qu'on pourrait dire de lui comme du Sauveur : *Pertransiit benefaciendo*. « Ah! reprit le prince, que n'est-il en mon pouvoir de faire qu'on ajoute encore, *et sanando omnes*[1] ! » Cependant le zèle avec lequel il se portait à soulager la misère générale des peuples n'épuisait pas entièrement sa charité ; et nous verrons dans la suite qu'il en faisait encore ressentir les effets à une infinité de particuliers. Mais ce qui annonce combien était sincère et éclairé l'amour qu'il avait pour les peuples, c'est qu'en s'appliquant si généreusement à les soustraire aux rigueurs de l'indigence, il désirait beaucoup plus encore de les rendre heureux du bonheur que procure la vertu : et ce fut toujours là, comme nous l'avons vu, le but et la fin principale vers laquelle il dirigea toutes ses études, à laquelle il rapporta tous ses soins. « L'homme vertueux, disait-il un jour à la Dauphine, en présence de l'abbé de Saint-Cyr, n'est jamais malheureux ; l'homme vicieux l'est toujours. Qu'on bannisse de la société les désordres du vice, on verra disparaître la plupart des maux qui l'affligent. »

1. Ce seigneur lui disait qu'on pourrait dire de lui : *Il fit du bien partout où il passa*. Le Dauphin lui répond : Ah! que n'est-il en mon pouvoir de faire qu'on ajoute : *et il guérit tous les malades !*

Son cocher voulut traverser une pièce de terre dont la moisson.... (p. 105)

LIVRE TROISIÉME

'ÉLÉVATION des princes de ient pour eux un enga-
gement à plus de vertus. Il n'est pas nécessaire
au commun des hommes de posséder toutes les
vertus du prince; mais le prince doit allier aux
vertus propres de sa condition toutes les vertus de l'homme.
Le Dauphin les réunissait dans le plus haut degré de perfection.

Jamais fils ne fut plus respectueux envers son père, et
ne l'aima plus tendrement. Il ne voyait dans sa qualité de
Dauphin que celle de premier sujet du roi, et une obligation
plus étroite de donner au peuple l'exemple de la soumission
due à l'autorité paternelle et souveraine. Si quelquefois il
s'entretenait du roi avec les personnes qu'il honorait de son
amitié, ce n'était que pour relever la bonté de son cœur, son
amour pour la paix, la justesse de ses vues, la prudence de
ses avis dans le Conseil. En bon fils, comme en bon citoyen,
il se faisait un devoir d'attacher tous les sujets à leur souverain. Protecteur zélé de tous les malheureux, jamais on ne
le vit écouter un mécontent. On se rappelle comment s'expli-

qua sa tendresse filiale dans les deux circonstances qui pensèrent ravir Louis XV à la France. Il n'était pas nécessaire que ce prince lui signifiât ses volontés; il s'était fait une loi de les étudier lui-même pour s'y conformer en tout, et le sacrifice de ses inclinations les plus chères ne lui coûtait rien pour lui faire plaisir. Ses dispositions à cet égard allaient quelquefois jusqu'à l'inquiétude, comme on l'a vu dans sa dernière maladie. « Il regrettait infiniment, dit la Dauphine dans un de ses écrits, d'avoir voulu aller à Fontainebleau, parce qu'il sentait que cela occasionnait du dérangement au roi. Il lui en parla souvent, et encore quelques jours avant sa mort. Sur ce que le roi lui dit que cela ne le dérangeait pas : Je sens bien, lui répondit-il, que vous le direz par bonté pour moi; mais il n'en est pas moins vrai que si nous étions à Versailles, vous iriez à Belle-Vue, Trianon ou Choisy, et je me reprocherai toujours d'avoir eu la fantaisie de quitter Versailles. Le roi lui ayant protesté de nouveau qu'il n'y avait aucun regret : Quoi, lui dit-il, me parlez-vous en conscience? Le roi le lui assura. — Ah! lui répondit-il, que vous me soulagez! »

La tendresse qu'il avait pour la reine était également affectueuse, et avait quelque chose de plus démonstratif et de plus libre. Elle était fondée moins encore sur le bienfait de la naissance, que sur celui de la vertu dont il se reconnaissait redevable à ses soins et à ses exemples. La reine, de son côté, voyait avec ravissement toutes ses vertus reproduites dans le cœur de son fils, et lui témoignait un amour réciproque. Elle en fit le premier de ses amis, et le confident dans le sein duquel elle déposait, avec le plus de confiance et de consolation, toutes les mortifications, compagnes inséparables de la grandeur.

La conformité de caractère, d'inclinations et de sentiments, autant que les liens du sang, unissait de la manière la plus intime le Dauphin au roi Stanislas. Le petit-fils admi-

rait dans son aïeul un modèle de vertu qui, en augmentant
son estime et sa tendresse, excitait son émulation ; et l'aïeul
voyait avec complaisance un autre lui-même dans la personne
de son petit-fils : ils se consolaient par leurs lettres de n'être
pas à portée de se voir plus souvent, et quand une circonstance leur procurait cette satisfaction, ils regrettaient de ne
pouvoir la faire durer plus longtemps. Je crois qu'on verra
avec plaisir quelques lettres du Dauphin à Stanislas, écrites
de sa main, et que j'ai copiées, comme les autres que je cite,
sur les originaux.

« Monsieur mon frère et très cher grand-père, je charge
un courrier[1] qui, j'espère, ne vous sera pas désagréable, de
remettre cette lettre à Votre Majesté, afin que la partie de la
famille qu'elle verra ne lui fasse pas oublier l'autre ; mais je
vous avoue que ce n'est pas sans jalousie que je la vois sur
le point de jouir du plaisir de vous voir et de passer avec
vous l'entre-deux saisons. J'aurais été bien tenté de me
donner quelque embarras au foie ou à la rate, pour servir de
prétexte à un voyage qui m'aurait procuré tant de satisfaction ; mais puisqu'il faut que j'en sois privé, j'essaie au
moins de m'en consoler, en m'entretenant de mes regrets
et en chargeant mes sœurs de vous rendre fidèlement tout ce
que je pense et ce que je sens, et surtout les sentiments de
vive tendresse que vous me connaissez depuis que je suis au
monde, et avec lesquels je suis, de Votre Majesté, le très
respectueux petit-fils, Louis. »

« Monsieur mon frère et très cher grand-père, Madame la
Dauphine vient d'accoucher très heureusement d'un très
gros garçon. Je crois que cette nouvelle vous fait autant de
plaisir qu'à moi... M. de Lomont, qui vous remettra cette

____
1. Mme Adélaïde.

lettre, vous instruira des bontés que le roi a pour lui en faveur de son futur mariage avec Mlle de Rochechouart, qui est une fille de la plus grande naissance, mais sans fortune. Si Votre Majesté, pour y suppléer, voulait bien avoir la bonté de lui conserver ses appointements et de lui procurer une pension de six mille livres, telle que celle qui vient d'être accordée au vicomte de Chabot, ce serait une grâce qui unirait deux grands noms. J'ai saisi avec empressement cette occasion pour reparler encore au roi du marquis de Boufflers, en lui représentant le désir que vous avez de l'obliger ; il m'a répondu qu'il passerait immanquablement après le comte de Grammont et le marquis de Rochechouart. Je ne négligerai rien, je mettrai tout en œuvre pour achever au plus tôt une chose qui peut vous plaire, et j'ose me flatter que vous êtes bien convaincu que si le devoir et la reconnaissance ne me l'ordonnaient pas, un sentiment plus libre, mais plus fort et plus vif, me ferait toujours courir au-devant de tout ce qui doit vous être agréable... »

Le roi Stanislas lui ayant demandé, en plaisantant, de l'emploi dans le régiment Dauphin : « C'est assurément avec bien de la satisfaction, lui écrivit ce prince, que je vous accorde une sous-lieutenance réformée, en attendant qu'il en vaque une en pied ; le régiment est en garnison à Thionville. Je vous prierais, ce qui ne vous détournera pas beaucoup, de me l'amener ici l'année prochaine, afin que je vous y reçoive vous-même. Mais savez-vous, avec toute votre bonne humeur, que je ne prétends point du tout plaisanter, et que le regret de ne pouvoir partager avec la reine le plaisir de vous embrasser ne me donne nulle envie de rire. Non, je ne puis exprimer à Votre Majesté toute la vivacité de mon regret ; et tout ce qui me console, c'est la certitude où je suis du bon état de votre santé ; la mienne est tout à fait rétablie. Je suis absolument sans fièvre depuis trois jours, et j'ai été purgé ce matin pour la dernière fois; il ne me manque plus qu'un peu de forces, qui seront bientôt recouvrées. Je vous renouvelle encore mes regrets, qui partent de la plus tendre amitié... » « La reine, lui dit-il dans une autre lettre, veut que je vous donne moi-même des nouvelles de ma santé, à laquelle vous voulez bien vous intéresser. Elle est de beaucoup meilleure; ma toux est diminuée, quoiqu'elle subsiste encore; mes forces sont augmentées sensiblement depuis que je suis ici, et mon sommeil, quoique interrompu, est très bon. Le lait d'ânesse me fait fort bien, et commence même à m'engraisser. Je voudrais bien que vous pussiez en juger par vous-même, ne connaissant pas de plus grande satisfaction que celle de pouvoir vous assurer de vive voix de la tendre amitié avec laquelle je suis, de Votre Majesté, le très respectueux petit-fils, Louis. »

Cette lettre écrite de Fontainebleau, en date du 16 octobre 1765, est la dernière que ce prince écrivit lui-même à son aïeul. Il se servit depuis ce temps-là de mains étrangères pour l'informer de l'état de sa santé, et lui donner, jusqu'aux derniers instants de sa vie, de nouveaux témoignages de la vive et respectueuse amitié qu'il avait toujours eue pour lui.

Ces empressements de piété filiale dans le Dauphin ne refroidissaient ni sa tendresse fraternelle ni l'amour conjugal; son bon cœur était inépuisable en beaux sentiments. L'union qui régnait entre lui et les princesses ses sœurs allait jusqu'à la plus parfaite intimité. Il les plaçait toutes au même rang dans son cœur, et les égards privilégiés qu'il semblait avoir pour Mmes Henriette et Adélaïde, étaient fondés sur l'âge plutôt que sur aucun sentiment de prédilection; aussi les autres princesses ne s'en offensèrent-elles jamais. C'est dans ce sanctuaire de l'amitié chrétienne, la seule véritable, que se trouvaient encore réunies la simplicité, la franchise, la cordialité, et toutes ces vertus aimables qu'une froide philosophie voudrait exiler de la société, pour y substituer des simulacres de vertus dont les noms même étaient ignorés de nos pères. Quoique le Dauphin fût, à tant de titres, le chef et le centre de cette petite société, jamais il n'y prétendit de droit, que celui d'être plus ardent et plus empressé dans sa tendresse. La princesse qui lui parlait l'appelait *mon frère*, et il l'appelait *ma sœur*, ou plus souvent par son nom de baptème, *Henriette*, *Adélaïde*, etc. Jamais on ne vit parmi eux l'ombre de jalousie, de déguisement ou de soupçon. On ouvrait son cœur avec une confiance réciproque. Si on avait besoin d'un conseil ou d'un motif de consolation, on était sûr de le trouver. Le sentiment de l'un devenait bientôt un sentiment commun à tous. La peine, ainsi partagée, en était plus légère, et la joie plus sensible. La Dauphine, bien loin d'affaiblir en rien cette belle union, ne faisait qu'y ajouter un nouvel intérêt, et l'on eût dit qu'elle ne voulait posséder le cœur de son époux, que pour le tourner vers les princesses ses sœurs. Ce portrait est si charmant, que j'aurais à craindre qu'on en suspectât la sincérité, si je parlais dans des temps assez reculés pour qu'il fût impossible de la vérifier.

Le Dauphin et la Dauphine, membres de cette société que composait la famille royale, en formaient une ensemble que les nœuds sacrés du mariage rendaient plus étroite encore. Élevés dans des contrées différentes, et selon des mœurs qui n'avaient entre elles rien de commun, leurs inclinations d'abord ne sympathisaient pas en tout. Mais les caractères et les climats n'ont rien entre eux de si opposé, que la religion ne puisse concilier. Il ne leur fallut, pour fixer réciproquement leur tendresse, que le temps de s'étudier et de se connaître ; et comme tous les deux s'y prêtaient également et tendaient au même but, bientôt leurs humeurs et leurs goûts se rapprochèrent de telle sorte, qu'on peut dire qu'ils ne faisaient plus qu'un cœur et qu'une âme ; et toute leur vie, comme un beau jour, se passa sans que le moindre nuage en altérât la sérénité. Ce fut toujours même façon de penser et d'agir, même éloignement de tout ce qu'on appelle intrigues de cour, même application à remplir les devoirs de leur rang, même soin à veiller sur l'éducation des princes et princesses leurs enfants, même attrait pour la piété, même ardeur pour s'y perfectionner par l'exercice de toutes les vertus chrétiennes, et surtout par un saint et fréquent usage des sacrements. Et tout cela se faisait avec cet air simple et naturel qui caractérise la solide vertu, avec ce discernement qui apprécie les circonstances, dans ce bel ordre qui ne confond jamais les devoirs avec les goûts. La confiance que la Dauphine avait dans le Dauphin était si entière, qu'elle ne faisait pas de difficulté de l'admettre dans son conseil de conscience, de lui découvrir ses dispositions les plus intérieures, et tout ce qui se passait dans son cœur. Une personne ayant relevé cette particularité dans un essai qu'elle lui présenta sur la vie de son époux, la princesse ne put se la rappeler sans s'attendrir : « Je vous avoue, lui dit-elle, les larmes aux yeux, que la privation de ce secours rend ma perte infiniment plus amère, et m'en rappelle à chaque instant le souvenir. » Une si belle âme ne pouvait que gagner à être connue : aussi le Dauphin payait-il sa confiance par un juste retour; et il la pria de l'aimer assez pour l'avertir elle-même des défauts qu'elle pourrait remarquer en lui. L'union est bien intime, et la vertu bien parfaite, quand des époux vont jusqu'à se donner réciproquement de pareils gages de confiance.

La naissance de huit enfants, cinq princes et trois princesses, fut le fruit d'une alliance si chrétienne et si bien assortie. La première demande que le Dauphin faisait au Ciel quand il lui naissait un fils, c'était qu'il fût vertueux. Le roi Stanislas l'ayant félicité sur la naissance du comte d'Artois, il lui avoue, avec cette franchise d'amitié que se permet la vérité sans penser à flatter, que la joie qu'il ressent d'être père de quatre princes ne lui laisse plus rien à désirer, sinon de les voir un jour imitateurs de ses vertus. « Je suis infiniment sensible, lui dit-il, à la part que vous prenez à ma joie qui, je l'avoue, ne saurait être plus grande. Je me vois quatre garçons : tout ce que je souhaite à présent, c'est que Dieu les conserve et qu'il les fasse ressembler à leur bisaïeul. Ils n'auraient pas besoin d'autre recommandation pour être aimés et respectés, pour faire le bonheur du pays qu'ils habiteront : pardonnez-moi cette vérité, elle a échappé au sentiment qui me pénètre... »

On imagine aisément qu'avec de tels sentiments le Dauphin devait regarder l'éducation de ses enfants comme un de ses devoirs les plus sacrés. Il leur donna pour gouverneur le duc de la Vauguyon, seigneur d'une valeur et d'une probité reconnues, et pour précepteur l'évêque de Limoges, prélat qui joignait au savoir la noble franchise des mœurs antiques, et qu'il suffit de nommer pour rappeler l'idée de la vertu. Il leur déclara qu'il leur transférait toute son autorité, et qu'il voulait que des enfants destinés par leur naissance à commander un jour à la nation commençassent par respecter eux-mêmes les règles de la dépendance et de la soumission. Il était attentif à donner en toutes rencontres, en présence des jeunes princes, des marques de considération et d'estime aux personnes qui avaient quelque part à leur éducation. Ayant lu, un jour, dans l'Histoire ecclésiastique, que Saint-Flour avait été érigé en évèché en faveur d'un abbé de Mostuejouls, qui fut ensuite cardinal, il fit venir le duc de Berri, et après lui avoir fait lire cet article : « Vous voyez, mon fils, lui dit-il, qu'il y a longtemps que la naissance est réunie aux talents et aux vertus dans la famille de M. de Mostuejouls, votre sous-précepteur. Celui dont il est ici parlé était un de ses grands-oncles. »

Ce ne fut point assez pour ce prince d'avoir fait le choix de ceux qui devaient présider à l'éducation de ses enfants ;

afin que la vertu défendît de toutes parts leur innocence, et fermât toutes les avenues au vice, il s'assura encore de la probité de tous les officiers qui devaient avoir avec eux les moindres rapports de service; et après de si sages précautions, ne se croyant pas encore déchargé de ce qu'il leur devait, il voulut avoir lui-même sa partie dans leur éducation, et il la remplit avec un zèle et une assiduité dont aucun prince de son rang ne lui avait donné l'exemple. Deux fois la semaine, le mercredi et le samedi, à une heure réglée, le prélat, précepteur des jeunes princes, les conduisait à l'appartement de la Dauphine, où le Dauphin lui-même se trouvait. Ce prince examinait leur travail, et leur faisait rendre compte de ce qui avait fait la matière de leurs études depuis la dernière répétition. Afin de leur rendre cet exercice plus utile, en suivant également tous les objets et en particularisant les détails, il se déchargea sur la Dauphine de ce qui regardait la religion et l'histoire, et se réserva la partie des langues. Pour prévenir les inconvénients qui résultent nécessairement du peu d'accord qui règne entre ceux qui ont part à la même éducation, il convint d'un plan fixe et invariable avec toutes les personnes qui devaient concourir à celle des jeunes princes.

Il savait exciter leur émulation par des récompenses ou des privations ménagées à propos. Il applaudissait tantôt à l'un, tantôt à l'autre. Un terme bien choisi, une règle heureusement appliquée, une construction aisée, un tour élégant, une phrase harmonieuse devenaient la matière de ses éloges. Quelquefois il paraissait charmé de leur progrès, d'autres fois il leur en témoignait sa surprise et l'espérance de les voir bientôt aussi instruits que lui. Celui qui n'avait pas eu de part à ses éloges, était toujours dans la résolution de faire tous ses efforts pour les mériter au prochain exercice. On ne saurait imaginer avec quel succès il faisait usage de ces ressources innocentes pour leur élever le courage et enflammer leur ardeur. L'un d'entre eux, transporté par son petit enthousiasme jusqu'à penser à devenir l'émule de son père dans la science, disait un jour : « Que je serais content, si je pouvais savoir quelque chose que papa ne sût point ! »

Mais les bonnes qualités du cœur étaient celles que le Dauphin reconnaissait avec le plus de satisfaction dans ses enfants; et les personnes préposées à leur éducation étaient sûres de lui causer la joie la plus sensible, en lui racontant quelque trait de leur part qui annonçât une vertu, surtout si c'était la droiture du cœur, le goût de la piété ou la sensibilité envers les malheureux. Il portait jusqu'au scrupule l'attention à éloigner d'eux ce qui aurait pu donner la moindre atteinte à l'innocence de leurs mœurs; et quoique leur âge les garantît encore des dangers de la lecture, il avait déjà pris des précautions pour qu'il ne leur tombât entre les mains aucune de ces productions frivoles ou licencieuses qui, en inspirant le dégoût du solide, jettent souvent dans un jeune cœur les premières étincelles d'un feu qui doit causer sa perte. « Je me rappelle, disait-il un jour, d'avoir surpris la vigilance de mon précepteur pour lire quelques romans qu'un valet de chambre m'avait procurés. Je n'apercevais pas alors comme aujourd'hui le poison qu'ils cachaient; mais je serais au désespoir que les mêmes tombassent entre les mains de mes enfants. » Paroles qui, en supposant que ces ouvrages de ténèbres pénètrent quelquefois jusqu'au cabinet des enfants des rois, nous font connaître quels doivent être à cet égard les soins inquiets des pères de famille et des maîtres qui les représentent.

Le Dauphin saisissait toujours et faisait souvent naître les occasions de donner aux jeunes princes quelques leçons utiles : il leur en fit une des plus frappantes le jour qu'on suppléa les cérémonies de leur baptême. Après que leurs noms furent inscrits sur le registre de la paroisse, il se le fit

apporter; et l'ayant ouvert, il leur fit remarquer que celui
qui les précédait était le fils d'un pauvre artisan, et leur dit
ces belles paroles : « Vous le voyez, mes enfants, aux yeux
de Dieu les conditions sont égales, et il n'y a de distinction
que celle que donnent la foi et la vertu : vous serez un jour
plus grands que cet enfant dans l'estime des peuples; mais

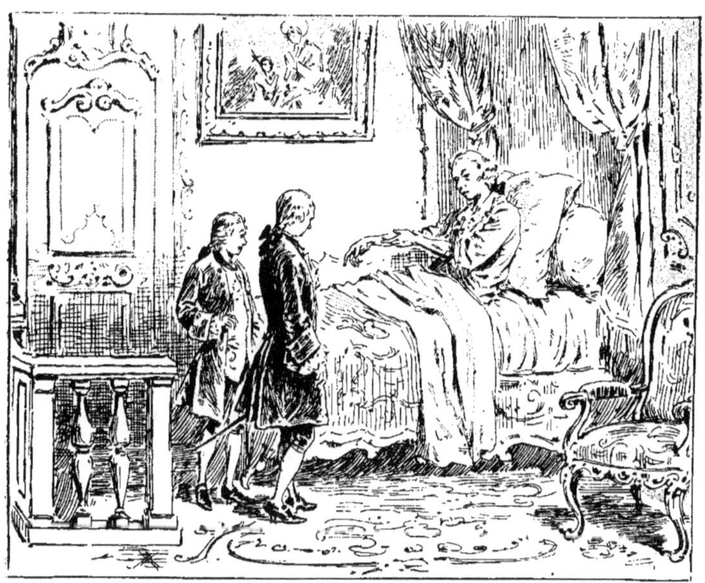

il sera lui-même plus grand que vous devant Dieu, s'il est
plus vertueux. » Quelque temps avant sa mort, comme il
considérait combien ses bras étaient maigres et décharnés :
« Voilà, mes enfants, dit-il en s'adressant au duc de Berry
et au comte de Provence, ce que c'est qu'un grand prince;
Dieu seul est immortel, et ceux qu'on appelle les maîtres du
monde sont, comme les autres, sujets aux maladies et à la
mort. »

Il fut toujours en garde contre cette indulgence aveugle,
l'écueil le plus ordinaire de l'éducation des enfants des grands.

Il avait pour les princes, ses fils, toute la tendresse d'une
mère et toute la fermeté d'un père. S'étant aperçu dans quelques répétions que le petit duc de Berry n'avait pas travaillé
comme il eût pu le faire, il lui déclara qu'il ne serait point
de la chasse de Saint-Hubert, qui devait se faire quelques
jours après. Cette chasse est des plus brillantes : les ambassadeurs des cours étrangères y sont invités; les princes et
les seigneurs de la Cour y assistent. On sent combien la privation d'une partie de plaisir de cette nature doit être sensible à un enfant; la reine et les dames de France la jugèrent
accablante, et se réunirent pour fléchir le Dauphin, mais ce fut
inutilement : il protesta, et on le savait assez, qu'il avait pour
ce jeune prince plus de tendresse que qui que ce fût; mais
il ajouta que c'était pour cela même qu'il voulait suivre de
plus près son éducation, et ne négliger aucun des moyens
qui pouvaient contribuer à en assurer le succès. Le roi était
charmé de voir les jeunes princes. « Quand vous empêchez
vos enfants de se trouver à mes chasses, disait-il au Dauphin,
c'est moi-même, autant qu'eux, que vous mettez en pénitence.
— Vous savez, lui répondit le Dauphin, combien je serais mor-
tifié de vous occasionner la moindre peine; je n'ai jamais envisagé que le bien de mes enfants dans la conduite que je tiens
à leur égard : mes dispositions, au reste, sont toujours subordonnées aux vôtres, et ils vous accompagneront toutes les
fois que vous le jugerez à propos. » Louis XV, cependant, sentant assez que cette fermeté du Dauphin était dirigée par un
zèle éclairé sur les véritables intérêts de ses enfants, ne voulut
jamais rien ordonner en cette partie que de concert avec lui.

Cette attention qu'apporte un père sage à corriger les défauts de l'enfance peut aigrir et éloigner un mauvais cœur;
mais elle ne fait qu'exciter davantage la tendresse et la reconnaissance d'une âme bien née. Le Dauphin était autant aimé
de ses enfants qu'il les aimait lui-même; tous s'empressaient
à l'envi d'aller au-devant de ce qui pouvait lui faire plaisir,

tous craignaient de lui donner le moindre sujet de mécontentement. Un témoignage de bonté, un air de satisfaction de sa part les transportait de joie; le plus léger reproche, un ton de voix plus élevé que de coutume les affligeait à l'excès, et quelquefois jusqu'aux larmes. Un jour où devait se faire une revue générale des troupes qui formaient le camp de Compiègne, le Dauphin ayant aperçu le carrosse des jeunes princes qui passait devant les premières lignes, s'avança à sa rencontre, le fit arrêter, et mit la tête à la portière; tous à l'instant se précipitèrent sur son cou : il les embrassa tendrement l'un après l'autre, ce qui fit pour toute l'armée un spectacle ravissant. On entendait de toutes parts l'officier et le soldat s'écrier avec transport : « Oh! voyez comme il aime ses enfants, et combien il est aimé! »

Mais ce fut surtout dans la circonstance de sa dernière maladie que parut dans le plus grand jour sa tendresse paternelle : après avoir reçu les derniers sacrements, et dans le temps où, tout occupé de son éternité, il n'avait plus que de l'indifférence pour toutes les choses d'ici-bas, il ne perdit point de vue ses enfants; il les rassemblait à des heures réglées autour de son lit, pour leur donner ses instructions. Voici ce qu'en écrit la Dauphine : « Tout le temps qui s'est passé depuis qu'il reçut ses sacrements pour la première fois, jusqu'à quinze jours avant sa mort, il a toujours continué de donner ses leçons à ses enfants, comme il le faisait en santé, quoique souvent cet exercice le fit tousser ou lui fatiguât la tête. Quelques jours après qu'il fut administré, sur ce qu'il apprit qu'ils étaient instruits de son état, il les fit venir, et dans la conversation, il dit au duc de Berry : « Eh bien, mon « fils, vous pensiez donc que je n'étais qu'enrhumé? » Puis, en riant et en plaisantant : « Sans doute, ajouta-t-il, que quand « vous avez appris mon état, vous aurez dit : *Tant mieux, il ne* « *m'empêchera plus d'aller à la chasse* ». Un autre jour, pendant la conversation, le propos tomba sur la rapidité avec laquelle le temps passe : le duc de Berry dit que le temps de la journée qui lui passait le plus promptement était celui de l'étude. M. le Dauphin, transporté de joie, lui dit : « Ah ! mon « fils, que vous me faites plaisir ! Car puisque le temps de l'étude « vous passe vite, cela me prouve que vous vous y appliquez. » Je le fis approcher de son lit, il l'embrassa tendrement. Le duc de Berry lui avoua pourtant que quand l'étude n'allait pas bien, le temps lui passait plus lentement. M. le Dauphin prit de là occasion de lui peindre l'avantage et le bonheur d'un homme qui sait faire un bon usage de son temps, et au contraire, le malheur de ceux qui aiment l'oisiveté, ou qui ne savent pas s'occuper eux-mêmes. Après que les enfants furent sortis, il me répéta encore le plaisir qu'il ressentait de ce que le duc de Berry lui avait dit. »

Ce ne fut point assez pour le Dauphin d'avoir employé jusqu'aux derniers instants de sa vie à l'instruction de ses enfants : ne pouvant se dissimuler combien sa mort leur serait préjudiciable, il pria le roi de lui donner sa parole qu'il laisserait la Dauphine maîtresse absolue de leur éducation.

Le veille de sa mort, il témoigna le désir qu'il aurait eu de les voir encore une fois et de leur donner sa bénédiction ; mais l'extrémité où il se trouvait ne lui en laissant pas la force, il fit appeler leur gouverneur : « Monsieur de la Vauguyon, lui dit-il, je vous charge de dire à mes enfants que je leur souhaite toute sorte de bonheur et de bénédictions..... » A ces mots, son cœur se serra, il jeta un profond soupir ; et se tournant vers son confesseur, il lui dit : « Ah ! Monsieur, il ne m'est pas possible de poursuivre, achevez de dire en mon nom ce dont nous sommes convenus ». « M. le Dauphin reprit le confesseur, recommande par-dessus tout aux jeunes princes la crainte du Seigneur et l'amour de la religion : il eur recommande de profiter de la bonne éducation que vous leur donnez : d'avoir pour le roi la plus parfaite soumission et le plus profond respect : de conserver toute leur vie pour

Madame la Dauphine l'obéissance qu'ils doivent à une mère si respectable. »

Le succès ne pouvait manquer de répondre à tant de soins. Le Dauphin avait la consolation de voir se développer avec l'âge les précieuses semences qu'il jetait dans le cœur de ses enfants, et, à juger des autres par ceux d'entre eux dont il pouvait déjà reconnaître les inclinations et les sentiments, il avait droit d'espérer que tous retraceraient un jour aux yeux de la nation son zèle pour la religion, son amour pour les peuples, et l'image de toutes ses vertus.

Ce prince, aussi bon maître que bon père, était l'homme de la cour le moins difficile pour le service. Ses quatre valets de chambre, au lieu de le servir par quartier, comme il est d'usage à la cour, s'étaient arrangés entre eux, avec son agrément, pour le servir chacun leur semaine. Comme tous quatre étaient de caractères singulièrement opposés, il prenait, à l'égard de chacun d'eux, un ton et des manières toutes différentes ; et l'on ne pouvait s'empêcher d'admirer comment le caractère de celui qui était de service sympathisait toujours avec le sien. Il aurait mieux aimé cependant que chaque office fût desservi par un seul. Un seigneur lui disait qu'il avait un valet de chambre qui se *mettrait en quatre* pour son service. « Oh! sur ma parole, lui dit le Dauphin, ne souffrez pas qu'il en vienne à l'exécution, car depuis qu'on s'est mis *en quatre* pour le service de la Cour, on n'y a plus que des quarts de valet de chambre ; et j'aimerais beaucoup mieux en avoir un, comme le vôtre, tout d'une pièce. »

Il était en toute occasion d'une humeur égale. S'il faisait un reproche à quelqu'un de ses officiers, c'était toujours avec cet air de bonté qui corrige sans décourager. Quelquefois il se donnait la peine d'instruire lui-même ceux qui entraient à son service de ce qu'ils avaient à faire ; et quand il leur échappait quelque faute, il se contentait d'en rire. Souvent, pour ménager le temps, dont il était économe jusqu'au scrupule, il se rasait lui-même : « J'ai plus tôt fait, disait-il, que mes valets de chambre n'ont échafaudé. » L'un d'eux, qui le rasait pour la première fois, commençait à trembler : « Ne craignez pas, lui dit-il; si vous me faites quelque entaille, on ne s'en prendra pas à vous, on croira que j'ai vu l'ennemi de près. » Le baigneur ne trembla plus. En voyant paraître pour la première fois dans son appartement un de ses officiers à un renouvellement de quartier : « Oh! s'écria-t-il, je frissonne quand je vous vois. » Ces paroles déconcertèrent celui à qui elles s'adressaient; le Dauphin, s'en étant aperçu, ajouta : « Quand je dis que vous me faites frissonner, j'entends la saison que vous m'annoncez. » L'officier témoigna alors au prince qu'il était au désespoir de lui causer tous les ans ce désagrément, et le pria d'ordonner qu'il fît son service pendant un autre quartier. Mais le Dauphin, qui n'aurait pu intervertir l'ordre qu'au préjudice d'un autre, répondit à celui-ci : « Je me garderai bien de suivre votre avis, j'aime au contraire que les mauvaises nouvelles me soient apportées par un messager agréable. » Il étendait ses bontés jusque sur le dernier de ses valets : un piqueur ayant été blessé à sa suite d'une chute de cheval, il recommanda sur-le-champ qu'on lui envoyât son médecin et son chirurgien; le lendemain il fit une promenade qui le conduisit comme par hasard auprès de sa demeure, et en passant, il dit à un de ses officiers : « Je crois que c'est ici que loge le pauvre Philippe, allez demander de ma part comment il va. » Pendant sa dernière maladie, il s'informait quelquefois si l'assiduité des services qu'exigeait son état ne fatiguait personne. « Par bonté pour ses garçons de la chambre, et pour les soulager, dit la Dauphine, il imagina de faire veiller alternativement avec eux ses valets de garde-robe. Il donna l'ordre devant eux; mais son premier valet de chambre lui ayant représenté que ses garçons de la chambre était affligés de partager le service, il envoya chercher un de ses valets de garde-robe, et lui dit lui-même : Mes garçons de la chambre ne trouvent pas le service trop fatigant : ainsi je vous dispense vous et votre camarade de me veiller, et vous remercie de votre bonne volonté. » Ce prince, par une conduite si pleine d'humanité, avait attaché beaucoup plus à sa personne qu'à son rang tous les officiers qui étaient à son service. J'en ai vu plusieurs, et je n'en ai trouvé aucun qui ne se soit attendri à son seul souvenir, et qui ne m'ait parlé de lui avec des transports de reconnaissance pour ses bienfaits, et d'admiration pour ses vertus.

Le Dauphin, dans un rang si sublime, eut des amis, il en trouva même à la Cour : il en eut peu cependant, parce qu'il fut toujours moins jaloux de les compter par leur nombre que par leurs vertus. Un homme dont il estimait l'esprit et les talents, qu'il honorait même pour quelques qualités particulières, n'était pas pour cela son ami. Un courtisan qui savait lui plaire par la douceur de son caractère, la politesse de ses mœurs et l'heureux assemblage des vertus sociales, était encore fort éloigné de sa confiance. Oser, dans l'occasion, lui dire une de ces vérités qu'on dit rarement aux princes, eût été un titre plus sûr pour y prétendre. Mais quels que fussent les motifs qui l'engageassent à accorder son amitié, on pouvait croire que la vertu avait eu la plus grande part dans sa détermination : pour être son ami, il fallut toujours l'être de la religion. La conformité de sentiments et d'inclinations est le premier fondement de l'amitié : sans le vouloir et sans y penser, on cherche dans ses amis des copies de soi-même, et les plus ressemblantes sont toujours celles qui plaisent davantage : aussi a-t-on coutume de juger les hommes par leurs liaisons ; et l'on peut dire, en effet, que si on avait perdu l'histoire des vertus du Dauphin, on la devinerait sur le nom de ses amis.

Nous avons déjà vu comment il savait allier la qualité de fils, d'époux et de frère à celle d'ami intime. Aux divers bienfaits dont il combla ceux qui avaient été chargés de son éducation il ajouta celui de leur donner part à son amitié. Le duc de Châtillon, exilé de la Cour, ne le fut jamais de son cœur : il lui écrivait les lettres les plus touchantes et les plus propres à adoucir la rigueur de sa disgrâce. Le nom seul de ce seigneur valait auprès de lui la plus puissante recommandation. Il conserva toujours pour son précepteur l'attachement le plus tendre et le plus respectueux. Quand ce prélat fut chargé de la feuille des bénéfices : « Monsieur, lui dit-il, ce n'est pas à vous que je ferai compliment, mais au roi : toute la peine sera pour vous, et tout l'avantage pour la religion. » Le compliment était flatteur, mais il était vrai.

L'amitié que le Dauphin témoignait au duc de Châtillon et à l'évêque de Mirepoix, deux personnages également graves et sérieux, était plutôt fondée sur la reconnaissance et la vertu que sur aucune conformité de caractères. Celle qu'il avait pour l'abbé de Saint-Cyr était plus démonstrative, et tenait de la familiarité. Son cabinet lui était toujours ouvert, et souvent il travaillait avec lui. En le présentant à la Dauphine pour son aumônier ordinaire : « Madame, lui dit-il, considérez bien ces petits yeux perçants, ces sourcils noirs, ce front imposant; vous voyez l'homme qui m'a fait le plus peur dans ma vie. » Cette amitié de préférence était la juste récompense de la franchise avec laquelle cet abbé lui disait toutes les vérités qui pouvaient lui être utiles. Il se trouvait un jour chez la Dauphine avec lui : la conversation tomba sur les flatteurs. « Tout le monde nous flatte, dit le prince, et chacun a ses raisons pour le faire : le courtisan veut gagner notre estime; et les gens de bien, en nous supposant des vertus que nous n'avons pas, veulent nous faire sentir que nous devons travailler à les acquérir. » La Dauphine lui demanda si elle était du nombre de ses flatteurs. « Quelquefois, lui dit-il, surtout quand je suis malade. » Et Adélaïde? poursuivit la princesse. « Oh! pour elle et l'abbé, répondit-il en souriant à l'abbé de Saint-Cyr, je les crois bien disposés à me redresser toutes les fois que je n'irai pas droit. » La lettre suivante annonce combien l'abbé de Saint-Cyr était digne de la confiance du Dauphin.

« Monseigneur, non, je ne suis point surpris du conseil qu'on a osé vous donner. L'auteur, quel qu'il soit, ne peut être qu'un homme sans probité et sans religion, et je ne suis pas plus curieux de le connaître que celui qui prétendait autrefois vous faire sa cour à mes dépens. Mais ce qui m'aurait surpris, Monseigneur, ce serait que cet homme ne vous eût pas trouvé tel que vous devez être, et que, par la grâce de Dieu, vous serez toujours : voilà, Monseigneur, ce qui aurait eu droit de m'étonner, ce qui aurait plongé mon âme dans l'affliction. La lâche et indigne flatterie environnera toujours les princes; et dès qu'ils paraîtront le souhaiter, ils ne manqueront jamais d'approbateurs et de panégyristes des plus coupables excès. Rufin ne voyait dans le massacre d'une multitude d'innocents confondus avec les coupables qu'un châtiment légitime. Les courtisans de Néron lui faisaient compliment sur les ressources ingénieuses qu'il imaginait lui-même pour lasser la constance des chrétiens, et les barbares cruautés qui le rendaient l'exécration de tout l'Empire étaient, à leur avis, l'effet d'une politique éclairée. Lorsque Caligula fit aux dignes confidents de ses projets l'ouverture du dessein qu'il conçut d'élever son cheval au consulat, j'imagine que ce fut à qui le féliciterait d'un choix si judicieux; et ces jeunes seigneurs, qui s'empressaient à faire cortège au prince quand il courait les rues de Rome revêtu d'une peau de bête, n'auraient pas été les derniers à rendre hommage au nouveau consul. Heureusement, Monseigneur, vous savez depuis longtemps de quoi sont capables des hommes sans religion et sans honneur, et que s'ils sont auprès des princes, ils s'étudieront toujours à faire naître dans leur cœur des passions violentes, dont ils peuvent espérer d'être d'abord les confidents secrets, et bientôt après les ministres nécessaires... »

L'évêque de Verdun avait la plus grande part à l'amitié du Dauphin. Pendant sa maladie, c'est à lui qu'il s'adressait de préférence pour les petits offices de confiance. Il l'avait fait dépositaire de plusieurs papiers importants qui sont entre les mains du roi. S'apercevant un jour que la fatigue et l'insomnie lui avaient altéré les traits du visage : « Vous ressemblez, pour le moment, lui dit-il, à M. de***, vous avez le même visage. — Vous pouvez, lui dit l'évêque, en suivant la plaisanterie, confondre mon visage avec les plus tristes; mais je vous prie de ne pas confondre les cœurs. — Oh! pour cela, ne craignez pas, lui dit le prince, je ne m'y tromperai jamais ». La nuit qui précéda sa mort, adressant la parole au prélat : « Je vous en prie, lui dit-il, exercez votre zèle envers un mourant; soulagez mon confesseur, et tâchez de me suggérer les sentiments qui doivent m'animer en ce dernier moment ». L'évêque lui obéit; lorsqu'il eut fini : « Ce que vous me dites me touche et m'attendrit », lui dit-il; puis, lui prenant la main, il la serra sur son cœur, en lui disant : « Vous ne me quitterez sûrement pas ».

Le comte de Muy occupait une place distinguée dans le cœur du Dauphin; en voici une preuve qui me paraît bien intéressante. Ce seigneur était parti pour aller joindre nos armées; le Dauphin qui, sans craindre pour lui-même, avait sollicité l'agrément du roi pour les commander en personne, craignit excessivement pour la vie d'un ami qu'il croyait digne de sa tendresse et de toute sa confiance. Mais, en prince religieux, il voulut lui témoigner son affection plus efficacement que par la crainte : il eut recours à Dieu, et en lui demandant le salut de nos armées, il crut pouvoir lui demander spécialement la conservation d'une tête qui lui était si chère, et tous les jours, jusqu'à la fin de la campagne, il lui adressa la prière suivante, qu'il avait lui-même composée : « Seigneur, Dieu des armées, seul arbitre de la vie et de la mort, vous qui du milieu des combats détournez, quand il vous plaît, les coups de dessus ceux que vous voulez sauver, exaucez, je vous en conjure, l'humble prière que je vous adresse; conservez L. N. V. [1], votre fidèle serviteur, servez-lui vous-même de bouclier, détournez de devant lui le fer et le feu, préservez-le de tout accident, soutenez-le dans ses fatigues, afin que, de retour en santé, il puisse continuer à m'assister de ses bons conseils, m'aider à faire triompher la justice et la religion, et m'enseigner toujours la voie droite qui conduit à vous. »

Dans un des derniers moments de sa vie, voyant le comte au pied de son lit, et s'apercevant que sa douleur était extrême, il lui dit du ton le plus affectueux et le plus tendre : « Ne vous abandonnez donc point à la douleur; conservez-vous pour servir mes enfants : ils auront besoin de vos lumières et de vos vertus. Faites pour eux ce que vous avez fait pour moi : je compte sur cette dernière preuve de votre tendresse. J'espère que Dieu les protégera; mais surtout que leur jeunesse ne vous éloigne jamais d'eux ».

Louis XVI ne fut pas plutôt monté sur le trône, qu'il invita le vertueux ami de son père à venir l'aider de ses conseils en qualité de ministre de la Guerre. Ce seigneur, par un principe qu'il serait fâcheux pour l'humanité que tous les gens de bien adoptassent, s'était déjà refusé à l'honneur d'une pareille marque de confiance que lui avait donnée Louis XV; et la même crainte de ne pas faire assez de bien dans cette place éminente, en y faisant tout le bien qu'il pourrait, l'aurait encore arrêté, s'il n'eût cru devoir sacrifier en cette occasion sa façon de penser aux vœux du Dauphin

1. Louis-Nicolas-Victor.

mourant. Quand on vint lui annoncer que le prince l'appelait au Ministère : « J'aurais encore refusé le roi, dit-il; mais je ne puis refuser le fils de monsieur le Dauphin ».

Personne ne s'est montré plus inconsolable de la mort du Dauphin que ce vertueux et fidèle ami. Ayant obtenu du roi qu'il serait enterré à ses pieds, il désigna lui-même l'endroit de sa tombe, sur laquelle il fit graver l'expression de sa douleur : *Huc usque luctus meus.* (Ma douleur m'a suivi jusqu'ici.)

Le duc de la Vauguyon et l'évêque de Limoges étaient au nombre des amis du Dauphin avant d'être appelés à l'éducation des princes, ses fils. Le cardinal de Luynes avait aussi beaucoup de part à sa confiance. Il voyait avec plaisir le cardinal de Rochechouart, et il honorait l'archevêque de Paris d'une estime particulière. Pendant sa dernière maladie, il voulut le voir plusieurs fois, et le roi, à qui il en témoignait un jour le désir, écrivit lui-même sur-le-champ au prélat pour lui ordonner de se rendre aux vœux de son fils. Dans un des derniers entretiens qu'il eut avec lui, il lui avoua, dit la Dauphine, « que ce qui l'inquiétait le plus, c'était qu'il ne se sentait pas assez de crainte des jugements de Dieu, et qu'il appréhendait que cette disposition de son âme ne fût un effet de la présomption ». Enfin, toujours constant dans son attachement et sa confiance pour son pasteur, quelque temps avant que de mourir, il exigea de lui, avec cette simplicité de foi que la religion seule fait apprécier, qu'il lui donnât sa dernière bénédiction.

L'évêque d'Amiens se distinguait par trop de vertus éclatantes pour n'être pas connu et chéri du Dauphin qui, lorsque le prélat paraissait à la Cour, s'emparait de lui, pour ainsi dire, et ne voulait plus qu'il le quittât. Ce prince, étant un jour chez la duchesse de Villars avec la famille royale, disait en suivant une conversation : « Et l'habit court, croyez-vous que M. d'Amiens ne l'ait pas sur le cœur? — Il est vrai, Monseigneur, répondit M. de la Motte, que j'ai sur le cœur, et que je trouve un peu indigeste qu'on veuille nous faire déposer ici *de par le roi* l'habit que nous portons *de par Dieu* ». Le Dauphin, dans la même conversation, lui donna occasion de dire son sentiment sur d'autres abus relatifs à la résidence des évêques et à cette répartition souvent injuste des biens ecclésiastiques, qui élève certains favoris du sanctuaire à des fortunes qui deviennent quelquefois des scandales entre leurs mains.

Dans une autre occasion où le prince, au sujet de la licence de la presse, disait au prélat de demander à Dieu la conversion du Conseil d'État : « Je me garderai, Monseigneur, lui répondit M. de la Motte, de lui demander la vôtre. — Il est vrai, reprit le Dauphin, que sur ce chapitre je sais assez à quoi m'en tenir; mais combien d'autres sur lesquels j'ai besoin de conversion? ainsi ne craignez pas de prier pour moi plus que pour personne ».

Dans une lettre que le prince lui écrivait : « Je vous prie, lui dit-il, de ne jamais douter de mes amitiés, et de vous ressouvenir tous les jours de moi devant Dieu : j'en ai besoin ». Et dans une autre : « Rien de plus édifiant ni de plus digne d'un pasteur tel que vous que les soins que vous vous donnez. Je montrerai votre lettre au roi, qui entrera sûrement dans les mêmes sentiments que moi sur ce qui vous regarde ».

La vertueuse comtesse de Rupelmonde, fille du duc de Grammont, dame du palais de la reine, et depuis carmélite, eut de tout temps beaucoup de part à l'estime du Dauphin. Elle avait été d'abord des jeux de son enfance : sa piété et son bon esprit lui acquirent ensuite de nouveaux droits à la confiance du prince, et sa retraite de la Cour ne lui en fit rien perdre. La sœur Thaïs fut pour lui ce qu'avait été la comtesse de Rupelmonde : il honora de sa présence la cérémonie de sa profession; il eut toujor
 pour elle les mêmes

bontés qu'il lui témoignait par ses lettres, et l'on ne sera pas fâché, sans doute, de voir sur quel ton un Dauphin de France écrivait à une carmélite.

« J'ai bien des pardons, Madame, à vous demander d'avoir été si longtemps à faire réponse à la lettre que vous m'avez écrite; mais la faiblesse de ma vue, reste assez ordinaire de la maladie que je viens d'avoir, ne me l'a pas permis plus tôt. Je vous remercie de toutes les prières que vous et votre communauté avez faites pour moi. J'espère que vous les continuerez, car j'y ai beaucoup de foi. Je voudrais bien qu'il se présentât quelque nouvelle occasion de vous importuner de notre bruyante présence. A moi, cela me fera le plus grand plaisir; et à vous, cela vous procurera une nouvelle occasion de mériter. Adieu, Madame, permettez-moi de vous dire, à vous, que je vous aime beaucoup, et à la pénitente et révérende mère Thaïs, que j'ai pour elle tous les sentiments de considération et de vénération qui lui sont dus.

« Voilà donc encore, Madame, un dernier sacrifice que vous aviez à faire (la mort de son frère), et sûrement ce n'a pas été celui dont l'offrande a été la moins difficile. Vous savez par combien de motifs je partage votre douleur, dont je connais la profonde amertume.

« Je suis infiniment sensible à la part que vous prenez à la perte que je viens de faire (de la princesse Zéphirine, sa fille aînée); c'est une affliction bien vive qu'il a plu à Dieu de m'envoyer. Priez-le, je vous en prie, de m'apprendre à en faire un bon usage. Remerciez de ma part Mmes d'Havré et Pulquerie. Ne soyez point en peine de ma santé; elle est, je vous assure, aussi bonne que je l'aie jamais eue : et c'est beaucoup dire. Je vous remercie de votre inquiétude, et vous prie d'être bien persuadée des sentiments que vous me connaissez pour vous, et qui ne s'effaceront jamais de mon cœur.

« Je vous remercie de la part que vous prenez à l'heureux événement qui vient d'arriver (la naissance de Mme Clotilde). Je mets le père, la mère, et tous les enfants nés et à naître sous votre protection et sous celle de toute la communauté. Adieu, Madame, je vous prie d'être bien persuadée de tous mes sentiments...

« Ce que vous désiriez, Madame, est enfin fini, et le roi m'a mandé qu'il accordait au comte de Grammont la place de Menin que nous sollicitions depuis si longtemps. Vous savez que je le désirais autant que vous, et que ce n'est pas ma faute s'il ne l'a pas été plus tôt. Malheureusement la joie que j'en ressens est troublée par la perte que je viens de faire de M. de Saint-Herem, que je recommande aux prières de votre sainte maison. Adieu, Madame, je vous aime de tout mon cœur, et me prosterne bien respectueusement au pied du Carmel. »

Heureux les princes qui ont un cœur et de la vertu! ils connaissent la vérité, parce qu'ils trouvent de vrais amis. Le Dauphin avait usé de tant de circonspection dans le choix des siens, qu'au lit de la mort il s'applaudissait encore de leur avoir donné sa confiance. « Jusqu'aux derniers moments de sa vie, écrit la Dauphine, il conserva les mêmes sentiments pour toutes les personnes qu'il avait honorées de son amitié; il voyait fort souvent la duchesse de Caumont et l'évêque de Verdun : il leur parlait avec la même gaieté qu'il eût fait en santé. Quelque temps avant sa mort, il fit venir la comtesse de Marsan; il lui marqua toute l'amitié qu'il avait toujours eue pour elle, et lui témoigna beaucoup de regret de la voir partir. L'amitié de préférence qu'il avait pour les princes du sang leur fit sentir amèrement sa perte. »

Je ne prétends point rappeler ici tous ceux qui ont eu part à la confiance du Dauphin; et il en est, sans doute, dont le nom ne me sera point parvenu. Mais il n'était pas nécessaire d'être son ami pour l'aimer, il suffisait de le connaître, de l'entendre ou même de l'avoir vu : chaque trait de son visage semblait annoncer une vertu de son cœur. Il vint quelquefois, quoique plus rarement dans les dernières années de sa vie, se promener sur les boulevards, au Cours-la-Reine, et jusqu'aux Tuileries. A l'instant, une foule de peuple se

rangeait autour de lui, et lui laissait à peine le passage libre ; les pères le montraient à leurs enfants, les Français aux étrangers : « Et souvent, disait un seigneur qui était ordinairement à sa suite, au lieu de dire en le montrant : *Voilà M. le Dauphin*, on disait : *Voilà notre Dauphin* ou *notre bon Dauphin* ». Sa vue seule suffit toujours pour détruire dans l'esprit du peuple les impressions sinistres que s'efforçaient de donner de sa personne ceux qui craignaient ses vertus.

Le Dauphin, ayant de son propre fonds tout ce qu'il fallait pour intéresser en sa faveur, était ennemi de toute affectation dans la parure : la solidité de son esprit semblait s'annoncer jusque dans la noble simplicité de ses habits. Il est à la vérité des circonstances d'appareil où les rois doivent briller de tout l'éclat du diadème, et donner en quelque sorte à tout ce qui les environne l'empreinte de leur grandeur : personne, en ces jours de cérémonies, ne paraissait, après le roi, plus grand que le Dauphin. Mais, excepté ces occasions rares, on ne le voyait point se parer de ces étoffes somptueuses qui invitent le peuple au luxe et à la magnificence. Une riche broderie n'avait d'attrait pour lui que lorsqu'elle était l'ouvrage des princesses ses sœurs.

Pendant le dernier voyage qu'il fit à Compiègne, un jour qu'il revenait du camp en simple uniforme, et accompagné seulement de quelques officiers de son régiment, milord Harcourt vint se joindre à eux pour leur faire quelques questions relatives à la disposition du camp. Le Dauphin, qui en avait tracé le plan, était plus en état qu'aucun de la compagnie de le satisfaire; ce fut lui qui prit la parole. La conversation s'engagea, et roula particulièrement sur l'art des campements, les uniformes et les armes défensives. Le Dauphin avait reconnu le milord, qu'il avait vu une fois; mais celui-ci croyait avoir affaire à un simple officier et pendant trois quarts d'heure que dura la conversation, il se conduisit à son égard avec toute la familiarité qu'on se permet entre égaux : il lui tira même fort librement son casque des mains pour le considérer. Quand de Dauphin se retira : « Voilà, dit-il à M. de Beuvron en le lui montrant, un jeune officier qui me paraît singulièrement instruit pour son âge : comment l'appelez-vous? » Ce seigneur, qui voulait jouir plus longtemps du plaisir de sa méprise, lui dit que c'était le colonel du régiment Dauphin. L'Anglais insista, et dit qu'il n'avait jamais rencontré de Français plus aimable. Alors M. de Beuvron lui dit que son nom était *Bourbon*, mais qu'ordinairement on l'appelait *Monsieur le Dauphin*. Le milord, fort surpris, se reprocha la liberté qu'il avait prise avec lui, et sentit augmenter son respect et son admiration pour un prince dont il avait conçu la plus haute estime, lorsqu'il ne le considérait que comme un particulier. Quand on raconta au Dauphin que ce seignenr ne l'avait pas reconnu : « Il est vrai, répondit-il, que j'ai été un peu surpris du ton de familiarité qu'il prenait avec moi, mais j'ai cru que ce pouvait être un effet des libertés anglaises ».

Ce que le Dauphin parut aux yeux de cet étranger, il le fut toujours à l'égard de ceux qui avaient l'avantage de s'entretenir avec lui. Il instruisait, quand il traitait une matière sérieuse; il intéressait, en parlant des choses les plus indifférentes : on sortait toujours satisfait de sa conversation. Le fond de bonté qui lui était naturel ne lui suggérait que des propos obligeants, et dans l'occasion personne ne savait faire un compliment flatteur avec plus de sel et de délicatesse que lui. Un jour qu'après une revue de son régiment il était rentré chez lui accompagné de plusieurs seigneurs et officiers, le prince de Condé, examinant son casque, lui dit qu'il lui paraissait pesant : « Vous vous trompez, lui dit le Dauphin, essayez-le ». Le prince de Condé, se l'étant mis sur la tête, avoua qu'il était moins pesant qu'il ne l'aurait cru, et ajouta qu'il semblait avoir été fait pour sa tête. Le Dauphin se couvrit lui-même du chapeau du prince de Condé, et trouvant qu'il lui faisait fort bien : « Cela est vrai, dit-il, ma tête ressemble parfaitement à la vôtre; il y aurait bien de quoi me donner de l'amour-propre. » Un jour qu'il n'avait pu s'empêcher de sourire de l'embarras d'une personne qui lui faisait un compliment, l'abbé de Saint-Cyr, à qui il en parlait, lui dit qu'il commençait à oublier les leçons qu'il avait reçues dans son enfance : « Vous avez raison, l'abbé, répondit-il, je crois que je serai enfant toute ma vie; aussi me garderai-je bien de vous éloigner jamais de moi ». Un homme qui joignait à beaucoup de mérite une grande modestie lui disait, en le remerciant d'un emploi qu'il lui avait procuré sans en être sollicité : « Je ne sais, Monseigneur, quelle figure je ferai à côté de mon prédécesseur, qui jouissait de toute l'estime publique. — Oh! point d'inquiétude, lui répondit le Dauphin, une belle aurore n'empêcha jamais le soleil de briller avec éclat. »

Sa gaieté naturelle ne l'abandonnait jamais, lors même qu'il s'occupait des affaires les plus sérieuses, ou qu'il se livrait aux études les plus profondes. Un jour qu'il s'entretenait avec le président d'Aubert sur des matières de la plus grande importance, il aperçut sur une terrasse vis-à-vis son appartement le père Berthier, son bibliothécaire, qu'il estimait pour sa vertu et pour son profond savoir. Il ouvrit sa fenêtre et l'appela : « Connaissez-vous, lui dit-il, le premier président du parlement de Flandres? Quel homme pensez-vous que ce soit? — Je l'ai vu quelquefois, répondit le religieux; c'est un honnête homme et un magistrat éclairé. — C'est ce que je voulais savoir, » lui dit le Dauphin, et il referma la fenêtre; puis, se tournant vers le président : « Je me doutais bien, dit-il en riant, qu'il allait vous rendre cette justice; mais avouez qu'il aurait été plaisant qu'il eût dit quelque mal de vous : nous nous serions divertis à ses dépens jusqu'à ce qu'il nous eût fourni ses preuves, et nous nous serions divertis longtemps ». Aussitôt il reprit la conversation précisément au point où il l'avait interrompue.

Quelquefois, après avoir étudié pendant plusieurs heures une question épineuse, il reprenait haleine, et s'il y avait quelqu'un dans son cabinet, il s'égayait avec lui, en lui adressant quelque propos sur le ton de la plaisanterie. Dans une circonstance où il avait travaillé longtemps et avec application sur le livre *De la Concorde, du Sacerdoce et de l'empire,* de M. de Marca, il dit tout à coup à l'abbé de Saint-Cyr : « Hélas! mon cher abbé, qu'il en coûte de peines pour accorder les hommes entre eux! Un berger, la houlette à la main, met tout son peuple en mouvement d'un coup de sifflet; deux chiens sont ses seuls ministres : ils aboient quelquefois, sans presque jamais mordre, et tout est en paix ».

L'abbé lui répondit que si un roi avait plus de peine qu'un berger, il avait l'avantage de conduire un troupeau d'êtres raisonnables : « Aussi ne voudrais-je pas, reprit le Dauphin en suivant la plaisanterie, que ses ministres ressemblassent à ceux d'un berger; mais convenez pourtant que ces êtres raisonnables devraient bien se montrer un peu plus moutons et s'accorder entre eux plus raisonnablement qu'ils n'ont coutume de faire ».

Les personnes attachées au service de ce prince n'avaient à essuyer, de sa part, aucun de ces accès d'humeur chagrine dont la vertu même n'affranchit pas toujours les plus heureux naturels. La longue et cruelle maladie dont il mourut n'altéra pas d'un instant sa douceur et sa sérénité. « Les moindres services qu'on lui rendait, écrit la Dauphine, étaient payés de mille marques de bonté. » La veille de sa mort, il fit appeler ses grands officiers pour leur témoigner combien il était reconnaissant de leurs services, et sensible au souvenir des attentions qu'ils avaient toujours eues pour lui. Il demanda ensuite qu'on introduisit ses menins. Quand ils parurent : « Approchez, Messieurs, leur dit-il, que je vous voie tous; je vous remercie bien des peines que vous vous êtes données pour moi, et surtout de l'attachement que vous m'avez constamment témoigné : j'en suis très reconnaissant. J'ai quelquefois exercé votre patience en vous faisant attendre; je vous en demande pardon, et je suis sûr que vous me le pardonnez de bon cœur. Adieu donc, Messieurs, je vous prie de vous souvenir encore de moi. » Quelques moments après, comme le prince de Turenne lui présentait à boire, il le regarda; et ne se rappelant pas de l'avoir vu parmi les grands officiers à qui il venait de marquer sa reconnaissance : « Quoi ! Monsieur de Turenne, lui dit-il, je ne vous ai encore rien dit ! ce serait bien mal à moi de vous oublier, car je dois être vraiment touché de votre assiduité, et je vous en remercie de tout mon cœur ».

Il était dans le caractère du Dauphin de faire tout le bien qu'il pouvait à ceux qu'il protégeait, et quelquefois on lui reprocha, défaut ordinaire aux bons cœurs, de protéger facilement; mais persuadé que la justice était la première règle ·de la bienfaisance, surtout dans un prince destiné au trône, il se fit un devoir de lui sacrifier en toute rencontre la recommandation, et même sa propre inclination. Dans la distribution des places dont il pouvait disposer par lui-même ou par son crédit, il savait faire un juste discernement des emplois auxquels les talents seuls doivent donner droit d'avec ceux que la faveur peut dispenser, et ses faveurs même étaient réglées par une sorte de justice : il les déterminait par les besoins des concurrents, ou par l'importance de leurs services. Dans l'impuissance de faire autant d'heureux qu'il eût voulu, il fixait son choix sur ceux en qui il découvrait des titres de préférence. Quand de bonnes raisons l'avaient déterminé à placer un bienfait, rien n'était capable d'en détourner la destination, et les sollicitations des personnes qu'il avait le plus à cœur d'obliger ne l'auraient pas engagé à faire tomber sur la tête d'un protégé un emploi qu'il aurait cru devoir être le prix du mérite, ou la récompense privilégiée des services. Quoiqu'il se montrât toujours aussi ardent à prévenir les vœux du roi Stanislas que ce prince l'était lui-même à seconder les siens, il ne faisait point difficulté de lui représenter dans l'occasion, avec les ménagements de la tendresse et du respect, que ce qu'il souhaitait qu'on accordât comme grâce à la personne qu'il protégeait, il le destinait à une autre à titre de justice. Voici comment il écrivait à ce prince sur ce sujet : « C'est avec une véritable peine que j'avoue à Votre Majesté que les idées que j'avais sur ce qu'elle m'a demandé n'étaient pas les mêmes que les siennes. Mais cette affaire est d'une trop grande conséquence pour celui à qui je m'intéresse, pour que je ne vous expose pas avec confiance sa situation : c'est le comte de l'Orge, un de mes plus anciens menins, qui, n'étant pas fort riche, manquerait sans cela un mariage très convenable à sa fille; avantage que je désire beaucoup de lui procurer, avec cette condition cependant que, dès qu'il jouira d'un bienfait que le roi lui a fait espérer pour dans quelques années, il renoncera aux deux mille en faveur de qui vous jugerez à propos. Vous sentez qu'il ne fallait rien moins qu'une nécessité aussi urgente pour que je fisse cette représentation à Votre Majesté... » « Les expressions me manquent, dit-il dans une autre occasion, pour témoigner à Votre Majesté la reconnaissance que j'ai de ses bontés, et surtout de cette manière obligeante et flatteuse au delà de ce qu'on peut dire avec laquelle elle a mis le sceau à la grâce qu'elle m'a accordée. Les termes dans lesquels vous vous exprimez à mon égard me comblent de joie, mais ne sauraient augmenter mon attachement et ma tendresse.

« Vous m'ordonnez de vous parler avec vérité, et de vous dire tout naturellement ce que je pense au sujet de ce que vous me proposez : ce sera toujours autant par inclination que par devoir que je me ferai une loi d'aller au-devant des moindres choses qui pourront vous être agréables, et un homme qui me viendra de votre main me sera toujours infiniment cher. J'ai trois engagements pour les premières places de menins : le marquis de Boufflers est encore bien jeune, c'est à vous à décider. Si vous m'ordonnez de passer outre, j'exposerai au roi et vos ordres et le désir que j'ai de vous plaire. J'attends votre réponse, pour m'y conformer avec la plus grande exactitude. »

Plus d'une fois ce prince, sans en être sollicité que par son bon cœur, fit appeler dans son cabinet des seigneurs attachés à son service, dont il connaissait le peu de fortune; et après les avoir consultés eux-mêmes sur ce qu'il pourrait faire en leur faveur, il leur facilitait les moyens d'éteindre une dette contractée au service de l'État, de donner une éducation honnête à leurs enfants, de conclure une alliance avantageuse à leur famille; en un mot, il leur procurait lui-même, ou il leur obtenait du roi, quelqu'un de ces bienfaits qu'il regardait avec raison comme le patrimoine de la noblesse indigente.

La part qu'il prenait aux disgrâces et aux malheurs d'autrui ne se borna jamais à un stérile sentiment de compassion : il ne connaissait pas de plaisir plus doux que celui de porter la consolation dans un cœur affligé. Le roi n'était pas à Versailles quand on lui apprit la défaite de Creveld : grand nombre de seigneurs de la Cour se rendirent à l'appartement du Dauphin, pour savoir quelques nouvelles positives des officiers au sort desquels ils s'intéressaient. On en avertit le prince, qui sortit de son cabinet, et vint leur détailler les circonstances de cette triste journée. Il s'attendrit avec ceux qui avaient perdu un parent ou un ami; il leur suggéra les plus puissants motifs de consolation ; il leur promit sa protection auprès du roi, et il leur parla à tous avec tant de bonté, que ceux même auxquels il annonça les nouvelles les plus affligeantes se sentirent déchargés d'une partie de leur douleur avant que de sortir de son audience. « Il nous releva tellement le courage, disait un des parents du maréchal de Belle-Isle, dont le fils avait été tué, que nous eussions désiré nous-mêmes être dans l'occasion de prodiguer notre vie pour un prince si généreux et si compatissant. »

Le prince de Galles, fils du roi Jacques, dans une visite qu'il lui rendit, lui faisait le récit des malheurs de sa maison; le Dauphin, après l'avoir écouté avec attendrissement, lui dit en l'embrassant : « Votre fermeté d'âme, Monsieur, vous élève au-dessus de la plus haute fortune, et vos malheurs unissent pour jamais mon cœur au vôtre ». Tous les malheureux qui pouvaient lui faire parvenir le désir d'avoir une audience étaient sûrs de l'obtenir. Souvent on l'a vu prévenir lui-même des personnes qui n'eussent osé s'adresser à lui dans leurs peines, et, par des marques d'estime et de bonté données à propos, ranimer le zèle des hommes en place qui avaient essuyé quelques désagréments capables de les décourager. La journée la mieux remplie à ses yeux était toujours celle où il avait consolé un plus grand nombre d'affligés, ou soulagé plus de misérables.

Un bienfait pécuniaire ne lui coûtait pas plus qu'un témoignage de bonté : on se rappelle ce que nous avons dit ailleurs. Sa charité n'était jamais oisive : quand elle n'avait pas pour objet le soulagement des peuples, elle s'occupait de celui des particuliers. Soutenir un établissement utile à la religion; ouvrir l'asile du cloître à une âme désabusée du monde; procurer une subsistance honnête à une autre qui s'était arrachée à l'erreur par le sacrifice de sa fortune; venir au secours d'un accusé dont l'innocence lui était connue; aider un père de famille à élever ses enfants; faciliter une alliance sortable à une jeune personne qui n'avait pour dot que sa vertu; assurer la vie à un militaire qui l'avait lui-même exposée pour l'État : c'était là pour le Dauphin des traits de bienfaisance de tous les jours. Ayant appris qu'une communauté qui édifiait la capitale par sa régularité était menacée d'une entière extinction, parce qu'elle manquait de fonds nécessaires pour relever ses bâtiments; il lui en procura. Il vint un jour *incognito* visiter lui-même les travaux, et sur ce que la supérieure lui représentait que la maison serait bâtie trop magnifiquement : « Oh! pour cela, lui dit-il, vous me dispenserez de prendre vos avis; faites votre affaire de prier Dieu pour nous, je ferai la mienne de vous loger. » La communauté ne sachant comment lui témoigner sa reconnaissance, avait imaginé de mettre au frontispice de la maison une inscription qui annonçât que le prince en avait été le restaurateur : on lui demanda son agrément. « J'ai déjà dit à ces bonnes dames, répondit-il, que je n'avais besoin que de leurs prières : ainsi point d'inscription, ou je ferme ma bourse. »

Il protégeait la maison des nouveaux convertis ; il lui paya jusqu'à sa mort une pension de six cents livres. Louis XV avait assigné, par arrêt du Conseil d'État une portion de terres incultes situées en Normandie à un **jeune** seigneur turc qui était passé en France pour embrasser le christianisme. Le Dauphin, ayant appris que la personne chargée de le faire jouir traînait l'affaire en longueur, lui écrivit, se plaignit de ses délais, et lui déclara qu'il entendait que les dispositions du roi eussent au plus tôt leur effet, et que le fils de Mahomet ne fût pas plus longtemps privé d'un bienfait nécessaire à sa subsistance ; il voulut voir plusieurs fois le jeune shérif, à qui il donna toutes sortes de marques de bonté.

La première fois qu'on lui paya les mille écus qui lui étaient dus en qualité de chevalier de l'Ordre : « Voilà, dit-il, un bien qui m'appartient en propre, et dont je suis maître de disposer » ; et sur-le-champ il assigna sur ce revenu des pensions à différentes personnes dont il voulait récompenser les services ou soulager la misère. Tous les mois il envoyait aux deux curés de Versailles, et aux sœurs de charité, une somme pour être distribuée aux pauvres de la ville.

Un jour qu'on lui apportait l'acquit de sa cassette, il en marqua aussitôt l'emploi en faveur de quelques personnes qu'il savait être dans une nécessité pressante. On lui représenta qu'il serait de la prudence d'en réserver un tiers : « Je ne vois pas, répondit-il, que j'aie besoin de rien ». On insista sur ce que ce besoin pouvait lui venir au moment qu'il ne s'y attendrait pas : « Il n'y a guère d'apparence, répliqua-t-il, qu'un Dauphin se trouve jamais dans une nécessité bien urgente ; et assurément j'aimerais toujours mieux manquer du superflu que de voir des malheureux manquer du nécessaire ». La somme entière fut distribuée. Le dernier voyage qu'il fit à Marly lui procura le moyen le plus inattendu de satisfaire son penchant à soulager les malheureux ; quoiqu'il eût plus d'éloignement que d'attrait pour le jeu, il se prêtait quelquefois aux usages, et ne refusait pas, dans l'occasion, de faire sa partie : il fit un jour un gain considérable. « Il voyait avec une sorte de dépit les monceaux d'or s'accumuler devant lui, dit une personne qui était présente, et il était aisé de s'apercevoir qu'il souffrait de tant gagner aux dépens des autres ». La fortune l'ayant favorisé constamment toute la séance, il gagna environ cent mille francs : « En vérité, dit-il, je suis honteux de me voir si riche ». Il ne le fut pas longtemps : un jour lui suffit pour répandre ce qu'une nuit lui avait procuré ; et dès le lendemain il se débarrassa de toute la somme, qu'il distribua en aumônes et en bienfaits de toute espèce. « Vous l'eussiez pris ce jour-là, me dit un officier qui était à son service, pour un homme employé dans les finances : il ne fut occupé qu'à compter et à ordonner les distributions des différentes sommes qu'il destinait aux personnes qui lui avaient été recommandées, ou qu'il connaissait par lui-même. » Le surlendemain, l'évêque de Limoges lui proposa de contribuer à la dot religieuse d'une demoiselle : « Vous vous y prenez bien tard, lui dit le prince ; je doute fort que vous y soyez encore à temps ». Il appela l'intendant de sa cassette, qu'il chargea de lui apporter ce qui restait ; il ne lui apporta que dix louis, qu'il remit au prélat, en lui disant : « Je suis bien fâché, pour la pauvre demoiselle, qu'il ne s'en soit pas trouvé cinquante, je les lui aurais donnés bien volontiers ».

Content du mérite de la bienfaisance, il n'en recherchait point la réputation : ses bienfaits n'étaient connus que lorsqu'il ne dépendait pas de lui qu'ils restassent ignorés. Plusieurs personnes qui recevaient des secours annuels de sa libéralité n'en connurent la source que lorsqu'elle tarit par sa mort. Il ne voulait point qu'on achetât ses faveurs par des sollicitations : à peine souffrait-il qu'on le reconnût par un remerciement. « Un bienfait, disait-il, perd la moitié de son prix, quand on ne sait pas épargner à un homme de naissance la honte de mendier. » Ayant appris que les affaires d'un seigneur qui lui était attaché étaient fort dérangées, il lui fit un don qui le mit dans une situation commode, et ne lui demanda, pour témoignage de reconnaissance, qu'un profond secret. Le seigneur se mettait en devoir de le remercier, il l'interrompit, et il lui dit en riant : « Taisez-vous, taisez-vous, car assurément je vous ai fait attendre assez longtemps ». Un autre à qui il avait procuré des secours abondants pendant qu'il était incommodé n'attendit pas son rétablissement pour venir lui marquer sa reconnaissance. « Ah ! Monsieur, lui dit le Dauphin, le service que je vous rends n'est rien ; mais je m'estimerais heureux et je recevrais volontiers vos remercîments si je pouvais vous rendre la santé. »

On a peine à imaginer comment, avec des revenus assez bornés, ce prince trouvait le moyen de multiplier ses bienfaits en tant de manières. Jamais cependant il ne fit une libéralité privée aux dépens du public ; et si quelquefois il intéressa l'État, ce n'était qu'en faveur de l'État lui-même. Mais un Dauphin trouve toujours bien du superflu quand il sait se contenter du nécessaire. Il s'interdisait toutes les dépenses de goût ou de fantaisie : il n'aimait ni le jeu ni les fêtes ; il ne connaissait aucune de ces passions faméliques qu'on n'entretient qu'à frais immenses. Aussi économe pour lui-même que grand et généreux pour les autres, après avoir répandu cent mille francs en un seul jour dans le sein de l'indigence, il ne se serait pas pardonné la dépense inutile de cent écus pour sa personne. « On le vit, dit un de nos citoyens [1] qui l'a le plus étudié, on le vit réduire ses propres dépenses, dès qu'il crut que l'exemple de ce retranchement pouvait être utile : j'aime à le voir calculer jusqu'au prix d'un habit, et chercher, par la simplicité de sa parure, à consoler des peuples que le roi souffrait de ne pouvoir sou-

---

1. M. Moreau, discours sur la justice.

lager. » Sa table était une école de sobriété. Un grand repas lui était à charge, et il ne trouvait de plaisir dans une longue séance à table, que lorsqu'elle lui procurait l'occasion de lier une conversation intéressante. Jugeant que le vin devait lui être plus nuisible que salutaire, eu égard à sa complexion robuste et sanguine, il s'en interdit tout usage, et l'eau fut sa boisson ordinaire. Ce que ses officiers jugeaient à propos de lui servir était toujours ce qui lui convenait. Il n'eût pas souffert qu'ils fissent la moindre dépense extraordinaire pour un mets recherché. On parlait un jour en sa présence d'un repas somptueux qu'avait donné un particulier et du prix qu'il avait mis à un seul plat : « Je serais bien fâché, dit-il, qu'il eût paru sur ma table, ayant coûté si cher ». Il rappela à cette occasion les festins d'Antoine et de Cléopâtre, et ajouta : « Il y a encore aujourd'hui de ces petits Antoines, qui bravent l'humanité autant qu'il est en eux ».

Le même sentiment d'amour pour les peuples l'animait en tout. Le désir de se former dans l'art de le rendre heureux l'attachait plus fortement au travail que les passions d'intérêt et de gloire n'y attachent le commun des hommes : il est peu de particuliers qui mènent une vie aussi sérieusement occupée que l'était la sienne. « Il ne comprenait pas, écrit l'abbé de Saint-Cyr à un de ses amis, comment un homme raisonnable pouvait ressentir les dégoûts de l'ennui; jamais je ne lui entendis faire cette question si commune dans la bouche des grands : *Que ferai-je demain?* Après avoir satisfait à ses devoirs de religion et d'État, l'étude faisait son occupation. Naturellement ami de l'ordre, il en voulait partout, et en mettait dans toute sa conduite : quoiqu'il ne lui fût pas possible de fixer invariablement l'heure de son coucher, celle de son lever était toujours la même; et c'est aux dépens de son repos qu'il voulait rentrer dans l'ordre, quand des circonstances l'obligeaient de l'interrompre. Lorsqu'il craignait, en se mettant au lit, de ne pouvoir pas le lendemain s'arracher des bras du sommeil, il disait à l'officier chargé de son réveil : « Souvenez-vous qu'il faut que je sois levé demain pour telle heure, c'est à vous de vous arranger en conséquence »; et il arriva plus d'une fois qu'en exécution de ses ordres on le fit sortir du lit lorsque le sommeil l'accablait encore. Des sacrifices rigoureux auxquels il se condamnait par affection pour les peuples ne parurent jamais lui coûter, lors même qu'il savait qu'une classe de méchants citoyens ne lui en tenaient nul compte, et se demandaient encore : « Qu'est-ce que fait le Dauphin pour le bien de l'humanité? »

Question impertinente, à laquelle eussent répondu d'une manière bien triomphante les hommes de mérite qui approchaient le prince. Ils savaient avec quel courage et quel succès il s'était appliqué à acquérir les connaissances et les vertus de son rang. Ils voyaient déjà le grand roi formé en sa personne. Ils calculaient d'avance le bonheur de nos neveux, et se figuraient la France, à l'époque de son règne, la plus heureuse des nations de l'univers. C'est alors qu'un fameux artiste[1], attentif à découvrir le sujet le plus propre à immortaliser son ciseau, s'arrêta sur le Dauphin. Il alla le trouver, et le pria de lui permettre de faire le buste du plus grand homme qu'il connût au monde. « Oh! non, répondit le modeste prince, il n'en est pas temps encore. » Ce fut toujours l'erreur de son grand cœur de compter pour rien ses plans et ses travaux immenses, mais encore obscurs. Il prétendait n'avoir rien fait pour le peuple, parce que le peuple ne jouissait pas encore de ce qu'il avait fait pour lui.

Cependant les personnes qui lui étaient attachées lui firent souvent les plus pressantes représentations pour l'engager à se ménager par un usage plus modéré du travail : il promettait d'y faire attention; mais, toujours entraîné par

---

1. Discours académique de M. Rulhière.

son penchant, il avait peine à y résister, dans le temps même qu'on s'apercevait sensiblement du dépérissement de sa santé.

Une vie si occupée et si dure exigeait des délassements; ceux qu'il se permettait le plus communément étaient la promenade à pied, et la conversation avec sa famille et quelques amis choisis. Il avait du goût pour la musique, mais pour cette musique mâle qui élève l'âme. Le chant de nos hymnes sacrées avait pour ses oreilles une harmonie que n'eurent jamais les accents profanes de la volupté. Quelquefois, seul dans son cabinet, ou avec la Dauphine, il faisait, du chant d'un psaume, le délassement innocent d'une séance à l'étude qui l'avait fatigué, et c'est ce que traitèrent souvent de petitesse certaines gens qui eussent jugé sans doute qu'il eût été plus grand et plus digne d'un prince de chanter une ariette.

Nous verrons ailleurs ce qu'il pensait des spectacles. Au milieu des fêtes les plus bruyantes, où le devoir le conduisait quelquefois, contre son inclination, après s'être prêté, autant qu'il le fallait, à ce qui était de convenance ou d'usage, son attrait le portait à rejoindre les princesses ses sœurs; et souvent, tandis qu'une joie profane transportait les esprits et enivrait les cœurs, il s'entretenait avec elles des plaisirs bien plus doux que procure la vertu, et du vide inquiétant que ces pompeuses vanités laissent toujours dans un cœur qui s'y livre. En un certain jour de fête, où il avait dansé avec la princesse Henriette sa sœur, quelqu'un lui faisait compliment sur la manière aisée et gracieuse dont il savait cadencer ses pas; un homme, au caractère duquel il convenait peu de louer la danse, s'avisa de se joindre au flatteur : c'était bien mal lui faire sa cour; aussi paya-t-il le compliment d'une ironie bien propre à faire sentir le peu de cas qu'il en faisait : « Oui, oui, dit-il en plaisantant, une danse faite avec délicatesse et selon les règles de l'art a son mérite; mais pour rendre la cérémonie plus majestueuse encore, il faudrait que

quand un dauphin danse, ce fût un évêque qui jouât du
violon. »

Quelques-uns des panégyristes de ce prince lui donnent
pour la chasse un attrait qu'il n'eut jamais, afin de donner
par là plus de prix au sacrifice qu'il fit de cet amusement;

mais celui qui réunit tant de vertus réelles n'a pas besoin
qu'on lui en prête d'imaginaires. Le Dauphin prenait de
temps en temps cet exercice, moins par goût que par raison
de santé, et par complaisance pour le roi qui chassait
souvent, et qui aimait que le Dauphin l'accompagnât. Un
accident le détermina à y renoncer pour jamais. Au mois
d'août de l'année 1755, il lui arriva ce qu'il appela toujours
depuis, et ce qui est véritablement pour un cœur sensible
le plus grand des malheurs, celui de tuer un homme en
revenant d'une chasse qu'il avait faite aux environs de

Versailles, où il était resté avec la Dauphine pendant le voyage de la Cour à Compiègne. Il voulut décharger son fusil; le coup porta dans l'épaule gauche d'un de ses écuyers. nommé Chambord, qu'un corps intermédiaire l'empêchait d'apercevoir. C'est encore sans fondement qu'on a écrit que ce gentilhomme s'était exposé imprudemment : l'accident arriva sans sa faute et sans celle du Dauphin. Aux cris lamentables qu'il poussa, le prince, soupçonnant le malheur, jette son fusil, et court vers l'endroit où il avait dirigé son coup : quel spectacle! Il aperçoit un homme renversé par terre, et qui se roulait dans la poussière; il s'approche de plus près, il reconnaît Chambord qu'il aimait. A la vue de son corps ensanglanté, il eut le cœur percé de douleur; il se précipita sur lui, et le conjura, en l'arrosant d'un torrent de larmes, de vouloir bien lui pardonner. L'écuyer, touché de l'état où il voyait le Dauphin, lui dit ce qu'il put pour le consoler lui-même. Le prince aussitôt le fit conduire à Versailles pour être remis entre les mains des plus habiles chirurgiens. Pour lui, la douleur dans le cœur, le visage abattu, l'esprit tout occupé de son malheur, il s'avança jusqu'au château tête nue, les cheveux en désordre, et sans s'apercevoir qu'il fût encore en veste. Son accablement était si profond qu'on n'osait pas même entreprendre de l'en distraire. Quelqu'un de sa suite, croyant qu'un tel excès de désolation ne pouvait venir que de la persuasion où il était que son écuyer était blessé à mort, lui dit, pour le consoler, qu'il pourrait bien guérir de sa blessure : « Eh quoi! lui répondit-il, faudra-t-il donc que j'aie tué un homme pour être dans la douleur? »

Quelque extrême que fût son affliction, il se vit encore obligé de dissimuler, et d'en cacher soigneusement la cause à la Dauphine, qui allait être mère du comte de Provence; il prit un verre de liqueur qu'il crut propre à ranimer les traits de son visage; il composa de son mieux tout son extérieur,

Connaissez-vous le premier président du Parlement de Flandre?..... (p. 145)

avant que de se rendre, selon sa coutume, à l'appartement
de la princesse. Une douleur profonde se déguise difficilement à une épouse : elle ne le vit pas plutôt, qu'elle lui
demanda quelle était la cause de sa tristesse; et elle le pressa
tellement, qu'il ne lui fut pas possible de lui en faire un
secret. Elle s'empressa aussitôt de lui suggérer les motifs les
plus capables de le tranquilliser; mais la seule chose qui le
soulagea en ce moment, ce fut de n'avoir point à se faire
violence pour dissimuler sa douleur : il s'y abandonna sans
réserve, et jusqu'à donner sujet de craindre pour sa santé.
L'officier ne mourut qu'au bout de sept jours. Le Dauphin,
pendant tout ce temps, ne pensa qu'à lui, ne s'occupa que
de lui. Non content d'avoir donné les ordres les plus précis
pour qu'il fût traité avec toutes sortes de soins, il voulut
encore s'en assurer par plusieurs visites qu'il lui fit, quoique
sa vue seule, comme il l'avouait lui-même, lui perçât le
cœur. Sa mort lui porta un nouveau coup plus sensible
encore. « Hélas! s'écria-t-il quand on lui en apprit la nouvelle, il est donc vrai que j'ai tué un homme : ô Dieu! quel
malheur! » Cette affligeante pensée ne le quittait ni le jour
ni la nuit : rien n'était capable de l'en distraire. Il était
tellement pénétré du sentiment de sa douleur, que quelquefois il le communiquait à ceux mêmes qui essayaient d'en
modérer l'excès. Un jour qu'on lui représentait qu'il ne
devait pas s'imputer un malheur dont il n'était que la cause
innocente : « Vous direz tout ce que vous voudrez, reprit-il,
mais ce pauvre homme est toujours mort, et mort d'un coup
qui est parti de ma main; non, je ne me le pardonnerai
jamais ». Et dans une autre occasion : « Oui, dit-il, je vois
encore l'endroit où s'est passée cette scène affreuse; j'entends encore les cris de ce pauvre malheureux, et il me
semble le voir à chaque instant, qui me tend ses bras ensanglantés, et me dit : Quel mal vous ai-je fait pour m'ôter la
vie? Il me semble voir sa femme éplorée, qui me demande :

Pourquoi me faites-vous veuve? et ses enfants qui me crient :
Pourquoi nous rendez-vous orphelins? Ces pensées impor-
tunes me suivent partout, et l'usage de ma réflexion ne sert
qu'à me convaincre de plus en plus que ce ne sont point des
chimères. »

On ne saurait se rappeler sans attendrissement la part
que toute la Cour prit à cet accident, et combien elle s'y
montra sensible. Accoutumé que l'on est, dans ce siècle
inquiet, aux déclamations séditieuses de ces méchants
citoyens qui ne respectent pas plus le trône que l'autel, on
serait tenté de croire que la sensibilité ne saurait siéger
dans le cœur des rois et des souverains, et que, ne voyant
jamais les objets qu'en grand, ils comptent les hommes par
bataillons plutôt que par têtes; et voici que deux villes,
Versailles et Compiègne, sont dans le deuil; un Dauphin et
une Dauphine dans la douleur; un roi, une reine et toute
leur famille dans l'inquiétude et les alarmes; un royaume
entier dans une sorte d'agitation; et cela parce qu'un particulier a été blessé par une main innocente.

Louis XV n'eut pas plutôt appris l'accident qui était
arrivé à son fils, qu'il partit de Compiègne pour se rendre
auprès de lui. Rien ne fit plus de plaisir au Dauphin que la
promesse que lui fit le roi de lui accorder tout ce qu'il lui
demanderait pour la famille de Chambord. Dès que cet
officier fut mort, il le pria de faire une pension à sa veuve.
Il n'est point de faveurs et de bienfaits que lui-même ne
lui prodiguât. Il lui déclara qu'il voulait être son protecteur
et celui de ses enfants. Voici comme il lui écrivit : « Vos
intérêts, Madame, sont devenus les miens; je ne les envisa-
gerai jamais sous un autre point de vue. Vous me verrez
toujours aller au-devant de tout ce que vous pourrez souhaiter, et pour vous, et pour l'enfant que vous allez mettre
au monde. Vos demandes seront toujours accomplies, et je
serais bien fâché que vous vous adressassiez, pour l'exécu-

tion, à un autre qu'à moi. Sur qui pourriez-vous compter avec plus d'assurance? Après l'horrible malheur dont je n'ose me retracer l'idée, mon unique consolation sera de contribuer, s'il est possible, à la vôtre, et d'adoucir, autant qu'il dépendra de moi, la douleur que je ressens comme vous. »

Jamais le souvenir de ce fâcheux accident ne s'effaça de sa mémoire, et, comme s'il eût été coupable, il s'en punit, en s'interdisant l'exercice de la chasse pour le reste de sa vie : il se le reprochait encore au lit de la mort.

LIVRE QUATRIÈME

Sɪ le Dauphin, à un esprit orné de tant de connaissances et à un cœur si bienfaisant, eût joint une
âme moins vertueuse et moins chrétienne, il n'en
eût été que plus grand aux yeux de ces prétendus
philosophes, assez déréglés pour croire qu'on peut se sous
traire à l'opprobre du vice par le mépris de la vertu ; mais ce
prince fut persuadé qu'on ne pouvait être grand, d'une véritable
et solide grandeur, que par la fidélité aux devoirs de cette triple
justice qu'on se doit à soi-même, et qu'on doit également aux
hommes et à Dieu. Et c'est d'après la conviction de ce principe, que lui-même établit dans ses écrits, qu'il travailla
constamment à réunir aux qualités propres du prince et de
l'homme toutes les vertus qui forment le parfait chrétien.

L'enfance est l'âge des défauts. La sienne n'en fut point
exempte, et il eut tous ceux qu'on peut regarder dans un
enfant comme les suites naturelles d'un caractère bouillant
et impétueux ; mais jamais les fautes dans lesquelles il tombait ne furent de nature à inquiéter sur sa religion. Lors

même qu'en certains moments d'humeur, où, s'abandonnant à ses petits chagrins, il affectait de ne craindre personne, la crainte de Dieu le contenait et le faisait rentrer en lui-même. Si quelquefois il témoignait de la répugnance, ce n'était jamais pour ses devoirs de chrétien; toujours il s'en acquittait religieusement et avec goût. Parmi les officiers attachés à sa personne, ceux en qui il reconnaissait plus de piété étaient ceux qu'il aimait davantage. On était sûr de l'intéresser et de lui faire plaisir en lui lisant ou en lui racontant un trait édifiant; et toujours il témoignait un vif désir d'imiter les exemples de vertu qu'on lui proposait. On se rappelle que fort jeune encore, il dit à l'évêque de Mirepoix que saint Louis était de tous les rois ses aïeux celui auquel il aimerait mieux ressembler. Il le prit en effet pour modèle, et la suite de cet ouvrage nous fera reconnaître de plus en plus sa fidélité à retracer ses vertus.

Jamais prince ne fut plus instruit de sa religion que ne l'était le Dauphin. Il l'avait étudiée comme chrétien pendant son éducation; il l'étudia dans la suite en prince destiné à en être un jour le protecteur et l'appui. Il savait rapprocher méthodiquement toutes les preuves qui en démontrent la divinité. Il disait dans quel temps une erreur s'était élevée, dans quel concile elle avait été condamnée. L'évêque de Verdun, dans un entretien qu'il avait avec lui sur la religion, lui parlait du danger qu'il y a pour les fidèles peu instruits d'entrer en dispute avec les partisans de l'erreur : « Non, lui dit le prince, ils ne doivent pas entrer en discussion avec gens qui peuvent être plus subtils qu'eux; mais il me semble que le paysan le plus simple peut confondre le plus savant hérésiarque, et mettre de son côté tous les gens de bons sens, en opposant à ses vains raisonnements ce seul mot de saint Augustin : *Vous n'étiez pas hier.* »

Les productions de la nouvelle philosophie, si funestes à tant d'esprits superficiellement instruits de leur religion, ne firent jamais sur lui qu'une impression d'horreur ; nous avons vu ailleurs ce qu'il en pensait. Les subtilités les plus captieuses des impies n'avaient pas même de quoi l'étonner : on l'a vu analyser en peu de jours leurs systèmes les plus compliqués, en découvrir tout le poison, et y opposer le véritable antidote. Souvent, le livre en main, il réfutait leurs sophismes à la première lecture, et sans aucune préparation. Un jour qu'il parcourait, avec l'abbé de Saint-Cyr, une brochure contre la religion, la Dauphine entra dans son cabinet : « Approchez, lui dit-il, nous faisons une lecture édifiante, vous en profiterez. » La princesse, qui ne s'aperçut pas qu'il plaisantait, le pria de continuer : il n'eut pas plutôt lu la première phrase, qu'elle se récria, et lui dit que s'il voulait poursuivre, elle allait lui tirer sa révérence. « Vous avez raison, lui dit le Dauphin en riant, il ne faut pas scandaliser les faibles », et il ferma le livre. Quand la princesse fut sortie, il le reprit et tomba sur un endroit qui avait quelque chose de séduisant. L'abbé de Saint-Cyr, faisant alors allusion à ce qu'il venait de dire à la Dauphine, lui dit : « Voilà un sophisme qui pourrait en scandaliser d'autres que des faibles ; je ne me souviens pas de l'avoir jamais entendu proposer. — Comment ! monsieur le docteur, lui dit le Dauphin, parce que cette vieille chicane de Celse est habillée à la française, vous ne la reconnaissez pas ? » Il lui cita en même temps l'auteur ecclésiastique qui l'avait réfutée. La première fois que l'évêque de Senlis[1] entendit ce prince raisonner sur les matières de religion, il en fut surpris jusqu'à l'admiration, et il dit de lui qu'il la savait autant en docteur qu'en prince. « Vous pouvez vous flatter, m'écrit ce prélat, que si vous faites connaître M. le Dauphin tel qu'il a été, vous aurez offert aux grands de la terre un des plus parfaits modèles qu'ils puissent imiter. Soit que l'on considère l'étendue de ses con-

---

1. M. de Roquelaure.

naissances, soit qu'on envisage la perfection de ses vertus, on peut bien lui appliquer ce que dit Horace : *Quando ullum invenient parem ?* »

Il est aisé de juger, par ce que nous venons de dire, combien il était éloigné du sentiment que lui prête un de ses panégyristes, qui le fait bénir le Ciel d'être né dans le siècle éclairé de la philosophie. « Il eût parlé bien plus juste (c'est une réflexion de la Dauphine), en disant qu'il gémissait de vivre dans un siècle qui abusait si criminellement de ses lumières. » Cette princesse assura qu'elle n'avait point reconnu le Dauphin au portrait qu'en a tracé le même auteur ; et entre une infinité de reproches, elle lui en fit trois principaux : le premier, de ce qu'il semble rougir des vertus dont son héros se tenait le plus honoré : en effet, comme si le patriotisme n'avait rien de commun avec la religion, l'écrivain, à la faveur de la qualité qu'il se donne d'orateur de la patrie, se dispense de parler des vertus chrétiennes du Dauphin ; il n'en dit pas un mot. Il annonce seulement qu'il parlera de l'esprit de religion qui l'animait ; et au lieu de tenir parole, il se contente de jeter au hasard quelques défi nitions arbitraires, qui semblent insinuer que l'esprit de religion n'est autre chose, pour un prince, que l'art de faire entrer la religion dans son plan de gouvernement, comme un frein propre à contenir les peuples dans le devoir, par la crainte des châtiments ou des remords qui suivent le crime ; vues intéressées d'un politique, qui fait servir indifféremment le sacré et le profane à sa propre utilité. Les vues du Dauphin étaient bien plus droites, plus nobles et plus dignes d'un bon prince. Envisageant la religion comme l'unique moyen de conduire l'homme au souverain bonheur, il veut qu'un roi s'applique à la faire fleurir dans ses États, mais qu'il le fasse de bonne foi, et avec le cœur d'un père, plutôt qu'avec les yeux d'un politique. « Le monarque, dit-il, doit s'appliquer dans ses États, comme un père dans sa famille, à entretenir et augmenter dans ses sujets le respect et l'amour pour la religion. »

La Dauphine ne put passer à l'orateur de s'être étudié à rapprocher le Dauphin de cette classe d'hommes pour laquelle il eut toute sa vie le plus grand éloignement, en le représentant comme tout occupé *à développer en lui ce qu'il appelle le germe de l'esprit philosophique qui suit la chaîne des événements, à rapprocher des systèmes, à presser des abus, à saisir de grands résultats, à jeter un coup d'œil sur le chaos des lois, à faire sortir du milieu des chocs et des résistances la plus grande somme de bonheur;* en un mot, en ne faisant valoir dans un prince que les vertus sociales, *sa raison, sa bienfaisance, son humanité,* selon lui *la première des vertus.*

La princesse trouva encore fort mauvais qu'il eût disposé de l'amitié du Dauphin en faveur de l'auteur de l'*Esprit des lois,* et qu'il eût supposé entre eux des conférences qui n'eurent jamais lieu. Ce prince, il est vrai, conférait volontiers avec les savants, et il en voyait souvent, mais jamais ceux dont les sentiments ou la conduite étaient décriés ou même équivoques. Son inclination particulière, autant que la crainte de paraître les honorer aux yeux des peuples, lui interdisait toute espèce de commerce avec eux. Quant à ses relations avec le président de Montesquieu, ce qu'il y a de vrai, au rapport de la Dauphine, c'est qu'aussitôt qu'il vit paraître son traité *sur les Lois,* il voulut le lire, et il s'en occupa sérieusement; il en fit même des extraits. Mais le jugement qu'il porta de cet ouvrage est « qu'il renfermait plusieurs vérités utiles, semées parmi beaucoup d'erreurs dangereuses ». Il ne vit qu'une fois l'auteur, à la sollicitation de ses protecteurs; et au sortir de l'audience qu'il lui donna, il le caractérisa fort ingénieusement, en disant : « Je trouve que M. de Montesquieu raisonne en philosophe, mais en philosophe trop physicien ».

Les protestants, dans un temps où l'on avait le plus grand besoin d'argent, faisaient à Louis XV une offre de 72 millions pour obtenir le libre exercice de leur religion dans deux villes de chaque province. L'affaire fut proposée dans le Conseil ; et déjà deux voix s'étaient élevées en faveur du calvinisme, lorsque le Dauphin, prenant la parole, réfuta d'une manière victorieuse tout ce qui avait été dit ; et Louis XV, en donnant des éloges à l'avis de son fils, ajouta qu'il n'avait souffert que cette proposition fût portée dans le Conseil, que pour mieux faire connaître à tous ceux qui le composaient qu'il ne varierait jamais dans ses principes à cet égard. Il avait dit la même chose, avant le conseil, au maréchal de Belle-Isle.

La conduite du Dauphin était en tout conforme à ses lumières et à sa foi. Ses actions extérieures pouvaient être regardées comme une censure du vice et un encouragement à la vertu. Sans s'écarter jamais des règles de la politesse, ni des égards dus à la naissance, au caractère ou aux emplois, il savait se montrer indifférent envers ceux qui l'étaient pour la religion. Il était rare qu'il fît un compliment désagréable, même à un homme notoirement décrié, sur l'article de la religion ou des mœurs ; mais, pour peu qu'on le connût, on s'apercevait aisément à son ton, à son air, à ses expressions ménagées, qu'il n'avait pour lui que de l'éloignement et du mépris. Toujours il donnait à l'extérieur des marques de considération aux ministres de la religion ; mais il était encore aisé de distinguer quand elles s'adressaient à la personne, ou seulement au caractère.

En refusant au vice jusqu'aux moindres apparences de son estime, il la réservait toute pour la vertu. Souvent on le vit dans ses audiences publiques, distinguer par l'accueil le plus honorable un homme vertueux qu'il apercevait dans la foule. Il était satisfait quand il pouvait être de quelque utilité à la religion. Il la protégeait de tout son pouvoir, non pas

seulement en politique, et parce qu'elle est le seul lien
capable d'attacher sincèrement les peuples à l'autorité légitime, mais parce qu'il la regardait comme l'unique voie qui
conduise l'homme au souverain bonheur; et l'on peut dire
qu'il l'honora et la servit beaucoup plus utilement encore par
la pratique exacte des devoirs qu'elle impose, que par le
crédit que lui donnait son rang. Rien ne fera mieux connaître
que ses propres écrits combien la piété de ce prince était
sincère et éclairée. Il est vrai que dans la morale chrétienne,
comme dans la foi, personne ne peut faire de nouvelles
découvertes. On ne peut dire sur cette matière que ce qu'ont
dit Jésus-Christ et ses apôtres, et ce qu'une infinité d'auteurs
ont répété : aussi prétends-je bien moins faire un mérite au
Dauphin d'avoit écrit les plus belles maximes de piété, que de
les avoir gravées profondément dans son cœur; il ne les avait
insérées dans ses écrits que par le désir de se les rendre plus
familières, et d'en faire jusqu'à sa mort la règle invariable de
sa conduite. Je ne crains point de proposer l'extrait que je
vais en faire comme un excellent abrégé de morale.

« La pratique de la religion chrétienne, écrit ce prince,
consiste dans l'exercice de toutes les vertus. Dieu, qui est le
maître de l'homme, demande l'homme tout entier; et
l'homme, pour être entièrement à Dieu, doit être vertueux
dans tous les instants et dans toutes les occasions. Parmi les
vertus chrétiennes, il y en a plusieurs qui plaisent au monde,
et méritent son estime : telles sont la prudence, la générosité,
le désintéressement; mais on ne doit pas se contenter de
celles-là, qui ne peuvent que flatter l'amour-propre; on doit
s'attacher plus particulièrement à celles qui sont opposées à
l'esprit du monde : telles sont la patience, le pardon des
injures, la fuite des pompes et des divertissements du siècle.
Une âme généreuse aime à souffrir pour l'intérêt de sa patrie,
pour celui même de la religion. Les calomnies de ses envieux,
les préventions de la multitude ne sauraient l'ébranler : elle

résiste aux traits de la jalousie, et son amour-propre se nourrit de la qualité d'illustre malheureux; une telle vertu n'appartient point au christianisme. »

Voici comment il s'exprime sur la piété : « Rien de plus ordinaire que de s'en former de fausses idées. Les mondains cherchent à la décrier, en représentant ceux qui la pratiquent comme gens tristes et insociables, qui inspirent à tout le monde leur humeur mélancolique. Mais la vraie dévotion, loin de nuire à la société, est seule capable d'y maintenir le bon ordre. Elle sait varier ses effets selon la diversité des états, parce que le Dieu qu'elle doit honorer est l'auteur de toutes les conditions. Ainsi, pour remplir les devoirs d'évêque, de prince, de magistrat ou d'artisan, il faut suivre les voies diverses que ces états même indiquent, et s'appliquer à se perfectionner dans son état, et selon son état. Il est des vertus qui sont de toutes les conditions : personne ne peut être dispensé d'aimer Dieu plus que toutes choses, d'être chaste, tempérant, doux, humain, charitable, modeste, désintéressé. Mais il en est d'autres qui sont propres aux différents états : le grand zèle, par exemple, pour venger les droits de la Divinité, ne doit être exercé que par les personnes assez élevées et assez puissantes pour en imposer au vice. Un évêque ne ferait point son salut dans la solitude, un solitaire dans les travaux de l'apostolat; un artisan s'éloignerait de la dévotion en restant toute la journée à l'église, ainsi qu'une personne mariée en pratiquant la pauvreté réelle d'un capucin. On peut juger de là combien est condamnable l'opinion de ceux qui s'imaginent que la piété est incompatible avec les conditions relevées, l'état du mariage, ou la profession des armes; quand elle est bien réglée, elle se ménage le temps de vaquer et aux exercices et aux devoirs de l'état. »

La foi du Dauphin était aussi humble qu'elle était vive et éclairée. Il croyait avec toutes les lumières d'un savant et toute la simplicité d'un enfant. L'Église seule était l'interprète de sa foi, et ses décisions faisaient la règle de sa conduite. En se faisant un devoir, comme prince, de la protéger de tout son crédit, il s'en faisait un, comme chrétien, de la recommander à Celui qui a promis de la faire triompher de toutes les puissances de l'enfer. Je trouve dans ses écrits la prière suivante : « O Jésus, protecteur et chef de votre Église ! souvenez-vous de la promesse que vous lui avez faite de ne l'abandonner jamais : soyez toujours sa lumière et sa force, étendez son empire, multipliez ses enfants, et conduisez-les au séjour de l'éternité. »

Les maux de la religion qu'il regardait comme les plus grands maux de l'État, étaient aussi ceux qui portaient l'atteinte la plus douleureuse à son cœur. Au récit qu'on lui faisait des progrès du libertinage et des excès de l'impiété, on l'a souvent vu, contre son naturel ami de la gaieté, s'abandonner à une tristesse profonde que rien ne pouvait dissiper, si ce n'est l'espérance qu'on s'efforçait de lui faire concevoir d'un avenir plus consolant.

Sa piété rappelait tout à Dieu, et ne lui montrait, dans les avantages et les distinctions de la grandeur, que les motifs d'une plus humble et plus vive reconnaissance : « Le monde, écrivait-il, subsiste depuis bien des siècles; et moi, qu'étais-je il y a peu d'années, et où étais-je? Je n'étais nulle part, j'étais dans le néant. C'est de ce néant que Dieu m'a fait sortir pour me faire ce que je suis, non qu'il ait besoin de moi, mais parce qu'il est bon. Il m'a rangé dans la première classe des êtres : il m'a donné l'entendement pour le connaître, la mémoire pour me souvenir de lui, la volonté pour l'aimer, l'imagination pour me peindre ses bienfaits, les yeux pour contempler ses ouvrages, la langue pour le louer et ainsi des autres facultés. Tous les maux dont je suis exempt... l'aisance dans laquelle je vis, la portion d'esprit que je dois reconnaître en moi sans vaine complaisance, et les moyens de la cultiver : que de motifs qui exigent de ma part la plus vive reconnaissance! Mais que dire des biens de la grâce que je trouve au sein de l'Église? des sacrements auxquels j'ai tant de fois participé? de ces vives lumières, de ces inspirations touchantes, de cette voix du remords qui parle à ma conscience? et tout cela n'est pas encore la félicité qui m'est promise dans le sein de mon Dieu : bénissez-le donc, ô vous qui le contemplez déjà face à face, je le bénirai avec la même ardeur dans l'espérance du même bonheur. »

Cet esprit de foi qui animait le Dauphin le portait à nourrir sa piété par le souvenir habituel de la présence de Dieu. Voici ce qu'il écrit sur cette matière : « Dieu est en tout et partout, il remplit par son immensité toutes les parties de l'univers. Il agit immédiatement dans toutes; il voit ce qui s'y passe, et aucun lieu du monde ne saurait, par son éloignement ou son obscurité, nous dérober à ses regards. Du haut du Ciel, il a sous les yeux toutes les nations. Il passe en revue tous les habitants de la terre; et les rois, environnés de toutes leurs armées, ne sauraient lui échapper et se soustraire à sa vue. Nos yeux, il est vrai, ne l'aperçoivent pas, nos sens ne découvrent pas sa présence; mais la raison et la foi nous font assez connaître que c'est en lui que nous vivons, que nous agissons, que nous existons; et que s'il est présent dans le lieu où l'on se trouve, il l'est bien plus particulièrement encore dans le fond du cœur et de l'esprit qu'il vivifie par sa présence. Cette vérité est assez connue; mais l'esprit, préoccupé par des objets sensibles, y fait peu d'attention. »

L'assistance au saint Sacrifice était de tous les exercices de la religion le plus consolant pour sa piété; il s'en acquitta tous les jours de sa vie avec la plus exacte fidélité. Il fallait, pour qu'il n'assistât point à la messe, qu'il fût malade à garder le lit. Pendant sa dernière maladie, ne pouvant se résoudre à être privé plus longtemps des grâces attachées à l'assistance au saint Sacrifice, il fit élever un autel dans sa chambre, et jusqu'au dernier jour de sa vie il y entendit la messe, comme

lorsqu'il était en santé, avec une attention et un recueillement qui excitaient à la piété. Un jour de la Purification, où
il se trouvait incommodé, il entendit une messe basse le
matin, et passa ensuite dans son cabinet d'étude. Un officier
attaché à sa personne s'était proposé d'aller à la messe quand
le prince sortirait ; le Dauphin lui demanda vers midi s'il avait
entendu la messe. L'officier lui avoua qu'il avait compté sur
sa sortie pour y aller, mais qu'il n'était plus temps d'y penser ;
qu'il n'y avait plus dans Versailles que la messe des Cordons-
Bleus qui allait se dire à la chapelle du château, dont la
porte était fermée aux particuliers : « Comment ! lui dit le
Dauphin, vous manqueriez la messe pour mon service ? J'en
serais au désespoir. L'entrée dans la chapelle est une affaire
de protection : n'y eût-il plus qu'une seule place, elle appartient à celui qui n'a point été à la messe, et je vous la ferai
donner. » Il fit appeler en même temps le garde du corps qui
était en faction à la porte de son appartement, et lui ordonna
d'aller de sa part introduire l'officier dans la chapelle ; ce qui
fut exécuté.

« La messe, écrit ce prince, est de tous les actes de la
religion le plus sacré, le plus agréable à Dieu, celui qui lui
rend le plus de gloire, et qui procure aux hommes le plus de
grâces ; mais pour y participer réellement et de manière à
en recueillir les fruits, il faut que l'esprit et le cœur soient
présents comme le corps, et uniquement préoccupés du grand
mystère qui se célèbre... L'excellence du culte que nous ren-
dons au Seigneur, dit-il ailleurs, consiste dans l'offrande de
cette victime sans tache que nous avons le bonheur de lui
présenter. C'est en elle que nous trouvons de quoi effacer
nos péchés, de quoi payer à Dieu, avec usure, tous ses bienfaits, de quoi nous attirer toutes ses grâces, de quoi enfin
honorer sa majesté suprême. »

Le Dauphin ne paraissait point dans une église, qu'il n'y
édifiât par son recueillement et par les sentiments de foi

qu'annonçait tout son extérieur. Ayant une voix forte et
sonore, que l'art avait encore perfectionnée, il ne l'employait
jamais plus volontiers qu'à chanter les louanges du Seigneur;
et souvent, pendant les divins offices, s'associant au chœur
des fidèles, il contribuait plus que personne à donner à nos
divins cantiques le sentiment et l'harmonie. Tout ce qui avait
rapport à la religion, et pouvait servir à en relever la gloire,
l'intéressait toujours infiniment : nous le voyons poser la première pierre de l'abbaye de Panthemont, assister à la consé-
cration de celle de Choisy, se rendre à Saint-Cyr pour le sacre
de l'archevêque de Tours. Il ne vient jamais à Paris, seul ou
avec la Dauphine, qu'il n'entre dans quelque église, à Notre-
Dame, à Sainte-Geneviève, à Saint-Sulpice, etc. S'il va à
l'abbaye d'Ourscamp, à Saint-Denis, au Mont-Valérien, il y
assiste au salut; dans d'autres endroits il donne d'autres marques de sa piété. Il passait un jour sur les boulevards de Paris,
du côté de Saint-Laurent, accompagné de la Dauphine et des
princesses ses sœurs : il aperçut de loin une procession du
Saint-Sacrement; aussitôt il fit arrêter son carrosse, et, charmé
de détourner vers Dieu les hommages que rendait à sa personne le peuple assemblé sur son passage, il s'avance à pied
vers la procession qu'il suivit jusqu'au lieu de la station. Là,
au milieu de la foule, dont sa piété seule le distinguait, il se
mit à genoux [1], à côté d'un carreau qu'on lui avait présenté. Le
bon peuple, celui qui suit encore les processions, ne put voir
sans attendrissement la manière édifiante dont il fit son acte
d'adoration : tout le temps qu'il resta à genoux, on vit autour

---

[1] En 1776, Louis XV étant venu tenir un lit de justice à Paris, le peuple
à qui l'appareil de cette cérémonie en impose toujours, le suivit au sortir
du palais, en gardant un silence respectueux. Ce prince, en traversant le
pont Neuf, s'aperçut qu'on portait les sacrements à un malade : il fit
arrêter son carrosse, descendit, se mit à genoux sur le pavé, qui, ce jour-
là, était tout couvert de boue. A cet acte de religion du monarque, ce ne
fut plus de toutes parts que cris confus, qu'acclamations réitérées de : *Vive
le Roi!*

de lui des gens qui essuyaient les larmes que faisait couler la
joie de voir tant de piété dans l'héritier de la couronne; et
ce prince, humblement prosterné devant son Dieu, paraissait plus grand aux yeux de la multitude qu'il n'eût paru
dans le plus beau jour de triomphe.

Ces marques extérieures de piété n'étaient dans le Dauphin
que l'effet de la disposition de son cœur. Toute sa vie, quoique
partagée entre les différents devoirs que lui imposait son
rang, n'était, par son union habituelle avec Dieu, qu'une
sorte de prière non interrompue. Il est beau de l'entendre
parler lui-même : « La prière, dit-il, est une rosée céleste qui
fait produire à l'âme de bons fruits, et qui éteint en elle le feu
des passions. La plus courte, récitée lentement, en pénétrant
bien le sens des paroles, et y joignant le sentiment du cœur,
vaut mieux que la plus longue récitée avec précipitation. Tout
rappelle à Dieu une âme qui vit de la foi, tout lui apprend à
prier. Les embarras du siècle, les devoirs de l'état ne sauraient
mettre obstacle à cette sorte de prière. Au milieu de l'affaire
la plus sérieuse, le cœur peut s'élever vers Dieu, implorer ses
lumières, lui offrir son travail et lui témoigner son amour. Ce
n'est pas là détourner son attention, c'est l'exciter par un
motif plus noble et plus puissant. Rien de plus utile que
l'habitude de contempler Dieu dans ses ouvrages, de reconnaître sa providence dans les événements, de l'associer, pour
ainsi dire, à toutes nos entreprises. Sans cela, le repos n'est
qu'oisiveté, le travail qu'embarras. »

Les prières consacrées par l'usage de l'Église étaient celles
qu'il adoptait de préférence. A l'exemple de saint Louis, il récitait habituellement l'office du diocèse de Paris; et cet exercice
avait pour lui tant d'attraits, qu'il ne l'interrompit que dans
les derniers jours de sa maladie. Quelqu'un lui représentait
alors que sa poitrine pourrait en souffrir : « Non, répondit-il,
ayant renoncé à tout autre occupation, celle de réciter
quelques prières à différentes heures du jour ne saurait me

fatiguer ». « Un jour, écrit la Dauphine, je lui représentai, en lui donnant ses livres, que dans l'état où il était, il ne devrait pas dire son office, parce que cela le ferait tousser : il voulut cependant essayer, mais la toux devint si forte, qu'il fut obligé d'en rester à complies; car il voulut achever vêpres qu'il avait commencées. »

Peu satisfait de payer lui-même à Dieu le tribut de prières que lui offrent ses ministres, il employa les moments de son loisir à procurer aux personnes les plus occupées le moyen de s'unir aux prières communes de l'Église. Il distribua lui-même en leur faveur un office qui, sans être aussi long que celui de l'Église, en a cependant l'esprit et la forme. Cet ouvrage fut imprimé à Sens en 1763, par les soins du cardinal de Luynes. « M. le Dauphin, m'écrit ce prélat, exigea de moi que je le fisse imprimer sous mes yeux, et paraître en mon nom. J'eus beaucoup de peine à m'y prêter; mais l'ordre fut absolu. Il n'y a de moi que le mandement qui se trouve à la tête de l'ouvrage. »

Outre les différentes prières qu'il récitait tous les jours, il avait encore un temps marqué pour méditer les vérités du salut. « La science du salut, dit-il, mérite et exige au moins autant d'étude que les autres sur lesquelles l'esprit de l'homme s'exerce. » Voici ce qu'il écrivait à un homme de lettres qu'il estimait pour ses talents et sa piété : « Vous savez que je me suis emparé de **votre** plume, et que j'en dispose comme si je la tenais. J'ai encore un ouvrage à vous demander : ce sont des méditations pour tous les jours de l'année, partagées en deux points, courtes et pleines de choses qui, au nombre de trois cent soixante-six, ne forment qu'un seul volume in-12. Il me les faut courtes, puisque c'est pour méditer, et pleines de choses, sans aucunes phrases, pour avoir de quoi méditer; quand je parle de la méditation, je la distingue fort de l'orai-son. Un prince ne peut guère être un homme d'oraison, mais il peut et il doit méditer ses devoirs, et voilà ce que je

veux. Que la loi de Dieu soit renfermée en entier dans l'ou-vrage, point d'idées mystiques : des préceptes de la morale évangélique. Quand vous en aurez fait trois ou quatre, vous me les enverrez pour voir si c'est ce que je veux. » La vertu est bien solide et bien éclairée dans un prince, quand elle lui suggère ces sentiments. Cependant, comme si les assiduités d'un grand de la terre auprès du Roi des cieux étaient plus indignes de lui que celles d'un courtisan auprès du monarque, certaines gens aux yeux desquels un prince est toujours trop religieux, faisaient un reproche au Dauphin de donner trop de temps à Dieu. On ne peut disconvenir, il est vrai, qu'à n'envisager sa conduite que du côté de la religion, on serait tenté de croire qu'il s'en occupait uniquement; mais on ne doit le juger que sur l'ensemble de sa vie. Quoique jamais prince n'ait donné plus de temps à Dieu, jamais prince n'en donna plus à l'étude de ses devoirs, à l'éducation de ses enfants, à sa famille, à ses amis, et à tous ceux qui voulaient s'adresser à lui. On trouve bien du temps, quand on sait comme lui en ménager tous les instants; le temps qu'il don-nait à ses exercices de piété n'était encore qu'une partie de celui qu'il dérobait au sommeil, aux jeux, aux spectacles, et à tous ces amusements frivoles dont les grands se font quel-quefois des devoirs d'état.

La manière dont ce prince veut qu'on traite les affaires annonce bien qu'en mettant celle du salut au premier rang, il ne prétend pas qu'on néglige les autres. « Les affaires, dit-il, pour être bien traitées, demandent du soin, de l'appli-cation et de la suite. Mais si l'on y mêle trop d'empressement, de l'agitation et du souci, au lieu de les avancer on les recule. Donnons à chaque chose le temps nécessaire : la précipitation produit souvent les mêmes effets que la lenteur, et elle est elle-même produite par la paresse. Dieu nous a confié le soin de nos affaires, il veut que nous les conduisions nous-mêmes, que nous nous en occupions, que nous les

suivions avec attention, mais sans perdre jamais de vue
l'affaire principale, celle du salut, à laquelle toutes les autres
sont subordonnées, et doivent nécessairement se rapporter.
Procurons le succès de nos affaires par toutes sortes de
moyens justes et honnêtes ; mais traitons-les avec cette tranquillité et cette sorte de détachement que des chrétiens doivent avoir pour tout ce qui appartient à la terre. Surtout ne
perdons jamais de vue Celui à qui nous devons rapporter
notre travail : recourons à lui dans nos difficultés, implorons
ses lumières dans nos doutes, bénissons-le dans nos succès,
offrons-lui nos revers. »

La parole de Dieu, les lectures de piété, l'exemple des
saints, la conversation avec les gens de bien, sont, selon le
Dauphin, autant de moyens de salut, que nous devons rendre
efficaces par le bon usage. « La parole de Dieu, dit-il, doit
être écoutée avec une sainte avidité, beaucoup d'attention et
un grand respect. Si nous voulons que Dieu nous écoute lorsque nous le prions, écoutons-le nous-mêmes quand il nous
instruit. Écoutons la parole de Dieu, et non les discours de
l'homme ; détournons notre esprit d'une éloquence humaine,
pour ne l'appliquer qu'aux vérités éternelles. Si la parole de
Dieu n'a pas servi à notre sanctification, elle déposera un
jour pour notre condamnation. Les entretiens avec les
gens de biens et les lectures de piété peuvent produire les
mêmes effets que les sermons. Nous trouvons dans la vie
des saints de quoi admirer et imiter. Sans sortir de notre
état, nous pouvons pratiquer quelque chose de la fermeté
des martyrs, du zèle des pontifes, de la pureté des vierges. »

Plein de confiance dans les mérites et la protection de
saint Louis, son aïeul, et depuis longtemps son modèle, il ne
laissait passer aucun jour sans lui adresser cette prière :
« Dieu éternel, qui, depuis l'établissement de cette monar-
chie, lui donnez des marques d'un protection toute spéciale,
accordez aux mérites et aux vœux de saint Louis, que ses

descendants, que votre serviteur, et tout votre peuple, soient les imitateurs des vertus qu'il a pratiquées, afin que, conservant la paix au dedans et au dehors, nous soupirions uniquement après la joie de ce royaume, où les rois et les peuples ne reconnaissant plus que vous seul pour pasteur et pour père seront unis entre eux par les liens d'un amour éternel. »

Il avait une dévotion particulière à la sainte Vierge. « Adressons-nous à elle avec la confiance la plus tendre, dit-il dans ses écrits ; songeons aux titres qu'elle a auprès de Dieu ; admirons sa sainteté ; efforçons-nous d'imiter ses vertus. » Un jour qu'on parlait en sa présence du vœu de Louis XIII : « Ce prince, dit-il, entendait bien les intérêts de la Nation, quand il l'engageait par son exemple à s'appuyer d'une si puissante protection. »

La Dauphine ayant été quelque temps en péril après la naissance du comte de Provence, il fit vœu, pour le rétablissement de sa santé, d'aller à Notre-Dame de Chartres. La princesse, étant guérie, voulut l'accompagner dans ce voyage de dévotion ; et dans un siècle où l'esprit d'incrédulité s'efforce de jeter un vernis de petitesse sur tout ce qui tient à la religion, on voyait ces deux vertueux époux, à l'exemple de nos plus grands princes, se faire honneur de la simplicité de leur foi, et de ces pratiques respectables que la piété de nos pères a consacrées, et qui font encore l'édification publique.

Les sacrements étant les sources de grâces les plus fécondes, le Dauphin se proposa d'en faire toute sa vie un saint et fréquent usage. Il ne laissa jamais passer un mois sans s'approcher du tribunal de la pénitence, et ordinairement il le faisait plus souvent. Il se disposait à ce sacrement par la recherche exacte des moindres fautes. Ne jugeant pas que les formules d'examen de conscience proposées au commun des fidèles pussent convenir à un Dauphin, il en composa une analogue aux différents devoirs qu'il avait à remplir. La dis-

solution des jésuites en France l'ayant privé de son confesseur, avant de faire un nouveau choix, il voulut consulter
l'archevêque de Paris qu'il regardait comme son père spirituel : tant il est vrai que les personnes les plus éclairées dans
les voies du salut sont celles qui se défient le plus de leurs
propres lumières. Ce qu'écrit ce prince annonce bien en effet
qu'il eût été plus en état que personne de fixer ce choix par
lui-même. « Saint Louis, dit-il, entre les avis qu'il donne à
son fils, lui conseille de s'adonner à la conduite d'un guide sûr
et fidèle. Les qualités qu'on doit chercher dans celui à qui on
veut remettre le soin de son âme, sont surtout la charité, la
science et la prudence. Si l'une de ces trois qualités lui
manque, l'âme est en danger de se perdre. Quand on a
trouvé cet homme, on doit le regarder comme l'envoyé de
Dieu ; avoir en lui une confiance filiale ; et, afin que la
conscience soit tranquille, lui déclarer avec droiture, simplicité et clarté, non seulement ses fautes, mais ses sentiments,
ses bonnes et ses mauvaises inclinations, ses peines et ses
inquiétudes. Le péché n'est honteux que lorsqu'on s'y aban-
donne ; mais la contrition par laquelle on le déteste, et la confession dans laquelle on s'en accuse, lui font perdre sa dif-
formité : il devient la matière d'un sacrifice qui doit être
consolant pour nous, puisqu'il est infiniment agréable à
Dieu. »

Tant de beaux sentiments, et une vie si chrétienne,
étaient dans ce prince le fruit de son union fréquente avec le
Dieu qui fait les saints. Il communiait fréquemment. On ne
saurait communier trop souvent, quand on s'applique avec
autant de soin que lui à ne le faire que saintement. Quoique
toute sa conduite ne fût qu'une sorte de préparation à cette
grande action, il s'en occupait cependant trois jours avant
d'une manière plus particulière. Ne trouvant pas dans les différents ouvrages qui traitent de la communion de quoi satisfaire sa piété, il communiqua ses vues au P. Griffet, et

l'engagea à en composer un qui pût servir pour la prépara-
ration à la communion, et pour l'action de grâce après. C'est
le livre qui a pour titre : *Exercice de piété pour la communion*, le meilleur que nous ayons en ce genre. « L'Eucharistie, dit-il à ce religieux dans une lettre qu'il lui écrit à ce
sujet, est un sacrement qui demande une si grande préparation, et qui mérite tant de reconnaissance après qu'on l'a
reçu, qu'il me parait convenable de s'en occuper une semaine
entière, dont les trois premiers jours seront employés à la
préparation, et les quatre autres à la reconnaissance. Vous
pourriez faire, pour chacun de ces jours, des réflexions et des
prières convenables au sujet. Je voudrais pour le quatrième
jour, des prières que je puisse dire pendant la messe de communion, et qui soient particulières à cette action, et d'autres
prières encore pour la messe d'action de grâces que j'entends
après la communion. Je vous demande en grâce, mon Révé-
rend Père, de vous mettre au plus tôt à cet ouvrage et d'y travailler avec la ferveur que ne peut manquer de vous inspirer
le désir que vous avez du salut des âmes. Il sera très utile
pour le mien, d'autant plus que je n'en connais aucun qui
soit dans ce goût-là; en tout cas vous le feriez mieux qu'un
autre. »

Voici ce qu'il avait écrit lui-même sur l'Eucharistie,
d'après l'heureuse expérience qu'il en avait faite : « Ce sacrement éclaire l'âme sur ses devoirs ; il la dégoûte des plaisirs
des sens, il lui en découvre le néant, il lui en fait sentir le
danger, et lui donne la force de résister à leurs amorces. Il
la soutient contre la séduction des mauvais exemples et
contre elle-même; aussi Jésus-Christ, au jour de son jugement, n'aura-t-il pas de reproche plus terrible à faire aux
réprouvés, que de n'avoir pas voulu profiter d'un moyen de
salut si puissant. Pour en profiter, deux choses sont également nécessaires : communier dignement et communier souvent. C'est en communiant souvent qu'on apprendra à com-

munier plus dignement. Ceux qui n'ont pas beaucoup d'affaires, doivent profiter de leur loisir pour communier souvent; ceux qui sont chargés d'affaires plus importantes doivent aussi communier souvent, afin d'être en état d'en soutenir le poids. » On voit ici que les ouvrages de saint François de Sales n'étaient pas inconnus à ce prince.

On a remarqué que depuis qu'il fit sa première communion jusqu'à sa mort, il ne s'était jamais écoulé deux mois sans qu'il se fût approché des sacrements. Ni l'embarras des affaires, ni la dissipation des voyages, ni le tumulte des armes ne l'empêchèrent jamais d'être fidèle au plan de vie qu'il s'était tracé. A Compiègne comme à Fontainebleau, à la tête de nos armées comme à Versailles, partout il montrait la même fidélité à fréquenter les sacrements. Sans respect humain comme sans ostentation, il ne cherchait que Dieu pour témoin de sa piété; mais il n'eût pas rougi d'une action vertueuse en présence d'une armée entière qui l'eût désapprouvée. « Je me souviens, écrit le duc de la Vauguyon, qu'à mon retour de l'armée un homme bien recommandable par ses talents et ses vertus, M. le chancelier d'Aguesseau, touché jusqu'aux larmes de la piété de M. le Dauphin, me disait un jour : « Ah! Monsieur, qu'il est beau de voir un prince « de cet âge ne pas roug'r de Jésus-Christ, et se conduire par « ses maximes jusqu'au milieu du tumulte des armes! »

Dans une visite qu'il fit pendant un voyage de Compiègne, aux Chartreux de Mont-Renaud, près de Noyon, ces religieux ne purent l'entendre, sans étonnement, parler au milieu d'eux le langage de la piété avec autant d'aisance et d'onction que l'eût fait un d'entre eux. Il dit, entre autres choses, à ces pieux solitaires : « Rien ici ne vous empêche de faire un fréquent usage de la communion; vous devez être heureux : car mes plus beaux jours sont ceux où j'ai le bonheur de communier »; faisant ainsi, sans y penser, l'éloge de sa foi et de sa piété.

Sa vertu fut toujours au-dessus des découragements et des vicissitudes qu'éprouvent les âmes vulgaires. Ni la séduction des exemples, ni les dégoûts, ni les difficultés, ni les fautes même, quand il lui en échappait, n'étaient capables d'ébranler sa fidélité au service de Dieu. « S'il arrive, dit ce prince, qu'en accomplissant les devoirs de la piété, on

soit tourné en ridicule par les insensés, on doit s'en réjouir, à l'exemple de David qui, se voyant blâmé de s'être livré aux saints transports de sa joie en dansant devant l'arche du Seigneur, témoigna qu'il se tiendrait toujours honoré de pareilles railleries. Malheur, dit-il ailleurs, à celui qui, voyant qu'il est encore sujet à beaucoup d'imperfections, se laisse aller au découragement et à la tentation d'abandonner le service de Dieu. Ce n'est pas être vaincu que d'être tenté ; on n'est vaincu que par le seul découragement ; et pour être vainqueur, il suffit de vouloir toujours combattre. »

Il est aisé d'imaginer ce qu'un prince si religieux pensait du monde, c'est-à-dire, selon l'idée que la religion attache à ce terme, de cette multitude d'hommes qui vivent au milieu de nous dans l'oubli du salut et suivant des maximes tout opposées à celles qu'ils font profession de croire ; voici le tableau que j'en trouve dans ses écrits : « Le monde offre à mes yeux un spectacle formé par les passions les plus séduisantes. J'y vois les succès de l'intrigue, les triomphes de la vengeance, l'éclat des richesses, les amorces des plaisirs, le faste du luxe, les honneurs de l'orgueil et de l'ambition ; mais prenant en main le flambeau de la foi, pour reconnaître de plus près ce spectacle enchanteur, l'illusion se dissipe, et je ne vois plus que des inclinations honteuses, des passions avilissantes, l'ordre renversé, la gloire dérobée à Dieu, la substance du pauvre consumée par les superfluités du riche, des haines immortelles, des honneurs usurpés, des biens mal acquis, et le prince des ténèbres triomphant avec empire de ce grand nombre d'âmes asservies à ses lois. Dans le monde on n'entend débiter que des maximes opposées à celles de l'Évangile ; on ne voit que des exemples d'autant plus dangereux, qu'ils sont facilement approuvés par la corruption du cœur. Si l'on ne prend soin de se prémunir contre ses principes, et de se fortifier contre ses exemples, il est impossible qu'enfin la vérité ne s'obscurcisse, et que les bons sentiments ne s'altèrent ».

Ce qu'il écrit sur les divertissements du monde n'est ni moins solide ni moins lumineux. « Une âme généreuse, dit-il, qui s'attache au service de Dieu, ne saurait se résoudre, de propos délibéré, à lui déplaire dans les choses même les plus légères. C'est d'après ce principe qu'on doit porter son jugement sur ce qu'on appelle amusements et usages du monde. On demande quel mal il y a de fréquenter les assemblées du grand monde, les bals et les spectacles, châtiés et épurés de tout ce qui pourrait y blesser la pudeur ? Mais, pour peu qu'on ait étudié le cœur humain, on doit savoir que ses désirs sont insatiables ; et il est aisé de sentir que l'élégance de la parure, les jeux, les danses et les spectacles, choses indifférentes de leur nature, deviennent aisément dangereuses par le vice de la nôtre ; et d'ailleurs accoutumer le cœur à s'attacher à des choses aussi frivoles que le sont toujours les pompes du siècle, c'est le détourner de ce qui doit faire son occupation principale ; et quiconque désire sincèrement de plaire à Dieu, doit renoncer à toutes ces vanités, et surtout éviter avec le plus grand soin d'y mettre aucune affection. » Voici un trait que je trouve dans les écrits de la Dauphine, et qui, quoique peu important en lui-même, peut servir cependant à manifester de plus en plus les dispositions de ce prince : « Les derniers jours de sa vie, dit la princesse, il était quelquefois agité par des rêves inquié-tants. Dans un de ces moments qui tiennent comme le milieu entre le sommeil et l'état de veille, tout à coup on l'entendit s'écrier : *Ah ! mon Dieu, je vous demande pardon.* M. Collet lui demanda de quoi ? *C'est,* lui répondit-il, *que je viens de la comédie.* M. Collet lui dit de se rassurer, qu'il n'y avait point été : *Oh ! je vous assure,* reprit-il, *que j'en viens, et j'en suis bien fâché.* M. Collet lui dit qu'il se tranquillisât, parce que s'il y avait été, il l'y avait suivi, puisqu'il ne l'avait point quitté. M. le Dauphin s'étant parfaitement éveillé, lui dit : « *Je l'ai donc rêvé, je le croyais véritablement, et j'en étais désolé* ».

Sa conduite simple et modeste, le soin même qu'il prenait de cacher ses talents, ses vertus, et tout ce qui eût pu lui attirer l'estime publique, annoncent combien son cœur était éloigné du vice de l'orgueil. « Souvent, dit-il, les princes se regardent comme des dieux, parce qu'ils se ressentent à peine des misères humaines » ; et dans un autre endroit : « L'illustration des aïeux, la faveur des grands, celle même de la multitude, sont des avantages d'opinion. La magnificence dont se repait la vanité de tant d'hommes n'est que le fruit des richesses, avantage purement extérieur, qu'on ne saurait, sans extravagance, considérer comme inhérent à la

personne qui le possède. Les grâces extérieures, la beauté
de la figure, celle même de l'esprit, sont des dons de la
Providence purement gratuits. La science même acquise par
le travail, perd son mérite, et n'est plus que pédanterie,
quand on s'étudie à la faire valoir. Les titres et les honneurs,
dans lesquels on voit qu'un homme place sa vanité, le
dégradent au lieu de l'élever : on sent qu'il n'était pas né
pour en jouir. L'homme modeste ne cherchant d'autre gloire
que celle qui est attachée à la solide vertu, ne daigne pas
même fixer ses regards sur ces distinctions frivoles.

« La vaine gloire et la réputation sont choses fort différentes : on doit fuir la vaine gloire, et conserver sa réputation.
On ne doit cependant pas porter cet amour de la réputation
jusqu'aux excès de la délicatesse; car la réputation n'est que
comme une enseigne qui indique où réside la vertu. Ainsi, le
plus sûr moyen d'assurer notre réputation, c'est de nous
attacher à la vertu. »

Quoique la vie de ce prince offre le plus heureux assemblage de toutes les vertus chrétiennes, il y en avait quelques-
unes cependant pour lesquelles il semblait avoir une estime
de préférence : telle est cette belle vertu qui rapproche
l'homme de la nature de l'ange, et qui caractérise une âme
forte et élevée au-dessus des sens. Il n'était pas encore en
âge de connaître le prix de la pureté, qu'il paraissait touché
de ses charmes; elle fut comme sa vertu favorite; celle de
son enfance, celle de sa jeunesse, celle de toute sa vie. Dans
l'âge où la passion contraire attaque l'homme avec plus de
violence et de succès, il sut toujours lui résister et la maîtri-
ser. Ni l'enjouement de son esprit, ni les invitations les plus
séduisantes, ni les exemples les plus impérieux, ne furent
jamais pour lui des amorces : ce qui eût été précipice pour
le commun des jeunes gens, n'était pas même danger pour
lui. Une aimable retenue s'annonçait dans tout son extérieur,
et l'on eût dit que la pudeur le conduisait elle-même par la

main, rien ne fut capable d'entamer sa vertu. « La chasteté, dit ce prince dans ses écrits, est une vertu propre au christianisme, et dont les philosophes païens les plus éclairés paraissent n'avoir eu presque aucune connaissance; mais Dieu en donne dans les livres saints une si haute idée, il attache à sa pratique de si grands privilèges, il enseigne si soigneusement les moyens d'y parvenir, qu'il n'est point d'efforts que nous ne devions faire pour la conserver, et pour éviter scrupuleusement tout ce qui pourrait y porter la plus légère atteinte : la moindre tache ternit son éclat. »

Il regardait le vice contraire à cette vertu comme également capable de dégrader et d'avilir le prince, l'homme et le chrétien. « Je n'ai jamais compris, disait-il, comment des écrivains cyniques ont pu porter l'audace jusqu'à qualifier de passion des grandes âmes, celle qui traîne partout avec elle la honte et l'infamie; qui porte l'amertume et la division dans le sein des familles, et qui n'offre de toutes parts, au milieu de la société, que des hommes dont elle abrutit la raison, des chrétiens dont elle atteint la foi, des Salomon qu'elle aveugle, et sur le salut desquels elle laisse à peine à la postérité la plus effrayante incertitude. »

Nous avons vu ailleurs comment ce prince se conduisait dans son domestique avec la Dauphine. La conduite qu'il gardait avec elle en public annonçait les mêmes sentiments : et il était aisé de reconnaître à son ton, son langage et ses manières, cette tendresse sincère et cordiale, que n'imite jamais bien celle qui n'est que de cérémonie. Souvent, lorsqu'il prenait avec elle le délassement de la promenade, il la conduisait sous le bras avec cet air d'aisance et de simplicité, qui, pour n'être plus d'usage parmi la plupart des grands, n'en plaisait pas moins au peuple, qui faisait à cette occasion les réflexions les plus attendrissantes sur les charmes d'une union si parfaite. Jusque dans nos temples, où ces vertueux époux se trouvaient souvent ensemble, les sentiments de piété, dont tous deux paraissaient également pénétrés, en faisaient juger de leur tendresse mutuelle. C'est le propre du vice de suspecter la sincérité de la vertu ; un cœur déréglé aime à se persuader, sur les plus légères apparences, qu'un homme vertueux n'a au-dessus de lui que l'art de savoir feindre ; et souvent, par une interprétation maligne, il sait lui faire un crime de l'action la plus louable ; mais les yeux les plus soupçonneux eurent beau envisager le Dauphin sous tous les points de vue, étudier ses inclinations, suivre ses démarches, jamais ils n'aperçurent dans sa conduite rien que de louable et d'honnête. Il était tellement réservé avec les personnes de différent sexe, que jamais il ne se permit un mot, un geste, un sourire qui pût autoriser dans le censeur le plus malin le plus léger soupçon.

Ce qui le soutenait et l'affermissait dans toutes ces vertus, c'est qu'il avait toujours présentes à l'esprit les grandes vérités de la foi, et surtout sa fin dernière : « A la mort, dit-il dans ses écrits, le monde finira pour moi ; tous les objets qui m'attachent me seront enlevés ; tous les plaisirs et leurs fausses joies ne me paraitront plus que des fantômes trompeurs. Mon corps, cadavre hideux, deviendra la pâture des vers ; mais quelle sera la destinée de mon âme ? La perdre pour l'éternité serait le plus grand des malheurs ; point d'efforts donc, point de sacrifices qui doivent me coûter pour l'éviter ». Cette pensée salutaire de la mort lui devint plus familière encore les trois dernières années de sa vie, lorsqu'il eut ressenti les premières attaques de la maladie dont il mourut. Quoiqu'il ne changeât rien à son genre de vie, et qu'il conservât sa gaieté ordinaire, il semble qu'il avait un secret pressentiment du terme où aboutirait son indisposition ; et comme s'il eût voulu préparer la résignation de la Dauphine en lui faisant connaître la sienne, un jour qu'il s'entretenait avec elle de ce qui fixe principalement l'attention des peuples dans la vie des princes : « Il y a surtout, lui dit-il, deux

époques dans leur vie qui frappent les esprits : leur naissance et leur mort. Ma naissance a dû naturellement faire
plus de sensation que celle de mon fils, et peut-être que dans
peu vous serez témoin de l'impression que fera ma mort ».
« Le jour, dit la Dauphine, que mourut M. d'Aurillac, premier président du Grand-Conseil, le roi dit qu'il aurait été
bien à souhaiter qu'il eût eu une demi-heure de plus pour
se reconnaître. — C'est bien peu, dit M. le Dauphin, qu'une
demi-heure pour se préparer à la mort. — Le roi dit que cela
pouvait suffire et moins encore, si on savait bien en profiter.
— Oui, sans doute, répliqua M. le Dauphin, mais rien n'est
si rare qu'un bon *peccavi*, et il vaut mieux faire ses préparatifs d'avance. »

Quand on embrasse, comme ce prince, jusqu'au conseil de
perfection, on est bien éloigné de se permettre l'infraction
des préceptes : toute sa vie il observa, avec la plus religieuse
exactitude, les jeûnes et les abstinences ordonnés par l'É-
glise. Il gémissait de l'aveuglement de ces chrétiens qui,
reconnaissant encore l'Église pour leur mère, ne se font point
de scrupule de se soustraire à ses préceptes, quand un médecin commode a trouvé dans leur délicatesse des raisons
suffisantes de dispense. Dans les dernières années de sa vie,
lorsque sa santé commençait à s'altérer, et que le jeûne le
fatiguait davantage, sur les représentations réitérées qu'on
lui fit de ménager avec plus de soin une santé si précieuse à
l'État, il se permit, pour tout adoucissement, pendant le
carême, de prolonger son sommeil d'une demi-heure; et il ne
cessa d'être fidèle à la loi, que lorsque ses médecins lui
déclarèrent positivement qu'il ne pouvait l'observer sans
porter un préjudice notable à sa santé; et alors même il se
condamnait encore à des privations certains jours de la
semaine. L'évêque de Verdun lui disait un jour, qu'il avait
tort de ne pas suivre fidèlement les avis de ses médecins :
« C'est, répondit-il en riant, que j'ai quelquefois remarqué que

les ordonnances de l'Église valaient autant pour la santé, que celles de la faculté ».

En philosophe chrétien, il élevait souvent son âme à Dieu, et l'invitait à la reconnaissance, par le spectacle de la nature et la considération des différents bienfaits que la main du Créateur, attentive à nos besoins, nous dispense avec tant de largesse. Ses sentiments sur cette matière sont si beaux et si touchants, qu'ils ne peuvent être rendus que par lui-même. Ses pensées, toujours nobles, semblent acquérir ici un nouveau degré d'élévation par la grandeur du sujet. Mais ce qui annonce, outre la piété, la force et la fécondité d'esprit de ce prince, c'est que ce qui suit lui coûta à peine quelques instants de réflexion : je tiens cette particularité du secrétaire même qui écrivit sous sa dictée.

« Quelle idée, Seigneur, nous donne de votre puissance ce vaste univers! Vous seul l'avez fait sortir du néant : un seul acte de votre volonté fit en un instant ce que tout notre esprit ne saurait même comprendre. Il ne vous en coûta pas davantage pour donner la première existence à ce monde visible, qu'il ne vous en coûte aujourd'hui pour le conserver : une sagesse infinie dirige en vous un pouvoir sans bornes.

« Cette sagesse vous désigna le moment prévu de toute éternité, où la matière devait prendre son commencement; alors elle fut créée, et reçut de vous toutes les propriétés qu'il vous plut de lui communiquer.

« Dans un aussi grand ouvrage que celui de la création, votre propre gloire fut le seul motif digne de vous faire agir : qu'il soit aussi, ô Dieu souverainement parfait, le seul qui règle nos pensées, qui anime nos volontés, qui dirige nos actions.

« Que les biens sensibles qui nous environnent, nous rappellent sans cesse ceux qui nous attendent dans le Ciel. La terre n'est qu'un passage, c'est un lieu d'épreuves. Il n'est point d'autre lieu de repos pour nous, Seigneur, que celui que vous nous réservez dans votre gloire.

« Que de prodiges de puissance et de sagesse sont renfermés dans le globe que vous nous avez donné pour demeure! Partout on y reconnaît une main bienfaisante occupée à pourvoir à nos besoins, et qui multiplie tous les jours en notre faveur les richesses de sa libéralité.

« La terre ouvre son sein sous nos pieds pour fournir à notre nourriture. L'émail des prairies, le cristal des eaux, la variété des plantes, offrent à nos regards un spectacle enchanteur. Quelle abondance de biens de toute espèce la providence du Seigneur nous procure! Serions-nous assez insensés pour méconnaître Celui même de qui nous tenons tout ce qui sert à nos usages?

« La terre est au Seigneur avec tout ce qu'elle renferme : il y commande en maître aux éléments insensibles. Mortels, admirez donc ce que peut votre Dieu. Il dit : *Que la lumière soit faite*, et la lumière est faite. Appliquez les yeux de votre esprit à ce qui frappe ceux de votre corps. Quelle autre leçon serait nécessaire pour vous apprendre à reconnaître sa puissance et à lui rendre vos hommages?

« Vos ouvrages, Seigneur, sont aussi incompréhensibles que votre essence. Par quelles secrètes lois dirigez-vous la nature? Que de mystères renfermés dans ses plus communes opérations! Les reptiles de la terre et les insectes de l'air ne nous découvrent pas moins votre puissance que les monstres marins ou ceux qui habitent les forêts. Dans tous les animaux répandus sur la surface de la terre, je découvre votre immensité, et la merveilleuse diversité que vous savez mettre dans vos ouvrages.

« Le soleil brille d'un éclat que nos yeux ne peuvent soutenir. Ses feux, sans se perdre, se communiquent à toute la nature et la vivifient. Image et instrument de votre puissance, Seigneur, cet astre nous peint vos grandeurs, et nous transmet les bienfaits de votre providence paternelle.

« Les cieux annoncent la gloire de Dieu, et le firmament publie qu'il est son ouvrage. Eh! quel autre que le Tout-Puissant aurait pu suspendre sur nos têtes cette multitude de globes lumineux, assigner à chacun leur place, le cercle qu'ils doivent décrire, et l'ordre immuable qu'ils doivent suivre?

« Oui, Seigneur, la vue du ciel matériel nous élève jusqu'à celui que vous habitez : notre esprit s'élance à travers ces espaces immenses pour pénétrer jusqu'à votre sanctuaire. Ah! heureux l'instant où il nous sera donné de vous voir, de vous contempler sans cesse, de vous aimer sans partage.

« O vous, la lumière de nos âmes, dissipez les ténèbres qui les enveloppent! découvrez-nous la grandeur de votre être, la sainteté de vos lois, l'immensité de vos récompenses; et qu'uniquement occupés de ces objets, nous ne soyons plus distraits et arrêtés par l'éclat des vanités du siècle!

« Votre trône, ô Roi des rois, est environné d'une foule d'esprits bienheureux occupés à contempler vos perfections. Quand nous sera-t-il donné d'être admis parmi eux, et de mêler nos voix à leurs sacrés cantiques? O séjour fortuné, où les anges et les élus s'enivrent sans cesse d'un torrent de délices! Bonheur parfait! Félicité inaltérable! Vous nous permettez d'y aspirer, Seigneur, et vos lois saintes n'ont pour but que de nous y conduire.

« Sans quitter la demeure inaccessible de votre gloire, vous rapprochez les cieux de la terre : vous permettez qu'on vous y élève des temples, et vous les remplissez de votre présence, afin que nous puissions vous y présenter nos vœux, et y recevoir l'abondance de vos grâces.

« N'envions donc plus aux esprits célestes la présence du Tout-Puissant : nous jouissons du même bonheur, Dieu réside parmi nous sous les voiles eucharistiques : environnons sans cesse son autel, et présentons-lui, avec un cœur pur, l'encens de nos louanges et de nos prières.

« Vous avez daigné, Seigneur, nous prescrire les règles de notre conduite. Nous avons entendu votre voix, qui nous a dicté les lois que nous devons suivre : lois saintes et immuables, qui en assurant notre félicité sur la terre, nous conduisent encore à un bonheur éternel dans le Ciel.

« Non content d'avoir instruit l'homme par la publication de la loi ancienne et nouvelle, vous daignez encore lui parler en secret par vos inspirations et par votre grâce. Il ouvre ses lèvres pour prier : une voix intérieure répond à ses demandes, et l'instruit sur ses devoirs.

« Quelles pensées avais-je, ô mon Dieu, lorsque je ne pensais point à vous? De quoi m'occupais-je, quand je vous oubliais? Quelles étaient mes affections insensées, lorsque je ne vous aimais pas? Créé pour le vrai, je me repaissais de la vanité ; je me soumettais au service d'un monde qui n'est créé lui-même que pour vous servir : vous serez désormais, Seigneur, les délices de mon cœur et l'unique objet de mes affections.

« Vous n avez besoin, Seigneur, pour votre gloire, ni d'adorations ni de louanges : vous ne les exigez de notre part, qu'afin d'avoir à nous récompenser de la fidélité avec laquelle nous nous en acquittons. Serions-nous assez insensés pour vous refuser un tribut qui, par vos bontés, tourne à notre propre avantage?

« C'est à votre ressemblance, Seigneur, que vous avez créé l'homme : quelle sublime destinée! Il doit donc participer à l'élévation de vos vues, à la droiture de vos jugements, à la perfection de vos actions : il doit être saint, parce que vous l'êtes vous-même »

Sous quelque point de vue qu'on envisage le Dauphin, on ne saurait le méconnaître : prince, homme ou chrétien, partout il est semblable à lui-même; et nous verrons bientôt que, soutenant constamment son caractère et sa vertu, il vit approcher sa dernière heure sans trouble et sans faiblesse, et parut tel au lit de la mort qu'il avait toujours été pendant sa vie. Plusieurs même ont cru qu'il s'était montré supérieur à lui-même dans sa dernière maladie; mais s'il parut plus grand alors, c'est qu'il fut mieux aperçu.

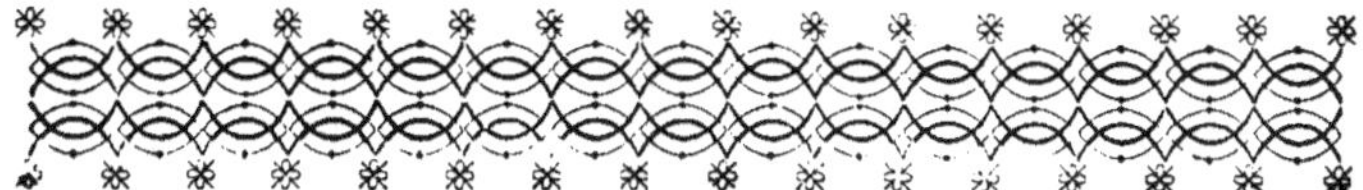

LIVRE CINQUIÈME

L E Dauphin était âgé de trente-six ans, et les rares qualités de son esprit, jointes à une vertu consommée, faisaient concevoir les plus flatteuses espérances, quand on commença à s'apercevoir du dépérissement de sa santé. Il perdit sensiblement son embonpoint; la fraîcheur de son teint se flétrissait, et la pâleur effaçait peu à peu les plus belles couleurs de son visage. On vit avec étonnement un tempérament aussi vigoureux que l'était celui de ce prince, se consumer par la langueur : on en chercha la cause, et chacun fit ses conjectures. Plusieurs crurent que les maux de la religion avaient porté un coup mortel à son cœur. D'autres prétendirent qu'il s'était échauffé la poitrine, en donnant trop de temps au travail, et trop peu au sommeil et aux autres délassements. Peut-être ces différentes causes réunies ont-elles concouru au même effet. Quoi qu'il en soit, deux ans s'étant déjà écoulés depuis qu'il avait ressenti les premières atteintes de sa maladie, il se trouva dans un état d'épuisement qui l'accablait. Toute espèce de nourriture lui devint insipide : il ne conservait plus de goût que pour le café. Il lui prit un jour envie de manger du raisin ; il s'en trouva fort bien, et continua. Les médecins lui en permirent l'usage aussi fréquent qu'il le voulut ; il en faisait presque son unique nourriture. L'appétit lui revint, et peu à peu il se remit à une nourriture ordinaire. On espérait que la nature reprendrait enfin le dessus : l'espérance fut de courte durée.

Pendant le voyage de Compiègne, il se fatigua considérablement à exercer les troupes du camp que le roi avait ordonné devant cette place. Il ne se contentait pas d'être spectateur des opérations, il les dirigeait lui-même. Rien ne se faisait que par ses ordres, et il se trouvait partout pour les donner. Tous les jours, pendant les matinées les plus fraîches, on le voyait, dès le lever du soleil, ranger lui-même les troupes en ordre de bataille, et commander les évolutions. Comme ces exercices lui plaisaient, et qu'il en soutenait volontiers la fatigue, on les jugeait plus utiles que nuisibles à sa santé. Un gros rhume qui lui survint au retour d'une promenade qu'il fit par un temps humide vers l'abbaye de Royal-Lieu, porta une atteinte mortelle à sa poitrine, déjà fort affaiblie. Cependant le retour de la Cour à Versailles étant fixé à quelques jours de là, la crainte de lui occasionner un dérangement l'engagea à prendre les moyens les plus prompts pour se défaire de son rhume : il garda la chambre, et prit toutes sortes de palliatifs. Il voulait paraître guéri pour le jour du départ, et il le parut. Mais à peine fut-il arrivé à Versailles, que le mal s'aigrit sensiblement : il lui survint un crachement de sang accompagné d'accidents fâcheux. Une saignée le soulagea. Quelques jours après il parut convalescent, quoiqu'il conservât toujours une toux sèche. Par le même motif de complaisance, qui lui avait fait craindre d'apporter quelque retard au retour de Compiègne, il témoigna au roi que le séjour de Fontainebleau lui plairait beaucoup, et qu'il désirerait que le voyage se fît comme de coutume. Il s'y rendit avec la Cour le 4 octobre. Les premiers jours après son arrivée, on crut apercevoir un mieux sensible. A la maigreur extrême de son visage, succéda une bouffissure qu'on prit pour embonpoint. Il se trouvait bien de l'exercice qu'il prenait : on conçut des espérances. Voici comment la Dauphine en écrivait au roi Stanislas : « Je ne puis encore être parfaitement tranquille sur l'état de M. le Dauphin ; mais je regarde les compliments que Votre Majesté veut bien me faire comme le présage le plus heureux de son entier rétablissement. La fièvre est diminuée, les crachats sont moins abondants et de meilleure qualité ; voilà ce qui soutient mes espérances ; mais mon unique confiance est en Dieu : c'est de lui seul que j'attends la conservation de M. le Dauphin ; aussi suis-je très obligée à Votre Majesté de toutes les prières qu'elle a fait faire et auxquelles elle a voulu assister elle-même ».

Cependant le mal faisait sourdement des progrès ; et au moment où l'on s'y attendait le moins, tous les accidents qui s'étaient déjà annoncés reparurent avec des caractères plus effrayants. La toux devint plus violente, la fièvre plus forte, le sommeil plus agité, et bientôt des expectorations purulentes indiquèrent la formation de l'abcès à la poitrine. De la Cour, l'alarme se répandit jusqu'aux extrémités de la France. Tout ce qu'il y avait d'âmes vertueuses dans le monde et dans le cloître s'empressèrent de demander à Dieu, par les vœux les plus ardents, la conservation d'une tête si précieuse à la religion et à l'État. Bientôt après, le danger paraissant de jour en jour plus pressant, on ordonna des prières publiques dans toute l'étendue du royaume ; et ce fut là comme le signal d'une désolation générale, qui ne peut être comparée qu'à celle qu'occasionna la maladie de Louis XV à Metz. L'affliction de tous les gens de bien était si sincère et si vive, qu'elle se communiqua à tous les cœurs, et entraîna les plus indifférents : les étrangers même partageaient la douleur des Français. Le Dauphin, comme nous l'avons vu, s'était étudié à cacher ses rares qualités, et il y avait réussi. La France jusqu'alors n'avait connu qu'imparfaitement le trésor qu'elle possédait en sa personne; mais après avoir passé toute sa vie dans son cabinet, il fut obligé, si je puis ainsi parler, d'être malade en public. Toutes les personnes de la Cour se faisaient un devoir de leur assiduité à lui faire leurs visites, et lui, de sa complaisance à les recevoir. Paroles, actions, sentiments, tout ce qu'il faisait, tout ce qu'il disait était recueilli et rendu public, tout intéressait jusqu'à l'attendrissement. On aperçut alors le fond de son cœur : son mérite ne fut plus un problème. On rendit partout hommage à ses grandes qualités; on se reprochait de ne l'avoir pas connu plus tôt : tant il est vrai que les droits de la vertu sont des droits inaliénables, qu'on peut lui contester pour un temps, mais qu'elle recouvre tôt ou tard.

Les prières publiques que l'on fit alors ne furent point, comme on le voit quelquefois, des prières de cérémonie : elle étaient commandées par le cœur, beaucoup plus que par les ordonnances des évêques; et l'on vit en cette occasion la différence que le peuple met entre un prince et un prince. Chacun envisageant la perte du Dauphin comme un malheur personnel, voulait sincèrement l'éloigner, et en prenait les moyens qu'il jugeait devoir être les plus efficaces. Nous fûmes alors témoins de ce qu'on voit à peine dans ces calamités où tous ont à craindre pour la vie : toutes les fêtes étaient suspendues, un triste silence régnait dans ces lieux même de divertissement qui retentissent habituellement de cris de joie; en plusieurs endroits le zèle des ecclésiastiques suffisait à peine à la piété des fidèles, qui, pour adresser à Dieu des vœux plus efficaces, voulaient se mettre en état de grâce, et se réconcilier avec lui. La capitale se distingua parmi les autres villes du royaume : pendant les prières de quarante heures, toutes les églises des paroisses et des communautés étaient remplies de monde; on y entrait respec-

tueusement, on priait, souvent on pleurait, et on se retirait
en silence.

Pendant ces jours de deuil et d'affliction, il n'était pas
rare de voir des gens de tout sexe et de toute condition
prosternés au milieu de la place de Sainte-Geneviève, dont
l'église était toute remplie de monde. Les pauvres habitants
des campagnes, plus sensibles encore et plus religieux que
ceux des villes, profitaient des jours où il leur était permis
de suspendre leurs travaux, pour s'acquitter envers le Dauphin, et demander au Ciel avec plus d'instances la conservation d'un prince dont ils avaient toujours ouï dire qu'il
ne pensait qu'à les rendre heureux. Ils arrivaient par troupes
dans la capitale, et se rendaient aux tombeaux des saints
protecteurs de la France. Dans la saison la plus rigoureuse,
on les voyait le long des rues et sur les places publiques, se
délasser, en mangeant un morceau de pain bis, de la fatigue
d'un voyage de plusieurs lieues.

La famille royale, de son côté, réunissait tous les genres
de bonnes œuvres, pour fléchir le Ciel et détourner le coup
qui menaçait la France. Mais il était inévitable, le mal était
sans remède; et les médecins déclarèrent que tous les
secours de l'art devenant desormais inutiles, il n'y avait
qu'un prodige qui pût opérer la guérison du Dauphin. Cette
nouvelle, qui se répandit bientôt parmi le peuple, au lieu
de ralentir son ardeur dans la prière, ne fit que l'enflammer
davantage; et, puisqu'il fallait que Dieu fît un miracle, on
crut que c'était la circonstance où l'intérêt de sa gloire
autorisait à le solliciter de sa bonté, et à l'espérer sans présomption.

Les différents corps de l'État et toutes les communautés
ajoutèrent aux prières publiques, des prières particulières
et d'abondantes aumônes. Les pauvres n'étant plus distraits
par les inquiétudes de la misère n'étaient occupés, comme
le reste du peuple, qu'à offrir des vœux pour la cause com-

mune. Les troupes qui n'avaient pas oublié la campagne
de 1745, et qui se rappelaient surtout les bontés dont le
Dauphin les avait comblées tout récemment au camp de
Compiègne, prirent la plus grande part à la douleur publique;
et l'on remarqua que dans toutes les villes de guerre, elles

donnèrent des preuves éclatantes de leur affection envers ce
prince. Ce que fit en cette occasion le régiment des dragons
Dauphin me paraît digne d'être transmis à la postérité; il
s'imposa un jeûne solennel; et pendant qu'il dura, les églises
étaient remplies de ces braves guerriers qui, prosternés au
pied des autels, conjuraient le Dieu des armées, avec toute
la ferveur de leur zèle, de leur accorder une vie pour laquelle
ils eussent voulu verser tout leur sang. Les officiers de ce
régiment répandirent de grandes aumônes dans la ville où ils
étaient en garnison; et le pauvre soldat, moins riche, mais
aussi généreux que son officier, trouva de quoi exercer sa

charité dans la modicité même de sa paye, dont une partie, par le jeûne qu'il s'était imposé, cessait de lui être nécessaire pour sa subsistance.

Tant de prières et de bonnes œuvres ne pouvaient être sans effet : si le Ciel ne nous accorda pas la conservation du Dauphin, il nous accorda du moins de le faire revivre dans un fils héritier de son amour pour la religion et pour les peuples; et il lui accorda à lui-même la grâce d'une bonne mort, qu'il désirait uniquement. Un jour qu'on lui parlait des prières qu'on faisait pour lui : « J'en ressens les effets, répondit-il, car Dieu me fait des grâces bien spéciales; et toute ma crainte, c'est de n'en pas assez profiter ».

Tandis que la France entière était dans le deuil et l'affliction au sujet de sa maladie, lui-même, possédant toujours son âme en paix, voyait approcher le moment de sa dissolution avec tous les sentiments de résignation et de confiance qu'une vie passée dans la vertu inspire aux plus grands saints. Pour donner une juste idée de ses dispositions dans ses derniers moments, je crois ne pouvoir mieux faire que de copier le récit qu'en fait la Dauphine. Ce morceau, le plus délicieux peut-être de tout l'ouvrage, ne respire que le sentiment et la vérité. Les détails les moins intéressants y intéressent, par là même qu'ils sont ceux d'une épouse qui ne pensait à écrire que pour elle-même.

« Le jour, dit la princesse, que les médecins virent un danger pressant, la Breuille, suivant l'ordre qu'il en avait reçu de M. le Dauphin, l'en avertit. Quoiqu'il fût très éloigné de cette pensée, il en reçut la nouvelle avec une fermeté et une tranquillité que la religion seule peut donner. Peu de temps après qu'il l'eut apprise, la reine descendit chez lui; je la suivis avec ses enfants. La reine me voyant les yeux rouges, et ne se doutant pas du danger où était M. le Dauphin, me dit que j'avais une fluxion sur les yeux. M. le Dauphin me fixa dans ce moment, et se doutant bien de ce qui pouvait m'avoir rougi les yeux, il me demanda si cette fluxion m'avait prise en m'éveillant, ou depuis. Je lui répondis que j'avais eu mal aux yeux depuis le matin. Il me fit une seconde question, par laquelle je compris bien qu'il me demandait si j'avais pleuré : je fis semblant de ne pas entendre. Il en resta là, et continua de parler à la reine avec sa tranquillité ordinaire.

« L'après-midi il envoya chercher M. du Muy, et lui fit beaucoup de questions sur une maladie de poitrine qu'il avait eue ; il reçut ensuite la visite de la reine. Dès qu'elle fut sortie : *Où croyez-vous, me dit-il, que soit M. Collet ? Car je veux me confesser cette après-midi : ç'a toujours été mon projet. Envoyez-le chercher.* J'allai chercher M. Collet qui était chez moi, et je redescendis. Il me dit de lui apporter ses livres pour se préparer, me fit rester auprès de son lit, et fit sa préparation avec la plus grande tranquillité. Quand il fut prêt, il me dit de faire entrer son confesseur. Sa confession finie, il m'envoya chercher, et me dit : *Je comptais faire mes dévotions Dimanche ; mais M. Collet m'a dit tout à la franquette qu'il valait mieux que je communiasse en viatique.* Ensuite, il me demanda ce que j'avais fait toute la matinée : je lui répondis que je n'avais pas fait grand'chose. Il me dit : *Vous vous êtes au moins lavé les yeux ;* il voulait dire que j'avais pleuré. Je lui avouai que cela était vrai ; et dans ce moment même, ne pouvant contenir mes larmes, elles coulèrent de nouveau ; il le vit, et me dit en souriant : *Allons donc, courage, courage.*

« Il envoya ensuite chercher Adélaïde, et quand elle fut arrivée, il lui répéta ce qu'il m'avait dit sur sa communion ; puis s'adressant à toutes deux, il nous dit : *Je ne puis vous exprimer, mes sœurs, combien je suis aise de partir le premier. Je suis fâché de vous quitter ; mais je suis bien aise de ne pas rester après vous.* Cela nous fit pleurer : il s'attendrit lui-même, et nous dit : *Ah ! finissez donc, vous*

me faites de la peine; et tout de suite il nous conta que
M. Collet lui avait dit qu'il faisait bien de recevoir ses sacrements; qu'il espérait que le bon Dieu exaucerait les vœux
qu'on faisait pour lui; mais que s'il en disposait autrement...
*Oh! nous dit-il, quand il en a été là, il n'a pu achever,
tant il pleurait; et je lui ai dit qu'il faisait l'enfant.*

« Il nous dit ensuite qu'il espérait recevoir ses sacrements le jeudi, pourvu que le roi ne chassât point parce qu'il
ne voulait pas le déranger. Quand le roi vint chez lui, il fit la
conversation ordinaire ; mais il le questionna beaucoup sur
les jours de la semaine où il chasserait, et il fut fort aise
d'apprendre qu'il ne sortirait pas le jeudi. Après que le roi
fut sorti, il me demanda ses livres de prières, comme il avait
toujours fait pendant sa maladie. En me les rendant, il me
demanda si j'avais son crucifix, qu'il me donnait à porter
dans tous ses voyages : je lui dis que oui, et je lui ajoutai
qu'il avait des indulgences *in articulo mortis. Ah! tant
mieux,* s'écria-t-il, *il me sera bien utile.*

« Le soir il envoya chercher le cardinal de Luynes ; il lui
dit qu'ayant résolu de recevoir ses sacrements, il le priait de
lui dire l'usage de son diocèse pour l'extrême-onction. Le
cardinal, troublé par cette demande, à laquelle il ne s'attendait pas, répondit qu'il craignait de se tromper ; qu'il le cher-
cherait dans le rituel. *Ah! je vous en prie,* lui dit M. le
Dauphin, *envoyez-le-moi par écrit dès ce soir.* Le cardinal
m'apporta le soir l'extrait du rituel, que je remis à M. le Dauphin, qui me l'avait déjà demandé plusieurs fois dans la
soirée. Il le lut avec attention, et me le remit en me disant :
*Gardez-le jusqu'à demain matin ; car il faudra le montrer
à M. Collet;* ce qu'il disait, parce que le rituel de Sens
ordonne qu'on ne donnera l'extrême-onction aux malades que
dans un danger imminent. Quoique son état lui parût dangereux, il ne le croyait pas si pressant qu'il l'était, et il voulait
  uivre la règle en tout.

« Le lendemain vers les huit heures il me dit de faire venir son confesseur, qu'il envoya au cardinal, pour s'arranger sur l'extrême-onction. Il me fit appeler pendant ce temps-là, me demanda son crucifix, et me désigna la place où il voulait qu'il fût attaché à son lit. Son confesseur revint, je sortis. Environ une demi-heure après, il me fit appeler, et me dit avec un air riant et tranquille : *Je ne comptais recevoir le bon Dieu que demain, mais M. Collet veut que ce soit ce matin.* Il m'ordonna en même temps de lui apporter les livres dont il avait besoin, et qu'il me nomma. Ensuite il me dit : *Où serez-vous pendant que je recevrai mes derniers sacrements ? Il faut que vous restiez en haut chez vous.* Je lui demandai la permission de me tenir dans un cabinet derrière sa chambre : *Eh bien, à la bonne heure,* me dit-il. Il donna lui-même ses ordres pour l'arrangement de sa chambre, pour recevoir le bon Dieu. Il reçut ses sacrements à onze heures et demie. Je ne rapporte pas toute l'édification qu'il a donnée en les recevant. Ceux qui en ont été témoins peuvent en rendre un compte plus exact que moi qui n'y étais pas.

« Après la messe, qu'il entendit tout de suite, il me fit appeler. Le roi étant dans ce moment auprès de son lit, il me fit seulement un geste qui exprimait toute sa joie, et je n'oublierai jamais l'air de contentement, de joie, de béatitude qui brillait dans ses yeux, et qui était répandu sur son visage. Le roi s'étant un peu éloigné, il me tendit la main, en me disant : *Je suis ravi de joie; je n'aurais jamais cru que recevoir ses derniers sacrements, effrayât si peu, et donnât tant de consolation; vous ne sauriez l'imaginer!* Mesdames vinrent un moment après, lorsque le roi était encore auprès de son lit : en les voyant, il se mit la main sur la poitrine, pour leur faire connaître la douceur des consolations qu'il ressentait. Il fut très gai avec le roi et la reine; mais de temps en temps il jetait les yeux sur son crucifix, qui était sur son lit, et il le regardait avec une joie et un contentement qui éclataient malgré lui.

« Quand il vit que le roi allait sortir, il pria la reine de se retirer un moment, et parla au roi en particulier. Après son dîner, il m'ordonna de lui apporter son écritoire avec du grand papier, et d'aller chez moi jusqu'à ce qu'il m'envoyât chercher. La reine vint après son dîner : il n'avait pas fini d'écrire, il la pria d'attendre. Quand il eut achevé, il nous appela la reine et moi, et nous parut fort content. Il avoua cependant qu'il était fatigué, et il se mit sur le côté. La reine, qui crut qu'il allait dormir, prit un livre, et moi aussi. Au bout d'un petit moment, il se retourna, et dit : *Ah! vous lisez; j'aimerais mieux que vous fissiez la conversation.* Il y prit part lui-même, et répéta à la reine combien il avait éprouvé de consolation en recevant ses sacrements. La reine, lui en témoigna sa joie ; mais elle ajouta qu'elle était remplie d'espérance pour sa guérison : il se retourna avec vivacité, et lui dit : *Ah! maman, je vous en prie, gardez cette espérance pour vous, car pour moi, je ne désire point du tout de guérir.* Il dit après cela à la reine : *Vous devez être étonnée de ce que je ne vous ai point parlé ce matin de mes sacrements ; mais je ne savais pas encore que je dusse les recevoir aujourd'hui. Il est assez plaisant que tout le monde en fût averti, excepté moi.*

« Quand la reine fut sortie, il envoya chercher Adélaïde. En arrivant, elle lui dit : — J'ai quitté pour vous bien bonne compagnie. Car j'avais chez moi le roi et Mme la comtesse de Toulouse : — *Voyez,* dit-il en riant, *les égards que l'on a pour les pauvres mourants ; leur moment est bien brillant, c'est dommage qu'il ne soit pas plus long.* Il fut très gai toute la journée, et l'on voyait sa joie redoubler toutes les fois qu'il regardait son crucifix. Après le salut, il fit venir ses enfants, et les reçut à l'ordinaire, sans leur parler de son état. Se trouvant seul avec Adélaïde et moi, il nous

dit qu'il eût voulu ne pas recevoir l'extrême-onction, parce
qu'il n'était pas dans le danger pressant que le rituel exigeait ;
mais que son confesseur lui avait représenté qu'il ferait bien
de la recevoir, tant pour l'édification, que parce qu'en **la**
recevant avec toute sa présence d'esprit, il en retirerait plus

de fruits, et que d'ailleurs il éviterait par là un second spectacle à la famille. Il ajouta qu'il avait répondu à son confesseur qu'il eût donc à s'arranger là-dessus avec le cardinal de
Luynes. Il nous dit ensuite qu'il avait été touché de l'état de
M. le prince de Condé, qui avait fondu en larmes pendant
toute la cérémonie.

« Le jeudi matin, il me demanda comment j'allais, et me
dit : *Je crois que vous avez plus de force et de courage
aujourd'hui ; ainsi je vais vous confier ce que j'ai dit hier
au roi, quand j'ai prié la reine de se retirer : je lui ai
demandé qu'il vous laissât maîtresse absolue de l'éduca-*

tion de vos enfants, si je venais à mourir. Je fondis en larmes, et me jetai sur sa main, sans m'apercevoir que le roi entrait, et se trouvait derrière moi. Il le vit, et me dit : *Prenez donc garde, voilà le roi.* L'après-midi il raconta ce qu'il m'avait dit à Adélaïde, et lui ajouta : *J'ai bien mal pris mon temps ; car le roi est entré dans ce moment, et la pauvre créature a été obligée de renfoncer ses larmes.* Il nous dit aussi que si le bon Dieu lui prêtait vie, il espérait recevoir encore une fois ses sacrements au bout de l'intervalle des dix jours prescrits par le rituel, et il compta que le dixième jour serait le samedi. Il le dit aussi au roi, en lui demandant s'il serait nécessaire qu'il y vînt, parce qu'il voudrait bien épargner cette peine à tout le monde, et il en chercha les moyens.

« Quelques jours après, je le priai de s'unir d'intention aux prières qu'on faisait pour obtenir sa guérison. *Non,* me répondit-il, *M. Collet me l'a défendu.* Je lui dis que je ne croyais pas cela : il se mit à rire, et me dit : *Il est vrai qu'il ne me l'a pas défendu ; mais il ne me l'a pas conseillé, parce que cela me troublerait et m'agiterait.* La reine lui dit aussi un jour la même chose que moi, et elle ajouta qu'il y était obligé, parce que sa vie était utile et nécessaire à la religion. *Ah ! maman,* lui répondit-il, *les vues de la Providence sont bien différentes de celles des hommes.* Il ne pouvait pas croire qu'il fût bon à rien, ni qu'il fût auss aimé des peuples qu'il l'était. Quand il sut qu'on continuait les prières de Quarante-Heures au delà du temps ordinaire, il en parut mécontent, *parce que,* disait-il, *selon les règles de l'Église, ces prières ne doivent durer que trois jours.*

« Il était continuellement occupé de la pensée de recevoir le bon Dieu une seconde fois, il en parlait souvent ; et au bout de huit jours il demanda à la Breuille s'il n'était pas encore dans un assez grand danger pour communier en viatique. La Breuille lui dit qu'il n'était pas dans le danger pres-

sant où il avait été huit jours auparavant ; mais que tant qu'il
y aurait de la fièvre avec crachement de pus, il y aurait du
danger. *Cela me suffit,* dit M. le Dauphin ; *car tant qu'il y
a du danger, on peut recevoir ses sacrements de dix jours
en dix jours.* Cependant, ne voulant pas s'en rapporter à
lui-même, il m'ordonna d'envoyer chercher son confesseur,
de lui dire ce que la Breuille avait dit de son état, et de lui
demander si cela ne suffisait pas pour qu'il fût permis de
communier encore en viatique. Il fut charmé d'apprendre que
M. Collet avait jugé comme lui. Il le vit le lendemain, et fixa
sa communion au dimanche vingt-quatre. La veille il nous
dit, à Adélaïde et à moi, qu'il désirait beaucoup que nous y
fussions présentes ; et il ajouta : *Comme je suis mieux, cela
ne vous fera pas la même impression que la première fois.*
Il reçut la communion après sa messe, en particulier, n'y ayant
dans sa chambre que les personnes nécessaires.

« Un jour que les médecins le trouvèrent mieux, et même
au delà de leurs espérances, ils lui témoignèrent leur satisfaction de son état. Après qu'ils furent sortis : *Voyez,* me
dit-il, *ce que c'est que l'attachement à la vie ; quand j'ai
su le danger où je me trouvais, je n'en ai été nullement
affecté et je sens bien que si les mêmes accidents revenaient,
cela ne m'affligerait pas davantage ; cependant ce petit
mieux me fait plaisir.* Il comptait cela pour un grand attachement à la vie.

« Malgré l'état de faiblesse où il était, il n'a jamais manqué
de faire ses prières et ses lectures ordinaires, et même sa
méditation. Il ne récitait plus le grand office, mais, en place,
il en disait un plus court. Il lisait surtout avec plaisir le *Testament spirituel et les saints désirs de la mort,* du père
Lallement. Il demanda un jour à la reine si elle connaissait
ce livre. La reine lui ayant répondu que non : *Ah ! c'est un
bien bon livre,* lui dit-il, *et qu'il faut lire en santé.* Un jour,
en faisant sa prière, il me dit tout à coup : *Oh ! voilà une*

paraphrase du psaume trente-septième[1], *que je n'ai pas le courage de lire, parce que je n'éprouve rien de ce qui y est dit.*

« Dans le temps qu'il paraissait être mieux, et qu'il le croyait véritablement, il ne voulait pas qu'on s'en réjouît trop, et surtout qu'on le crût hors de danger, afin de s'entretenir dans les heureuses dispositions où Dieu l'avait mis. Il nous dit un jour, en nous parlant du temps où il avait reçu ses sacrements : *Je n'avais pas la moindre frayeur ; il n'y eut qu'un moment où j'ai eu grand'peur du purgatoire ; car, me suis-je dit à moi-même, je souffre bien ici ; et cependant ces douleurs ne sont rien, comparées à un instant passé dans le purgatoire : cette réflexion m'a effrayé.* Une autre fois, en nous parlant de la consolation qu'il avait ressentie en recevant ses sacrements, il nous dit qu'il craignait que ce ne fût une illusion du démon, parce qu'il était trop grand pécheur pour mériter tant de grâces.

« Il a été pendant toute sa maladie d'une attention et d'une bonté extrêmes pour tout le monde ; il n'était occupé que des autres, il s'oubliait lui-même. Les moindres services qu'on lui rendait étaient payés de mille marques de bonté. Un jour, après avoir passé une nuit affreuse, il dit au premier médecin de la reine, qui avait veillé : *Ah ! mon pauvre la Sône, je suis désolé de la mauvaise nuit que je vous ai fait passer : allez vous coucher, car vous devez être bien fatigué.* S'apercevant que la Breuille avait l'air triste de ce qu'il avait passé une mauvaise nuit : *Votre visage*, lui dit-il, *ressemble toujours à mes nuits ; cela n'est pas bien : un médecin ne doit pas s'affecter ainsi pour son malade.* L'évêque de Verdun lui disait un jour qu'il ne le voyait jamais s'impatienter : *Eh ! contre qui voulez-vous que je m'impatiente ?* lui dit le Dauphin, *mes médecins sont d'une assiduité*

---

1. Le prophète exprime dans ce psaume les sentiments d'une âme que la vue de ses iniquités jette dans le trouble et l'agitation.

étonnante; *les grands officiers ont pour moi toutes les attentions possibles : si j'ai besoin d'eux, je les trouve, et ils se retirent dès qu'ils prévoient qu'ils pourraient m'importuner.* C'est ainsi qu'il savait rendre justice à chacun.

« Au milieu de ses souffrances il avait conservé toute sa gaieté naturelle, ou, pour mieux dire, il l'avait reprise depuis qu'il avait reçu ses sacrements. Dans les commencements de sa maladie, il lisait des livres de différentes sciences : quand il s'est aperçu que ces lectures le fatiguaient, il en a cherché d'autres qui pussent l'amuser sans le fatiguer. C'est à l'abbé de Mostuejouls qu'il s'était adressé pour lui en choisir; et n'étant plus en état de lire, même ces sortes de livres, il lui dit un jour : *L'abbé, si je vous demande encore des livres, ne me donnez plus que l'A B C, et le catéchisme, car ce sont les seuls que je sois en état de lire.* Il voyait tous les soirs les premiers gentilshommes de la chambre, les grands officiers et ses menins; il s'entretenait avec eux sur toutes sortes de matières avec gaieté. Le matin, après sa messe, il faisait entrer tout le monde, même les ambassadeurs, et il parlait à chacun. Il demandait pardon aux ambassadeurs du dérangement qu'il leur occasionnait, en les faisant rester à Fontainebleau. On sortait toujours de chez lui enchanté de ses bontés, et désolé de ce qu'il se fatiguait pour parler à tout le monde. Un jour l'ambassadeur de l'empereur s'écria en sortant de chez lui : *Ah! que de courage et de vertu!* on ne pouvait se lasser d'admirer l'un et l'autre. Le maréchal de Richelieu dit un jour tout haut : *Non, il n'y a que la religion qui puisse inspirer tant de courage.* Il était logé plus agréablement à Fontainebleau qu'à Versailles, parce que de son lit il pouvait voir tout ce qui se passait dans la cour, et cela l'amusait. *Je suis pourtant mieux ici que je ne serais à Versailles,* me dit-il un jour; *il n'y a que pour vous que je suis fâché d'y être, car votre escalier doit bien vous fatiguer.*

« Le roi parlant un jour d'un prince d'Angleterre qui se mourait, et une de Mesdames ayant lu dans l'almanach l'article des princes morts : *Vraiment,* dit-il, *j'ai pensé être là dernièrement; on aurait mis : Louis Dauphin, mort à Fontainebleau, le vingt-cinq novembre.* Une autre fois, comme le roi nous annonçait que nous porterions bientôt le deuil d'un autre prince ou princesse : *Je crois,* dit M. le Dauphin, *que dans les autres cours on parle bien aussi de mon deuil.*

« Un soir après le salut, je me trouvai toute seule avec lui; craignant qu'il ne s'ennuyât, je m'approchai de son lit, et lui dis : — Ne voulez-vous pas que j'appelle la Sône pour venir causer, car je crains que vous ne vous ennuyiez? *Non, mon cœur,* me dit-il; *puis-je m'ennuyer quand je t'ai?* Pénétrée de ces paroles, je fus un moment sans pouvoir répondre; il crut que je n'avais pas entendu, et me dit du ton le plus doux et le plus tendre : *Avez-vous entendu ce que je vous ai dit?* — Hélas! mon cœur, lui répondis-je, je voudrais bien vous être de quelque ressource. — *Oh !* me dit-il, *vous ne sauriez croire de quelle ressource vous m'êtes.* C'est ainsi que sa charité lui faisait regarder comme une ressource les petits soins que ma tendresse s'efforçait de lui rendre.

« Le lundi deux décembre, il se plaignit. Le mal augmenta; il se forma une tumeur qui grossissait de jour en jour, et le faisait beaucoup souffrir. Il ne voulait pas cependant en convenir, disant toujours qu'il n'avait pas de douleur, mais seulement de la gêne de ne pouvoir se tenir sur le dos ni sur le côté gauche, ce qui lui fatiguait le côté droit; mais en dormant il criait, et quelquefois même lorsqu'il était éveillé, il lui échappait de petites plaintes. Mais quand on lui disait : Vous souffrez beaucoup? — *Non,* répondait-il, *pas beaucoup.* — Vraiment, lui dis-je un jour, le bon Dieu veut que vous souffriez de toutes les parties de votre corps, car il n'y en a aucune qui ne soit affectée. — *Oh! pour ma tête*, me dit-il, *je l'ai très bonne pour végéter; car c'est tout ce que je fais.* Un soir qu'il souffrait beaucoup, Adélaïde lui dit qu'elle ne pouvait pas revenir de sa patience, elle qui l'avait quelquefois vu jeter les hauts cris pour les moindres petits maux; il ne lui répondit que ces mots : *C'est que ceci vient de Dieu, et que c'est pour Dieu.*

« Ne pouvant rester couché sur le côté gauche, il était obligé de tourner le dos au roi : il lui en fit ses excuses en riant. La nuit du douze au treize, ayant dormi fort tard, il n'eut pas le temps de faire ses prières; il me dit l'après-dinée : *Je n'ai non plus prié Dieu aujourd'hui qu'un Juif.* — Hélas! lui répondis-je, vos souffrances sont de bonnes prières. — *Oui*, me dit-il, *si j'en faisais bon usage.* Il regrettait tant d'avoir manqué ses prières, qu'il répéta le même propos à la reine après dîner, et le soir à Adélaïde. Adélaïde lui ayant dit la même chose que moi sur ses souffrances, et ayant reçu la même réponse, elle lui ajouta qu'elle n'était pas en peine de l'usage qu'il en faisait : *Oh! lui dit-il, le diable est bien méchant, il rôde partout.*

« Toute la journée du treize, il fut dans des douleurs continuelles, sans pourtant se plaindre; mais il ne pouvait pas rester un instant dans la même situation. La reine lui ayant dit qu'elle voulait aller le lendemain à Notre-Dame de Bon-Secours, il lui recommanda de bien prier pour obtenir de Dieu l'adoucissement des douleurs aiguës qu'il ressentait. Il avait grand désir que les chirurgiens ouvrissent son abcès; mais il se soumit aux raisons qu'ils lui donnèrent pour n'en rien faire. Enfin le soir du treize on l'ouvrit d'un coup de lancette : il n'en sentit d'autre soulagement que de pouvoir se mettre sur son séant, il en fut très content.

« Le lendemain, dès qu'il vit la reine, il lui dit : *Maman, vos vœux sont exaucés, je suis soulagé, ma tumeur est percée.* La reine lui ayant dit que cela ne l'empêcherait pas d'aller à Bon-Secours; qu'elle avait bien d'autres grâces à demander pour lui, il lui répondit : *Mais je ne vous avais demandé de prier que pour le soulagement des douleurs que j'endurais.*

« Le soir, quoiqu'il eût beaucoup d'oppression, du froid et un grand redoublement de fièvre, il ne se plaignit pas; seulement, avant que de s'endormir, il dit à la Breuille : *Qu'est-ce donc que cette gentillesse qui m'est revenue aujourd'hui? je sens de l'oppression.* Quoiqu'il fût très mal, il ne s'en doutait pas; et dans la journée du dimanche, il s'occupa beaucoup de ses pâques, me fit lire des canons du bréviaire, et parcourut lui-même les autres, pour voir s'il n'y était rien dit sur les pâques des malades. Il vit son confesseur le soir, et lui en parla aussi. Il avait projeté de faire ses dévotions à la nuit de Noël; il m'en parlait souvent; il faisait ses arrangements pour ses messes, et il avait nommé l'abbé de Talleyrand pour les dire. Il s'était aussi occupé de l'ornement de la chapelle pour la messe de minuit, et il avait envoyé chercher exprès un garçon du Garde-Meuble, pour lui donner ses ordres là-dessus. Il dit en riant à M. Collet, qu'il avait un reproche à lui faire : de ne l'avoir pas averti la nuit précédente qu'on disait la messe, et qu'il devait y communier. Il nous avait aussi conté qu'il avait fait ce rêve, et qu'il s'était trouvé fort embarrassé devant communier à cette messe, et n'ayant pas encore été à confesse. Le soir, quand on se retira, il demanda, comme il faisait souvent, qui de la Faculté passerait la nuit? On lui dit que ce serait l'apothicaire, mais que son médecin coucherait dans le cabinet. Son bon cœur lui fit dire d'abord : *Mais pourquoi donc cela? Si la Breuille et la Sône passent toutes les nuits, ils n'y résisteront pas.* On l'assura que cela ne les fatiguerait pas.

« Cependant cette précaution de faire rester un médecin lui fit comprendre qu'on avait de l'inquiétude. Il appela

Adélaïde, et lui dit : — *Comment me trouvez-vous ce soir ?* Mais pas trop mal, lui répondit-elle. — *Depuis quelques jours,* lui ajouta-t-il, *je ne suis pas content de mon état.*

« Le lendemain, dès six heures du matin, il envoya chercher son confesseur, et lui demanda ce qu'on pensait de sa situation. M. Collet lui avoua qu'on craignait beaucoup pour lui. Il lui fit un petit reproche de ne lui en avoir rien dit dans la conversation qu'il avait eue avec lui la veille, et il s'arrangea aussitôt pour recevoir le bon Dieu. Quand M. Collet fut sorti, il appela son médecin, et lui ordonna de lui dire la vérité sur son état, parce qu'il était essentiel qu'il le sût : la Breuille ne lui dissimula pas ses craintes. Il lui demanda s'il était en aussi grand danger que lorsqu'il avait reçu ses sacrements pour la première fois? Ayant su que le danger était plus pressant encore : *J'espérais pourtant,* dit-il, *faire mes dévotions à Noël : dites-moi si je ne puis encore vivre quinze jours.* Le médecin, saisi d'une pareille question, ne put pas y répondre sur-le-champ. M. le Dauphin se retourna de son côté, et voyant son trouble, il le prit par la main, et avec un visage riant et serein : *Vous êtes ému,* lui dit-il, *rassurez-vous; vous savez bien que je ne crains pas la mort.* Enfin la Breuille lui dit qu'il ne pouvait lui répondre de rien : *Cela me suffit,* dit M. le Dauphin. Il lui demanda si je savais son état; et sur ce qu'il lui répondit que la famille en était instruite, il m'envoya chercher. Je le trouvai assoupi : on vint lui apporter un bouillon; je m'approchai, il me vit et me souhaita le bonjour; ensuite il me dit : *Pourquoi donc ne m'avez-vous pas averti que j'étais plus mal?* Je répondis que je n'avais pas cru que ce fût à moi à le lui dire : *Eh ! à qui donc?* reprit-il. Je lui dis que je croyais que c'était à son confesseur et à son médecin. Il me demanda comment il recevrait le bon Dieu, si ce serait en cérémonie, ou pendant sa messe. Il m'ajouta que M. Collet lui avait conseillé de le recevoir à la messe. Je lui dis que M. Collet étant de cet avis, ce serait bien de s'y conformer. Un moment après il me dit : *Cette fois-ci, je ne vous dirai pas d'y rester : cela vous serait trop sensible.* Je lui dis que, malgré l'état où il se trouvait, je ne désespérais pas encore, parce que je n'avais point mis ma confiance dans le secours des hommes, mais en Dieu. Il me répondit : *C'est toujours bien fait.* Je le priai de s'unir aux prières qu'on faisait pour lui, et de prier surtout la sainte Vierge, saint François-Xavier et saint Louis; il ajouta : *Et mon bon ange gardien.* Il parla ensuite d'Adélaïde; je lui demandai s'il voulait qu'elle vînt, il me dit que oui. Quand elle fut arrivée, il lui dit à peu près les mêmes choses qu'à moi sur son état et sur ses sacrements. Quelques moments après, il nous appela et nous dit : *J'ai quelque chose à vous dire à toutes deux; ou si vous aimez mieux,* me dit-il, *que je ne parle qu'à Adélaïde.* Je lui dis que s'il avait quelque chose à m'ordonner, j'étais prête à l'écouter; il me dit : *Non, dans le fond, ce n'est qu'à Adélaïde à qui j'ai à parler.* Je me retirai, et il dit à Adélaïde qu'il avait ordonné à son premier valet de chambre de lui porter toutes ses tabatières après sa mort, et qu'il la priait de les donner à ses menins; mais qu'elle eût l'attention de n'en pas donner à trois qui ne prenaient point de tabac, et il les lui nomma.

« La reine vint à son ordinaire; il lui dit qu'il ne ferait pas comme la première fois; qu'il l'avertissait qu'il recevrait le bon Dieu ce jour-là. Il reçut le roi avec la même tranquillité. A dix heures et demie, il me dit qu'il était temps de faire entrer son confesseur, puisqu'il devait communier à onze heures et demie; je le dis au roi et à la reine, qui se retirèrent. Quand M. Collet fut arrivé, M. le Dauphin me dit de monter chez moi, et de revenir un peu avant la demie, pour lui arranger ses oreillers. Je descendis à l'heure qu'il m'avait marquée, il me demanda ses livres pour la communion, et me dit : *Ce n'est que pour les trois quart : ainsi, restez là avec M. Collet.* Il fit ses prières. Je regardai ses mains, et vis avec surprise qu'il ne tremblait pas de tout, et qu'il tenait son livre très ferme. Quand il eut fait ses prières, il me dit de l'arranger, et se tournant vers M. Collet, il lui dit en riant : *Elle m'aide beaucoup;* puis il me demanda où j'irais pendant la cérémonie. Je lui dis que je ferais comme la première fois, et me tiendrais dans le cabinet. *Allons,* me dit-il, *adieu.* Quand sa messe de communion et sa messe d'action de grâces furent dites, il me fit appeler, et me dit : *Eh bien, comment vous en va ?* Il dîna ensuite, et reçut la visite des princes. Il appela M. le duc d'Orléans, et lui dit en souriant : *Je dois vous ennuyer; car de temps en temps je vous régale d'une petite agonie.* Il lui parla ensuite d'autres choses, et adressa la parole aux autres princes, l'un après l'autre. A trois heures il demanda à la Breuille s'il n'allait pas dîner. Sur ce qu'il lui répondit qu'il ne dînerait pas, il lui dit avec un air de bonté : *Mes dévotions vous ôtent toujours l'appétit, et vous donnent un visage de l'autre monde.*

« Il demanda quelque temps après à Adélaïde si le roi avait donné ses étrennes à la reine, et il dit qu'il serait curieux de voir toutes les nôtres. Adélaïde, se doutant qu'il avait envie d'avoir les siennes, le dit au roi, qui la chargea de le lui demander : elle le fit après le salut. Il lui dit qu'il les recevrait volontiers : le roi lui donna une tabatière. Il la fit admirer à la reine, l'admira lui-même, et en parut très content. Le soir il nous dit : *Savez-vous pourquoi j'ai eu envie d'avoir une tabatière? C'est que j'en aurai une de plus à donner.*

« Le mardi, s'apercevant que ses mains tremblaient, il me demanda pourquoi. Vers les huit heures du soir il lui prit un étouffement terrible, avec une faiblesse considérable : il fut quelque temps sans pouvoir parler. Quand il le put, il dit qu'il était bien faible, et demanda en même temps son confesseur. Sur ce qu'on lui dit que M. l'archevêque était chez moi, il dit qu'il serait bien aise de le voir : il le reçut à son ordinaire, et lui parla beaucoup quoiqu'il étouffât.

« Le mercredi matin, il m'appela et me demanda si j'aimais une de ses tabatières qu'il me désigna : je lui répondis que je l'aimais assez. *C'est,* me dit-il, *que je veux vous en donner deux : celle où est votre portrait et telle autre que vous aimerez le mieux.* Je ne pus m'empêcher de lui demander celle qu'il aimait le mieux lui-même. Il me répondit qu'en vérité il n'en savait rien. M. l'archevêque revint chez lui, et lui donna sa bénédiction. M. le Dauphin fit la conversation avec lui, et lui demanda ce que c'était que les processions dont on lui avait parlé la veille : M. l'archevêque lui dit que c'était la grande procession de sainte Geneviève, qu'on avait faite pour lui. *Comment !* reprit-il, *c'est pour moi ? Je ne m'en doutais pas.* M. l'archevêque lui ayant parlé de la ferveur avec laquelle tout le monde priait pour lui : *J'espère,* répondit-il, *que ces prières serviront au salut de mon âme ; mais pour celui de mon corps, je ne le désire pas.*

« Il n'aimait pas qu'Adélaïde et moi nous nous éloignassions de son lit. Les derniers jours, nous allions quelquefois près de la cheminée, ne pouvant résister à la peine qu'il nous faisait : il nous appela, et nous dit : *Pourquoi vous en allez-vous toujours ? est-ce que vous ne pouvez pas vous tenir auprès de moi ?* Depuis plusieurs jours il rêvait souvent. Sa principale occupation, dans ses rêves, était la messe de minuit : il en parlait toujours, il croyait y être. Au milieu de ses rêves, la voix de M. Collet le faisait sur-le-champ revenir à lui. Vers les cinq heures, il me demanda si nous irions bientôt au salut. Je lui dis que ce ne serait qu'à six heures ; que s'il le voulait, nous nous rendrions plutôt à la chapelle. Il me dit que non. Dans cet intervalle, depuis cinq heures jusqu'à six, il appela plusieurs fois son confesseur, lui parla bas, et l'envoya parler à son médecin. A six heures je lui dis que nous allions au salut ; il me dit : *C'est bien fait.* En rentrant dans la chambre, je fus étonnée de n'y voir aucun médecin. On me dit qu'il avait renvoyé tout le monde, et qu'il était resté seul avec M. Collet. Je crus qu'il avait voulu se confesser encore une fois. Je m'approchai de son lit avec Mesdames : il nous reçut très bien, et nous parla avec sa tranquillité ordinaire, ainsi qu'au roi et à la reine. Mais j'appris le soir, que pendant notre absence, il s'était fait dire les prières des agonisants.

« Tandis que la reine était assise auprès de son lit, il m'appela, et me dit tout bas : *Je crois pourtant que je passerai encore cette nuit.* Consternée et troublée de ce propos, je lui dis : — Ah ! j'espère que cela sera encore long. — *Non*, me dit-il, *cela n'ira pas bien loin.* Pénétrée de douleur, je me retirai ; il appela Adélaïde, et lui dit la même chose. Comme elle parlait assez haut pour être entendue de la reine, il lui dit : *Paix donc, parlez plus bas.* Il se faisait tâter le pouls à tout moment, et demandait comment on le trouvait. Cependant il avait toujours de la gaieté dans l'esprit, et plaisantait encore. Quelqu'un ayant poussé une table assez rudement, il contrefit le bruit, et demanda à Louise si ce n'était pas du tonnerre, parce qu'elle en a peur. Comme il avait beaucoup de peine à cracher et à se moucher, il disait qu'il en avait oublié la manière, qu'il aurait bien besoin de la rapprendre.

« Dans la nuit il me demanda : on lui dit que j'étais montée chez moi pour me reposer quelques heures, parce que je m'étais blessée à la jambe. A sept heures du matin il me demanda encore : M. de la Sône lui dit qu'il allait monter pour me donner de ses nouvelles. Il vint en effet : je me levai tout de suite. Je ne fus pas plutôt levée, que son premier valet de chambre vint me dire qu'il me priait de lui envoyer le tabac que la reine lui avait fait accommoder la veille : je descendis sur-le-champ. Dès qu'il m'aperçut, il me dit : *Quoi !*

c'est toi-même ? Je lui dis que je lui apportais le tabac qu'il m'avait demandé. Il me prit la main, et me dit en me la serrant : *Eh! bonjour, mon petit cœur; que je suis aise de te voir! je te croyais perdue. Il y a un moment qu'on m'avait dit que tu ne descendrais que ce soir. Que je t'aime!* Il me serra encore la main, et je baisai la sienne, hélas! pour la dernière fois. N'ayant plus le courage de rester auprès de son lit, j'allai me mettre au fond de la chambre : il m'appelait à chaque instant. Louise vint; il avait un bras hors de son manteau de lit : je lui proposai de le remettre. Il se tint sur son séant assez longtemps sans s'appuyer; et pendant que Louise arrangeait l'autre bras, je ne fis que le soutenir très légèrement.

« Un moment après, il dit : *Que tout le monde sorte, excepté M. Collet :* il était allé dire la messe. Je dis à M. l'archevêque de s'approcher de son lit, en attendant M. Collet. Dès qu'il l'aperçut, il lui dit : *Ah! bonjour, Monseigneur :* c'est ainsi qu'il l'appelait toujours; et il se mit à faire la conversation avec lui. M. Collet vint : nous passâmes dans le cabinet. Après qu'il lui eut parlé, il nous fit rappeler. Son médecin lui proposa de prendre une potion qu'on lui avait préparée : il l'accepta. En la prenant : *Ah, dit-il, que cela est fort! est-ce du Lilium ?* On lui dit que non. Un moment après, il appela le médecin, et lui dit : *Votre drogue a pensé me donner un battement de cœur.* Il demanda ensuite en riant à la reine si elle aimait les momies d'Égypte. La reine lui ayant répondu que non : *C'est,* lui dit-il, *que bientôt vous en aurez une; car les drogues chaudes qu'on me donne me dessèchent.* La reine lui dit que quand il se porterait bien, il aurait bientôt recouvré son embonpoint : *Ah! oui,* lui dit-il, avec un sourire qui marquait assez qu'il n'y comptait pas. Il m'appela ensuite, et me dit : *Arrangez-moi mes oreillers et tâchez de me trouver une situation qui me mette la poitrine un peu à l'aise pour respirer.* Je l'arrangeai de mon

mieux, et lui demandai s'il se trouvait plus commodément.
Il me dit : *Oui, du moins pour le moment*. Il s'assoupit, et
se réveilla en disant à M. Collet : *N'est-on pas à l'élévation ?*
M. Collet lui dit qu'on ne disait pas la messe. Il demanda à
la reine si elle venait de matines ? On lui dit que ce n'était
pas la nuit de Noël : il dit qu'il l'avait cru ; et son agitation
continuant, il commença à chanter un noël. Son confesseur
lui dit de ne point chanter, parce que cela lui fatiguerait la
poitrine. *Vous avez raison*, dit-il, et il se tut. Un moment
après il se mit sur son séant, et se laissa ensuite tomber, en
disant : *Ah ! reposons-nous pour un moment*. Je fus si
effrayée de l'état où je le voyais, que je crus qu'il allait
avoir une faiblesse, et j'appelai la Breuille. Il s'aperçut de
ma frayeur, et me demanda pourquoi j'appelais le médecin ?
Je lui répondis que je croyais qu'il se trouvait mal. Il me dit
en riant : *Oh ! non, pas encore ;* puis, se souvenant qu'on lui
avait dit que je m'étais blessée à la jambe, il me dit : *N'êtes-
vous pas bien fatiguée ? comment va votre jambe ?* Je lui
dis que ce n'était rien. Il dit à son médecin que pour s'être
mis un moment sur le côté gauche, il sentait une douleur
au cœur : il se remit à droite ; mais la douleur continuant
toujours, il m'appela et me dit de lui soutenir le bras gauche.
Je le soutins jusqu'à ce qu'il se trouvât mieux. C'est le dernier instant où j'ai eu le bonheur de le voir ; car, quoique
je sois restée quelque temps dans sa chambre, je n'ai plus
osé approcher de son lit. Je l'entendais seulement se plaindre de sa douleur au côté gauche, qui avait beaucoup aug-
menté. »

Ici finit la relation de la Dauphine, qui ne voulut écrire
que ce qu'elle avait vu ; elle est continuée par l'évêque de
Verdun, qui est resté auprès du prince jusqu'à son dernier
soupir. Son confesseur et quelques autres personnes ont
aussi recueilli plusieurs particularités de sa maladie, que

nous avons été obligés d'omettre pour ne pas interrompre le récit de la Dauphine.

Au moment où son premier médecin, fidèle à l'ordre qu'il lui en avait donné, l'avertit du danger de son état, sans s'émouvoir et sans paraître inquiet, il lui dit avec bonté : « La Breuille, je reconnais ici que vous êtes un honnête homme : je vous ai toujours aimé, et je vois que vous méritez mon estime. Eh bien! je vous ordonne de m'avertir avec la même franchise, quand vous vous apercevrez que le danger sera plus pressant. » Sur ces entrefaites la reine entra avec la Dauphine et les jeunes princes. « Je vous prie, leur dit-il, en regardant son médecin, de lui accorder votre amitié; c'est le plus honnête homme du monde. » Il se prêta ensuite à la conversation avec la plus grande tranquillité, et sans laisser même soupçonner son danger à la reine qui l'ignorait encore.

La première chose qu'il fit dès qu'il fut libre, fut de faire appeler son confesseur. Il lui fit part de l'ouverture que lui avait faite son médecin, et lui ajouta : « Par la grâce de Dieu, je ne me sens nulle attache à la vie. Je désirerais bien avoir une meilleure âme; mais je me confie en la miséricorde infinie de Dieu. » Il lui dit ensuite qu'il serait bien aise de se confesser; et il le fit avec autant de tranquillité, que s'il eût joui de la plus parfaite santé. Il ne comptait recevoir ses sacrements qu'à quelques jours de là; mais le lendemain, sur les huit heures du matin, son confesseur lui ayant proposé de les recevoir le jour même : « Je ne demande pas mieux, lui répondit-il; mais j'aurai bien peu de temps pour me disposer à une si grande action. » L'administration néanmoins ne devait se faire que vers midi. Dès ce moment, il se mit en prières. Après y être resté environ une heure, il demanda qu'on lui fît un entretien en forme de méditation sur les dispositions aux derniers sacrements, et sur les grâces particulières qu'ils produisent dans l'âme

A onze heures, le roi, la reine, la famille royale, les princes du sang, les grands du royaume, les ambassadeurs des cours étrangères, et tout ce qu'il y avait de seigneurs à la Cour, se rendirent à l'église pour aller chercher le Saint-Sacrement. A cette nouvelle, toute la ville s'émut; le peuple accourut en foule et remplit en un instant toutes les cours du château. On n'entendait de toutes parts que des soupirs et des gémissements. Quand le malade sut que le Saint-Sacrement approchait, il voulut s'asseoir sur son lit, afin de recevoir plus respectueusement son Créateur. Le roi n'ayant pas le courage d'entrer dans la chambre, se jeta à genoux à la porte. Le duc d'Orléans et le prince de Condé entrèrent pour tenir la nappe de communion. Pendant la cérémonie, tandis que tout le monde fondait en larmes, et que plusieurs éclataient en soupirs, le Dauphin paraissait aussi tranquille et aussi recueilli que lorsqu'il communiait en santé. Un air de sérénité et de satisfaction répandu sur son visage, annonçait le calme intérieur de son âme. Le cardinal de la Roche-Aimon, en sa qualité de grand aumônier de France, fit l'administration. Dans le trouble où l'avait jeté ce douloureux ministère, il omettait une des onctions, sans qu'aucun des ministres assistants le lui fit observer. Le Dauphin, le seul qui dans ce moment possédât son âme en paix, s'en aperçut et l'en avertit avec bonté.

Après qu'il eut été administré, il demanda qu'on lui dît une messe d'action de grâces, qu'il entendit avec son recueillement et sa piété ordinaires. La messe finie, son confesseur s'approcha de son lit. « Je n'eusse jamais cru, lui dit-il, qu'il y eût tant de consolation à recevoir ses derniers sacrements : Dieu me fait goûter en ce moment une joie si douce, que jamais je n'ai rien éprouvé de semblable. » Il voulait continuer, et l'abbé Collet raconte lui-même que, ravi de l'effusion de cœur avec laquelle il exprimait sa reconnaissance, il ne se serait pas lassé de l'entendre; mais pensant qu'il devait être excédé de fatigue, après avoir passé quatre heures en exercices de piété, il lui représenta qu'il était temps qu'il se tranquillisât. « Non, lui répondit-il, je ne me sens nullement fatigué : Dieu a soutenu mon esprit et mes forces. » Le confesseur, avant que de se retirer, lui dit qu'il le conjurait de s'unir aux prières qui se faisaient dans tout le royaume, pour obtenir du Ciel ce qui, après le salut de son âme, intéressait le plus la nation. « Vous entendez, sans doute, ma conservation? » lui dit le Dauphin en souriant. « Ah! monsieur, reprit le confesseur, pourriez-vous en douter ? Vous seul ignorez combien vous nous êtes cher et nécessaire. » Le prince se recueillit un instant et répondit ensuite : « Permettez-moi de m'en tenir à demander uniquement à Dieu l'accomplissement de sa volonté sur moi : ses pensées sont bien différentes des nôtres ». Il cita en même temps ces paroles de l'Écriture : *Cogitationes meæ non sunt cogitationes vestræ.* Touché de ces grands sentiments de résignation, son confesseur lui dit que sa disposition étant en effet la plus parfaite, il ne lui conviendrait pas de chercher à l'affaiblir, et il se retira. Le roi aussitôt s'approcha de son lit et l'embrassa. Le Dauphin s'aperçut qu'il avait les larmes aux yeux. « Ah! lui dit-il, votre attendrissement est la seule chose qui me fasse de la peine en ce moment : je vous ai toujours été inutile, et je vous laisse chargé de mes enfants. » Le même jour, dans l'après-midi, il écrivit ses dernières dispositions, et une longue lettre pour le roi. Il en fit un paquet, qu'il scella lui-même de ses armes, et qu'il remit au ministre qui avait le département de la Cour, en le chargeant de le porter au roi aussitôt après sa mort.

Comme on ne doutait pas que les prières de ce prince ne dussent être agréables à Dieu, on le pressa de prier pour sa propre conservation. La reine alla même jusqu'à lui en faire une sorte d'obligation de conscience, fondée sur ce qu'il était d'une grande ressource pour la religion. « Maman, lui répondit-il, ayez confiance : Celui qui a établi sa religion sans moi, saura bien la soutenir et la faire triompher sans moi. » Touché cependant de l'extrême affliction de la famille royale et de toute la nation, il se fit un jour violence pour s'unir à des vœux qui n'étaient point les siens, et pour demander à Dieu une grâce qu'il ne désirait point. Mais le lendemain , son confesseur s'étant rendu auprès de lui : « Non, lui dit-il, qu'on n'exige plus de moi désormais que je demande à Dieu ma conservation; je sens que cette prière me dessèche l'âme et m'empêche de m'unir à Dieu avec la consolation que j'ai le bonheur d'éprouver, lorsque je ne lui demande que des grâces de salut ». Comme on lui parlait de l'état florissant où se trouvait la religion dans un des royaumes de l'Inde, il jeta les yeux sur le crucifix qui était attaché au pied de son lit, et témoigna à la personne qui lui parlait, que cette nouvelle lui causait la joie la plus sensible.

Pendant toute sa maladie, outre le temps qu'il donnait à ses exercices de piété, seul ou avec la Dauphine, il voulait que son confesseur l'entretint régulièrement une demi-heure chaque jour sur les vérités du salut. « Je tâche, lui disait-il dans une conversation qu'il avait avec lui, de bien me pénétrer de ce que vous me dites, afin de me le rappeler de temps en temps, et d'en faire le sujet de mes courtes méditations; car dans l'état où je suis, je ne puis plus en faire de bien suivies : il m'est presque impossible de lire par moi-même, et je n'ai jamais pu m'accoutumer à me faire lire. »

Parmi les différents bienfaits dont il témoignait à Dieu sa reconnaissance dans les derniers jours de sa vie, il le remerciait surtout de trois choses : de lui avoir donné une épouse vertueuse; de lui accorder le temps de se disposer à la mort par les souffrances d'une longue maladie, qui lui laissait toute sa connaissance; et enfin d'avoir près de lui, dans ses derniers moments, un confesseur zélé, une famille et

des amis qui ne désiraient pas moins le salut de son âme,
que la santé de son corps.

La nuit du 15 au 16 décembre ayant été fort orageuse, le
lendemain, dès six heures du matin, il fit appeler son confesseur, et lui demanda qu'il lui dît sincèrement ce qu'on pensait de son état. Le confesseur lui avoua que quoique l'on ne
désespérât pas encore que le Seigneur ne se laissât fléchir par
les larmes de toute la nation prosternée au pied des autels,
les médecins cependant craignaient pour les suites. A cela le
Dauphin répondit : « Mon unique désir est de communier
encore une fois : aidez-moi donc pour me disposer à recevoir
mon Créateur et mon Sauveur, qui voudra bien se donner à
moi dans l'excès de sa bonté, et que je verrai bientôt comme
mon souverain Juge. Cette réflexion, ajouta-t-il, est effrayante,
mais elle ne diminue rien de ma vive confiance en sa miséri-
ricorde ».

Toute la matinée fut pour lui un temps de préparation à
sa communion, qu'il fit à onze heures et demie. Depuis ce
moment surtout on n'osait plus lui parler du rétablissement
de sa santé; l'entretenir de Dieu et de l'éternité était le plus
grand plaisir qu'on pût lui faire. Au milieu de ses plus
grandes souffrances, il conservait toute la gaieté qui faisait
le fond de son caractère ; jamais on n'aperçut sur son front
le moindre nuage de tristesse, et l'on eût dit que mourir était
pour lui une action ordinaire de la vie. Peu de temps avant
sa mort, la Providence lui ménagea une épreuve qui eût été
capable d'accabler une âme moins forte, mais qui ne lui
causa pas la moindre émotion : il voyait de son lit tout ce qui
se passait dans une des cours du château. Il s'aperçut un jour
qu'on chargeait à la hâte une voiture d'office : ce qui lui fit
comprendre qu'on ne doutait plus de sa mort prochaine. Il
demanda ce que c'était que cette voiture ; et comme on ne
croyait pas qu'il eût distingué les effets dont on venait de la
charger, on lui répondit qu'elle partait à l'occasion du renou-

vellement du quartier. Au même instant il vit entrer dans la
cour un carrosse, qu'on arrangea avec la même précipitation.
« Voilà, sans doute, dit-il, le carrosse des officiers qui ont
fait mettre leurs meubles sur la voiture qui vient de sortir. »
Personne ne sentit l'ironie ; et la tranquillité avec laquelle il
parlait fit croire qu'il était très éloigné de soupçonner la
vérité. Il en serait sans doute resté là et nous aurait laissé
ignorer l'épreuve à laquelle l'avait mis cette imprudence, si
son humeur toujours gaie, ne l'eût porté, par occasion, à
déceler sa pensée. Son médecin entra pour lui présenter un
bouillon : il était fort copieux ; en le recevant, il regarda ceux
qui croyaient lui avoir fait prendre le change, et leur dit en
souriant : « S'il faut que je le prenne tout entier, vous pouvez
aller dire à ces gens-là de dételer, car je les ferais attendre
trop longtemps. »

Le mercredi 18, vers cinq heures du soir, il dit à son
confesseur qu'il désirait beaucoup qu'on lui récitât les prières
des agonisants. Le confesseur lui représenta que ce serait
donner, avant le temps, l'alarme la plus cruelle. « Ne me
refusez pas cette grâce, reprit-il ; ces prières sont si belles !
elles m'inspirent de la dévotion » : ce qui annonce qu'il s'en
était déjà occupé. Nous avons vu plus haut que, pour ménager
la sensibilité de la famille royale, il attendit, pour se les faire
réciter, qu'elle fût sortie pour aller au salut. « Il s'y unissait,
dit l'abbé Collet, comme un homme qui ne soupire qu'après
le moment de la dissolution, et il semblait sortir de lui-même
pour s'élever vers Dieu. »

Les personnes qui restaient habituellement auprès de lui
ne pouvaient lui faire de plus grand plaisir que de l'entretenir
de pensées relatives à sa situation : souvent il les en priait
lui-même. « Si j'étais longtemps sans lui parler, dit son confesseur, il m'appelait et me disait : Parlez-moi de Dieu, car
cela m'est d'une grande consolation. » Le cardinal de Luynes
lui disait qu'il devait être dans la ferme confiance que Dieu

lui tiendrait compte du sacrifice qu'il lui demandait de sa vie
au milieu de sa carrière. « Ah! si vous saviez combien ce
sacrifice me coûte peu! Est-il possible, monsieur le cardinal,
qu'on goûte tant de douceurs aux approches de la mort? »
M. de la Martinière, qui était alors auprès de son lit, rendit
peu de temps après cette exclamation au roi, qui en fût si
pénétré qu'il ne put retenir ses larmes. Le duc d'Orléans,
frappé jusqu'à l'étonnement de la tranquillité avec laquelle ce
prince envisageait l'approche de sa dernière heure, disait à
Louis XV : « Je n'aurais jamais cru, sire, qu'aux portes de la
mort on pût conserver tant de sérénité, et une paix si profonde! —Cela doit être ainsi, répondit le roi, quand on a su,
comme mon fils, passer toute sa vie sans reproches. »

Le jeudi 19, il s'aperçut lui-même qu'il entrait en agonie ;
il dit un peu avant l'heure ordinaire : « Je serais bien aise
d'entendre la messe ». Puis, en regardant son crucifix, il
ajouta : « Que j'aie encore cette consolation, ce sera pour la
dernière fois ». Tout le temps qu'elle dura, il eut les yeux
fixés sur l'autel ; son attention se soutint comme s'il eût été
en parfaite santé. Les assistants placés comme entre deux
sacrifices, jetaient les yeux tantôt sur l'autel, tantôt sur le
prince mourant ; et leurs prières étaient des pleurs.

Après la messe, il dit qu'il était temps qu'on lui récitât
les prières des agonisants ; qu'il fallait avertir le grand aumônier. Quand le prélat fut entré, on se jeta à genoux, chacun
de son côté, et tout le monde se mit à pleurer. Le prince,
toujours semblable à lui-même, était presque le seul qui
possédât son âme en paix, pour s'unir aux prières qu'on faisait pour lui. Se sentant distrait par quelque besoin qui l'empêchait de les suivre avec toute son attention, il les fit interrompre pour un moment. Quand le grand aumônier en fut
arrivé aux paroles les plus redoutables, qu'il ne prononçait
qu'à voix basse et entrecoupée, le Dauphin, les yeux fixés sur
son crucifix, reprit lui-même d'un ton de voix ferme et animé :

« *Proficiscere, anima christiana, de hoc mundo*, etc. »
Il répéta avec la même fermeté les autres prières qui suivent.
Quelques instants après il demanda la Dauphine : on lui dit
qu'il fallait qu'il ajoutât à ses autres sacrifices celui de ne
plus voir cette princesse. Il ne répondit rien ; mais son silence
annonçait sa résignation. Il lui survint au même moment une
quinte de toux des plus violentes. Quand elle fut apaisée,
pensant combien la Dauphine aurait souffert, si elle eût été
présente, il dit comme s'il lui eût parlé : « Va-t'en, mon
cœur, va-t'en, cela est trop cruel à entendre. »

Sur les deux heures après midi, on lui récita le *Miserere*
au pied de son lit. Il dit ensuite qu'il désirait qu'on lui rap-
pelât de temps en temps quelques passages des psaumes ou
du Nouveau Testament les plus propres à soutenir sa foi et
sa confiance en Dieu. Depuis ce moment, on ne lui récita plus
aucune prière suivie. Le grand aumônier, le cardinal de
Luynes, l'évêque de Verdun et son confesseur l'entretenaient
alternativement, selon qu'il le désirait, en lui faisant, sur
quelques textes de l'Écriture, des réflexions analogues à sa
situation. Quand un passage le touchait davantage, il se le
faisait répéter deux fois.

A cinq heures, il chargea l'évêque de Verdun de s'informer de l'endroit où était la Dauphine, et de s'assurer par lui-
même de sa situation. L'évêque lui rapporta que la princesse
était avec le roi chez Mme Adélaïde, qui avait pour elle les
soins les plus empressés, et qui lui donnait un lit dans son
appartement pour la nuit suivante. Le prince, reprenant la
parole, dit : « Elle est bien affligée ! Peut-elle encore pleurer ? » Et sans attendre la réponse, il dit à son premier médecin, qui était aussi celui de la princesse : « La Breuille,
croyez-vous qu'il n'y ait rien à craindre pour la poitrine de
Madame la Dauphine ? »

Un moment après, il marqua sa reconnaissance à tous
ceux qui avaient été attachés à sa personne : aucun ne fut

excepté. Il remercia avec bonté ceux qui l'avaient servi par intérêt, comme ceux qui l'avaient fait par affection, se réservant de faire connaître à ceux-ci, en particulier, qu'il les avait toujours distingués de la foule des courtisans. Pendant toute sa maladie, il ne lui est pas échappé une plainte, pas une parole d'aigreur contre ceux qui s'étaient efforcés de calomnier, aux yeux des peuples, son mérite et ses vertus. La Dauphine nous apprend seulement qu'un jour qu'on lui parlait de la désolation générale de la nation, il dit avec sa douceur ordinaire : « Hélas! il y a six mois que bien des gens me détestaient; je ne l'avais pas plus mérité que l'amour qu'on me témoigne à présent ».

Après qu'il eut parlé à ses officiers et à ses menins, il eut la pensée de faire appeler les jeunes princes ses enfants; mais faisant attention que l'extrémité de son état pourrait être pour eux un spectacle trop effrayant, il se contenta de faire venir leur gouverneur, qu'il chargea de leur porter ses dernières instructions, que nous avons rappelées ailleurs. Il voulait y ajouter quelque chose; mais le duc de la Vauguyon, accablé de douleur et fondant en larmes, tomba entre les bras des personnes qui étaient auprès de lui, qui le conduisirent aussitôt dans un arrière-cabinet.

Après avoir demandé, pour la seconde fois, des nouvelles de la Dauphine et de Mme Adélaïde : « Et la reine, dit-il, sans doute qu'elle est aussi bien affligée? » L'état des autres le touchait beaucoup plus que l'extrémité où il était lui-même réduit. Il s'occupait, avec toutes sortes de bontés, des personnes que le devoir ou l'amitié retenaient auprès de lui. Il dit à son confesseur qu'il se reprochait beaucoup de l'avoir empêché de dîner. Ayant adressé à l'évêque de Verdun quelques paroles qui annonçaient qu'il conservait encore sa gaieté, le prélat, à l'occasion de ce qu'il lui disait, lui répondit que puisqu'il croyait lire jusque dans le fond de son cœur, il allait aussi deviner ce qui se passait dans le sien ; et il lui dit que sûrement il était bien occupé de Madame la Dauphine et de Mme Adélaïde. « Ah! vous avez bien raison, lui dit le Dauphin, je prie Dieu de les consoler. »

Sentant que sa fin approchait, et ne croyant pas pouvoir passer la nuit, il dit le soir au cardinal de Luynes : « Il est temps, Monsieur le cardinal, que vous me donniez la dernière bénédiction et l'indulgence *in articulo mortis* » ; il lui en avait déjà parlé. Sur ce que le cardinal lui représenta qu'il n'était point encore à la dernière extrémité, il lui dit : « Vous voudrez donc bien que je vous fasse éveiller cette nuit ». Le cardinal l'assura qu'il resterait toujours auprès de lui. Le prince lui témoigna combien il était touché de son attachement et de son assiduité. Tout ce qu'il disait annonçait le plus grand désir de se voir réuni à Dieu; son médecin lui ayant tâté le pouls, disait qu'il avait encore du ressort et de la force : « Tant pis », lui répondit-il. Mais, pensant que cette parole pouvait laisser croire qu'il se lassait de souffrir, il ajouta : « Quand je dis tant pis, ne croyez pas que ce soit par découragement; grâce à Dieu, je ne m'ennuie pas de mes souffrances; mais quand je pense que dans peu je pourrai avoir le bonheur de voir mon Dieu face à face, et de le connaître en lui-même, je vous avoue que je désirerais bien que le moment fût déjà arrivé ! »

Toutes les fois qu'on lui parlait des prières publiques et particulières qui se faisaient pour lui dans toute l'étendue du royaume, il en paraissait vivement touché. Quelqu'un, pendant cette nuit, lui ayant fait la réflexion, qu'au moment où il lui parlait, toute la nation, dans la douleur et les larmes, demandait à Dieu la conservation de sa vie, après être resté un moment en silence, comme pour recueillir ses forces défaillantes, il leva les yeux et les mains au Ciel, et s'écria du ton de voix le plus attendrissant : « Ah! mon Dieu, je vous en conjure, protégez à jamais ce royaume; comblez-le de vos grâces et de vos bénédictions les plus abondantes ! »

Ces paroles pénétrèrent tous les assistans, et l'un d'eux lui dit : « Pour moi, Monsieur, je ne désespère pas encore que le Seigneur, touché par tant de prières et de larmes, ne fasse éclater sa puissance pour vous rendre à nos vœux. » Le prince, l'interrompant, rejeta avec une fermeté héroïque une pensée qui, selon lui, n'était plus celle dont on devait l'occuper. Plusieurs fois pendant cette nuit, il offrit à Dieu le sacrifice de sa vie pour toute la nation, et spécialement pour le roi et la famille royale. « Si j'étais assez heureux, dit-il à ceux qui étaient autour de son lit, pour entrer dans le Ciel au sortir de ce monde, et qu'il plût à Dieu d'exaucer mes prières, je vous promets que vous en ressentiriez les effets : je n'oublierais pas ceux qui m'ont été ici-bas les plus chers. »

Pénétré de reconnaissance pour la grâce que Dieu lui faisait, de lui conserver jusqu'à la fin la plus parfaite connaissance, il dit, en regardant son crucifix, qu'il tint presque toujours entre les mains pendant son agonie : « Vous voulez donc, ô mon Dieu, que je mette à profit pour l'éternité dans laquelle je vais entrer, jusqu'au dernier instant de mon agonie. » Vers minuit il pressa le cardinal de Luynes de lui donner la dernière bénédiction et l'indulgence *in articulo mortis*. En certains moments la chaleur de la fièvre lui causait des absences; mais comme la peine qu'il avait alors à parler, l'obligeait à le faire en peu de mots, et à voix basse, il est probable que ce qu'on croyait destitué de sens, ne l'était pas toujours : c'est ainsi que le cardinal de Luynes attribuait au délire ce qu'il lui dit pendant cette nuit. Il lui demanda s'il y avait des caves de sépulture dans le chœur de sa cathédrale. Sur la réponse que lui fit le cardinal, qu'il n'y en avait qu'une sous l'autel pour les archevêques : « Il faudra donc en faire une, lui dit le Dauphin; car je dois faire un voyage à Sens ». On découvrit le sens de ces paroles, quand, à l'ouverture de son testament, on vit qu'il demandait à être enterré dans la métropole de cette ville.

Cependant sa poitrine se remplissait, il ne lui était plus possible d'expectorer. Comme on lui disait qu'il devait souffrir cruellement, il avoua qu'il n'avait jamais tant souffert de sa vie. Quoique les boissons qu'on lui donnait le fatiguassent et ne servissent qu'à prolonger ses souffrances, il s'efforçait de les prendre, et n'en refusait aucune. Ce n'était plus dans ces derniers moments, des sentiments de résignation et de confiance qu'il exprimait : c'étaient des transports d'amour et des désirs enflammés d'être uni à son Dieu. Il se faisait tâter le pouls fort souvent; et il demandait avec la plus grande tranquillité s'il allait bientôt mourir, combien d'heures il pourrait encore vivre? Il demanda s'il irait bien jusqu'à six heures du matin. Sur ce qu'on lui répondit qu'il pourrait encore aller plus loin : « Mon Dieu, s'écria-t-il, serai-je donc encore privé longtemps de la joie ineffable de votre vue? » On lui demanda s'il désirait que Dieu abrégeât ses maux. « Non, répondit-il, je ne veux que sa volonté, je ne dois pas me lasser, ajouta-t-il en regardant son crucifix, de souffrir pour l'amour de notre Sauveur, qui a tant souffert pour nous : je ressens des douleurs dans la poitrine, mais cela ne doit point s'appeler souffrir beaucoup. » Son confesseur lui ayant demandé s'il était toujours dans la disposition de ne vouloir que l'accomplissement de la volonté de Dieu sur lui, il lui répondit avec un transport que ses paroles seules peuvent rendre : « Oui, si j'avais mille vies et mille santés en ma disposition, je les sacrifierais à l'instant au désir qui me presse de voir mon Dieu et de le posséder. Je n'ai jamais rien tant souhaité, poursuivit-il, que de le connaître en lui-même; il doit être bien grand, bien admirable dans l'étendue de ses perfections infinies! »

Le vendredi, vers les six heures du matin, il perdit tout usage de la parole; son cœur fut la dernière partie qui succomba. Tout était mort en lui, qu'il conservait encore toute la vivacité du sentiment. Dès qu'on lui parlait de Dieu, il s efforçait de faire connaître par quelques faibles signes, qu'il en était touché. « N'ayant plus de mouvement que dans les lèvres, dit l'abbé Collet, il les remuait, quand je lui parlais, pour me faire comprendre qu'il m'entendait. » Quand il ne donna plus aucun signe de connaissance, le cardinal de Luynes entreprit de lui dire, pour la dernière fois, les prières des agonisants, qu'il eut beaucoup de peine à achever. Les assistants n'y répondirent que par des larmes et des sanglots. Bientôt après on vit ses yeux s'éteindre insensiblement : il ne paraissait plus tenir à la vie que par un léger souffle. Aucune agitation violente, aucun mouvement convulsif n'annonça son dernier soupir : il le rendit paisiblement, et comme s'il se fût endormi d'un doux sommeil, après avoir essuyé une agonie de vingt-deux heures. Ce fut le 20 décembre 1765 à huit heures du matin. Il était âgé de trente-six ans, trois mois, seize jours.

Le cardinal de Luynes, chargé d'annoncer une si triste nouvelle à la Dauphine, dont il était le premier aumônier, lui dit : « Madame, bénissons le Seigneur, nous avons un saint de plus à honorer dans le Ciel. Non, il n'y a point de religieux de la Trappe qui n'enviât la mort que vient de faire Monsieur le Dauphin. La foi peut bien nous consoler, et sa résignation héroïque doit être le modèle de la nôtre ». Quoique la princesse dût être assez préparée à ce fâcheux événement, elle en fut comme accablée.

Il serait difficile d'exprimer l'extrême consternation où la mort du Dauphin jeta toute la nation. La douleur fut générale, et aussi vive dans le fond de nos campagnes qu'elle l'était à Fontainebleau et à Versailles. Louis XV pleura amèrement son fils unique et l'héritier de sa couronne. La reine, victime de sa tendresse, ne lui survécut pas longtemps. Les dames de France, aussi affligées que la reine et la Dauphine, s'efforçaient, pour les consoler, de contenir les premiers mouvements d'une douleur dont elles conservent encore le sentiment. Héritiers du cœur de leur père, les enfants de ce prince sentirent, dans un âge encore tendre, toute la grandeur de leur perte. Le titre de *Dauphin*, et les distinctions attachées à ce nom, au lieu de flatter l'enfance du duc de Berry, ne servirent qu'à perpétuer sa douleur. La première fois qu'en traversant les appartements, il entendit crier devant lui : *Place à Monsieur le Dauphin!* au souvenir de celui qui portait ce titre peu de temps avant, son cœur s'émut; on vit couler ses larmes. Le roi Stanislas, à l'ouverture de la lettre qui lui apprenait la nouvelle de cette mort, s'écria en soupirant : « La perte réitérée d'une couronne n'est jamais allée jusqu'à mon cœur; celle de mon cher Dauphin l'anéantit ! »

Suivant les dernières dispositions de ce prince, son cœur seulement fut porté à Saint-Denis, et son corps fut conduit à Sens. De plusieurs lieues aux environs les habitants des campagnes accoururent en foule, et bordaient les chemins par où passait la pompe funèbre. On eût dit, à voir ces pauvres gens, qu'on faisait les funérailles de leur père commun : les uns gardaient un silence de tristesse et d'admiration; d'autres, sans s'être jamais vus, semblaient se connaître et se racontaient, comme entre amis, ce qu'ils savaient des vertus du prince. Ils répétaient, les larmes aux yeux, ce qu'ils avaient si souvent ouï dire : « Il aurait voulu diminuer nos tailles et nous rendre heureux. Oui, disaient-ils encore, c'est Dieu qui nous a punis, nous ne méritons pas d'avoir jamais un si bon roi ». D'autres enfin tâchaient de se consoler en se disant dans leur langage naïf [1] : « Il faut espérer que les enfants d'un si brave homme ressembleront à leur père ». On n'entendait tout le long de la route que des regrets attendris-

---

1. Le convoi s'étant arrêté dans un petit village près de Sens, nommé Saint-Denis, une pauvre femme, en considérant le char qui portait le corps du Dauphin, se mit à pleurer. « Ne pleurez pas, lui dit son mari; les enfants d'un si brave homme, ne seront pas bâtards, ils ressembleront à leur père. »

sants. Plusieurs accompagnèrent le convoi jusqu'à Sens ; les autres, après l'avoir longtemps suivi des yeux, reprenaient tristement le chemin de leurs hameaux. Et c'est ainsi que, depuis Fontainebleau jusqu'à Sens, le bon peuple qui connaît encore les vraies vertus, rendit l'hommage le plus solennel à celles du Dauphin, et le combla de mille bénédictions.

Il ne paraît pas que ce prince ait été porté par aucune raison particulière à choisir Sens plutôt que tout autre endroit pour le lieu de sa sépulture, et Louis XV disait un jour à l'archevêque de Paris : « Si mon fils fût mort à Versailles, il se serait fait porter chez vous : je lui ai entendu dire plus d'une fois qu'il désirait d'être enterré dans l'église mère du diocèse où il mourrait ».

Cependant le peuple, un peu revenu du premier accablement de sa douleur, songea à témoigner, en la manière qu'il le pouvait, son amour et sa reconnaissance envers ce bon prince. On célébra ses obsèques dans toute l'étendue du royaume avec un zèle et un empressement dont on ne se rappelle point d'exemple, même en faveur des rois. Il y avait comme un combat de générosité entre les différents ordres de l'État, à qui surpasserait l'autre en témoignages d'affection. On comptait pour rien la dépense, et l'on eût dit qu'après une si grande perte on n'avait plus rien à ménager. Les plus petites paroisses, les communautés les plus pauvres, les derniers corps de métiers s'empressèrent, comme les autres, de lui rendre leurs derniers devoirs. Trop pauvres pour faire l'achat des tentures et des luminaires, ils se les procuraient, lorsqu'on s'en était servi ailleurs ; et en différant de quelques jours leurs cérémonies funèbres, ils s'en acquittaient avec autant de magnificence et d'appareil que les plus riches.

Les Universités, les Académies, les orateurs et les poètes célébrèrent à l'envi ses vertus : toute la France retentit de ses louanges. Entraînés par la foule, ses calomniateurs chantèrent la palinodie, et se firent ses panégyristes : des plumes accoutumées à décrier la vertu, essayèrent de louer le prince le plus vertueux ; et par un contraste bien bizarre, on vit en plus d'un endroit l'éloge du Dauphin à côté d'une invective contre la religion. M. de Voltaire lui-même donna ce distique pour être mis au bas de son portrait :

> Connu par ses vertus, plus que par ses travaux,
> Il sut penser en sage, et mourut en héros.

Il parut une infinité d'oraisons funèbres, dont un grand nombre sont imprimées : on parla du prince dans toutes les chaires chrétiennes. Les curés et les prédicateurs qui ne faisaient pas un discours entier à sa louange, ne croyaient pas pouvoir se dispenser de rappeler au moins son souvenir à leur auditoire ; soit qu'ils exhortassent à la pratique d'une vertu, ou à la fuite d'un vice, l'exemple du Dauphin faisait autorité : ils en appelaient à sa conduite, et ce morceau était toujours le plus touchant, et celui qui faisait le plus d'impression sur les peuples. On vit, en plusieurs endroits, des orateurs qui, en attendrissant les autres, s'attendrissaient eux-mêmes jusqu'à verser des larmes, et pouvoir à peine terminer leur discours.

Les Français dispersés dans les différentes villes des royaumes étrangers, y pleurèrent la perte commune de la patrie. Ceux qui se trouvèrent à Cadix se distinguèrent par des dépenses considérables, en aumônes et en décorations pour un superbe catafalque. Comme si la Providence eût voulu que tous les éléments, ainsi que toutes les nations, rendissent hommage à la mémoire et aux vertus de ce prince, la pompe funèbre fut annoncée, deux jours avant, par une décharge de canon de treize vaisseaux français, qui se trouvaient à la rade devant cette ville. Les coups se répétèrent ensuite de minute en minute, excepté en certains temps où il y avait des suspensions momentanées, pour préparer des salves générales. L'évêque de Cadix officia. On partagea entre mille

pauvres deux mille aunes de drap qui avaient servi au catafalque, et l'on distribua à chacun d'eux un pain et la valeur
de dix sous de France. L'oraison funèbre fut prononcée en
langue espagnole, par un docteur de l'Université d'Ossuma,
On me permettra d'en extraire quelques morceaux qui annoncent que le Dauphin était connu chez l'étranger comme
parmi nous.

« La France, dit l'orateur, a perdu un prince que sa grande
âme et la supériorité de ses talents dans la fleur de l'âge, lui
font doublement regretter..... Sa piété et son amour pour les
peuples, qui faisaient l'admiration des étrangers, deviennent
aujourd'hui le sujet des regrets et de l'affliction des Français.
Hélas! peuvent-ils dire, nous avons perdu celui qui eût été
dans nos fastes un Clovis, un Charlemagne, un Louis, un Henri;
et si je ne respectais les décrets des souverains Pontifes,
j'ajouterais un Saint..... Quel bonheur pour un État d'être
gouverné par un prince tel que la France se le promettait
dans son Dauphin!... un prince qui connaît le fond de ses
obligations et de ses devoirs, qui aperçoit la duplicité d'Achi-
tophel et la franchise de Nathan, qui sait repousser les traits
de la flatterie, et se défendre de la séduction des libertins;
un prince qui découvre le faux de ces principes prétendus
merveilleux que les philosophes de ce siècle ont coutume de
proposer aux souverains, comme des moyens d'assurer la
félicité des États; un prince qui calcule, comme Daniel, ce
que dépense en infamie un méchant accrédité, qui devine les
intentions des impies, qui déconcerte leur ligue criminelle
et confond leur audace... Église de Jésus-Christ, que n'aviez-
vous pas droit d'espérer d'un prince si religieux? Et vous,
pasteurs de son troupeau, prêtres du Très-Haut, que ne deviez-
vous pas attendre de sa piété?... Mais si vous vous rappelez
les dernières instructions qu'il a données à ses enfants,
pourriez-vous craindre de ne pas retrouver en eux la même

protection?... Le Dauphin laisse après lui une succession magnifique, qui ne sortira jamais de sa maison et de son sang. Il laisse à l'Église, à la nation, à l'Europe entière, la sainteté de sa vie et tout l'éclat de ses vertus, dont la Providence prendra soin de perpétuer la mémoire dans la postérité.... Allez donc, âme précieuse, allez prendre place dans le séjour du repos éternel, à côté des Charlemagne et des Louis : acquittez-vous envers votre nation des larmes que vous lui faites verser..... »

Le Dauphin ne fut pas seulement pleuré des Français et regretté de nos alliés. La mort d'un prince vertueux est une sorte de calamité universelle : tous les peuples de l'Europe se montrèrent sensibles à notre perte, sans en excepter ceux que la diversité de religion, ou des oppositions d'intérêt national eussent dû rendre, ce semble, les plus indifférents. Partout où ce prince était connu, on l'estimait et on l'aimait. Les ennemis même de la nation ne l'avaient jamais été de sa personne. Voici ce qu'écrivait d'Angleterre au duc de Nivernois qui avait été notre ambassadeur en cette île, un homme de lettres [1] à portée de connaître et d'apprécier les sentiments de ses compatriotes : « Permettez à un étranger de mêler ses larmes aux vôtres et à celles de toute la France. Germanicus pleuré des Romains, le fut aussi de ses voisins, des ennemi. même de leur Empire. Si M. le Dauphin jette encore les yeux sur la terre, il n'y voit plus en ce moment que des cœurs Français. »

1. Le Docteur Maty.

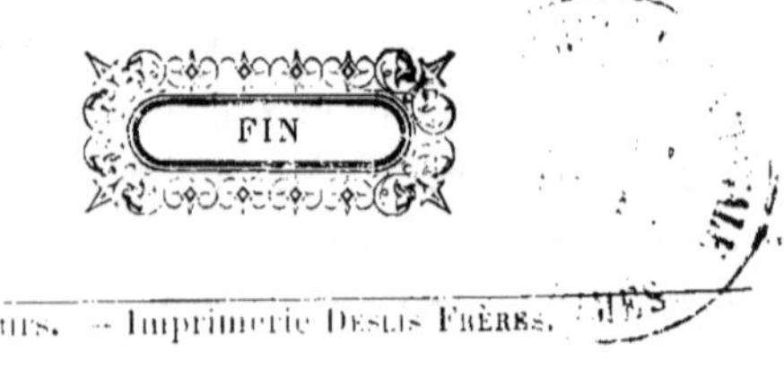

Tours. — Imprimerie Deslis Frères.